레비나스와
사랑의 현상학

"LÉVINAS TO AI NO GENSHO-GAKU" by UCHIDA Tatsuru
Copyright ⓒ 2001 UCHIDA Tatsuru
All rights reserved.
Original Japanese edition published in Japan by Serica Shobo, Inc.
in 2001. Republished by Bungeishunju Ltd. in 2011.

This Korean edition is published by Galapagos Publishing
arranged with Bungeishunju Ltd., Tokyo
through Iyagi Agency, Seoul.

이 책의 한국어판 저작권은 이야기 에이전시를 통한
저작권자와의 독점계약으로 도서출판 갈라파고스에 있습니다.
저작권법에 의해 한국 내에서 보호를 받는 저작물이므로
무단전재와 복제를 금합니다.

레비나스와
사랑의 현상학

우치다 타츠루 지음

이수정 옮김

Emmanuel Lévinas et

la phénomenologie de l'amour

갈라파고스

서문

이 책에는 레비나스의 '사제론', '타자론', '에로스론'에 대한 나의 개인적 고찰을 담았다. 물론 레비나스의 '대양과 같은 예지' 중, 여기서 손댈 수 있었던 것은 아주 일부에 불과하다. 나는 레비나스라는 '레몬'의 껍질에 한 줄의 칼집을 내고, 거기서 스며나오는 향기를 맡고, '이런 향기가 나요'라고 감상을 말하는 데 불과하다. 다른 사람들은 똑같은 향기에 대해 나와는 다른 인상을 말할 것이다. 어떤 사람의 어떤 말이 '가장 적절한가' 혹은 '엄밀한가'라는 식의 논의에 나는 흥미가 없다. 그 이유는 본문에서 상세히 말했으므로 여기서는 더 이상 되풀이하지 않겠다.

이 책의 서두에서도 말했듯이, 이 책은 오로지 스승의 예지를 칭송하기 위해서 쓰여졌다. 따라서 논술은 철저하게 레비나스를 '편들고' 있으며, 레비나스와 의견이 다른 사람, 레비나스를 비판하는 사람은 위험인물로 취급한다. 그런 점에서는 균형이 좋지 않은 책이다. 그렇지만 숭경의 마음이라는 것을 한번 품어버리면, 인간이란 좀처럼 냉정해지지 못하는 것이다. 그런 점을 충분히 배려해주시고, 다소 머리에 열이 오르는 부분은 웃고 넘어가 주신다면 좋겠다. 특히 이리가라이에 대해서 쓴 부분은 나 자신도 '좀 그렇겠다' 싶을 만큼 흥분했는데, 스승이 '비윤리적'이라고 매도당한 이상, 제자로서는 좀처럼 냉정하게 있을 수가 없었기 때문이다.

다만 흥분해서 쓴 일부를 빼면, 이 책에 내가 쓴 것들 대부분은 나의 의견이 아니다. 나 자신의 머리는 이 정도로 복잡한 것을 생각할 수 있는 그런 물건이 되지 못한다. 나는 레비나스로부터 배운 것을 그대로 베껴 썼을 뿐이다. 다만 '내가 레비나스로부터 배운 것'과 '레비나스가 실제로 그렇게 가르치고 있는 것'은 아마 상당히 다를 것이다.

저쪽이 '가르친' 바가 없는 것을 이쪽이 '배워버린다'고 하는 일은 인간의 일신에 때때로 일어난다. 그런 경우에도, 내가 '배워버린 것'이 나의 내부에 기원을 갖는 것은 아니다. 그것은 엄연히 '외부'로부터 나의 정신에 도래한 것이다. 그것은 역시 '가르침'이라고 말할 수밖에 달리 표현할 여지가 없다.

이 책에서는 '레비나스의 목소리가 그렇게 말하는 것처럼 들린' 것을 가능한 한 나 자신의 말로—적어도 내가 이해할 수 있는 말로—바꿔 말해보고자 시도했다. 그런데도 바꿔 말하기조차 불가능한 곳이 여러 군데 남았다. 특히 마지막 쪽은 레비나스의 논리전개가 밟은 복잡한 발걸음을 따라가지 못하고, 쩔쩔매게 되고 말았다. 쓰는 본인이 숨을 헐떡거리는 것이니까, 읽는 쪽은 더 괴로울 것이다. 정말 죄송하게 생각한다. 언젠가 다시 레비나스에 대해 쓸 기회가 있다면 그때는 좀 더 물고 늘어져 보고 싶다.

수년 전(좀 더 전일지도 모른다), 세리카서방書房의 후나바시 준이치로船橋純一郎 씨에게 이 일을 제안 받았을 때에는 두말없이 승낙했지만, 너무 일이 늦어져버렸다. 폐를 끼친 점, 여기서 사과드린다.

일이 지체된 이유는 자료가 준비되지 않았다기보다, 오히려 어떠한 문체로 쓸지를 정하지 못했기 때문이다. 결국 이런 비학술적 문체로 밀고나가기로 했는데, 그것은 '레비나스의 사상에 기초해서 레비나스를 읽는' 것인 이상, 이 책은 구조적으로 비평성을 가질 수 없다는 것이 분명해졌기 때문이다. 그렇게 작정하니 기분이 개운해졌다.

오해받으면 곤란하니까 덧붙여 말해두지만, 나는 딱히 '이 책에는 비평성이 없다는 자기평가의 진솔함 안에 이 책의 비평성이 숨어 있다'는 식의 비틀린 말을 하는 것은 아니다. 그런 게 아니라, 그런 '끊임없는 전언철회前言撤回'라는 텍스트 전개방식 그 자체에 대해서조차, 나는 레비나스의 모범을 따라버렸다고 말하는 것이다. '어떤 이설理說의 정당함을 부당전제로 해서 쓰는 일을 부끄러워하는 방식 그 자체'를 바로 그 이설이 기초지워주는 그런 책인 이상, 이 책에는 어디를 어떻게 펼쳐보더라도, 한 조각의 비평성도 있을 수가 없는 것이다. (거창하게 내세워 말할 것은 아니지만.)

그러나 그 사람에 대해 '한 조각의 비평성도 있을 수 없는' 책, 그 짧은 한 마디 말에 이르기까지 모두 그 사람에게 신세진 그런 책을 바칠 수 있는 스승을 만났다는 것은, 한 사람의 인간으로서 행복이라고 말할 수밖에 없다.

마지막으로, 세리카서방 편집부 후나바시 씨의 안내와 아름다운 장정을 이 책에 입혀주신 야마모토 코지山本浩二 화백의 우정에 깊이 감사한다.

스승이 떠나시고 이미 6년. 묘전에 이 책을 바치고 싶다. 모자란 책이지만, 스승은 무덤 속에서 쓴웃음을 지으면서도 '그래, 수고했군' 하고 받아주실 거라고 생각한다. 어쨌거나 '타자에게 따뜻한' 스승이셨으니까.

2001년 9월 4일 브장송에서
우치다 타츠루

역자 서문

갈라파고스 출판사에서 이 책의 번역을 제안해왔을 때, 나는 별 망설임도 없이 이 일을 받아들였다. 지금 생각해보면 그 '즉답'에는 몇 가지 이유가 있었던 것 같다. 우선 무엇보다도 이것이 '레비나스'에 관한 것이고, 더욱이 그 주제가 '사랑'이며, 또한 그 표방하는 바가 '현상학'이라는 것이 내 마음을 끌었기 때문이다. 이 세 가지가 모두 그 제목에 내걸려 있다.

이 세 가지는 모두 내가 개인적으로 선호하는 것이다. '레비나스'를 나는 좋아한다. 물론 미리 밝혀두지만, 레비나스에 대해 그다지 '아는 바'는 없다. 이른바 '전공'이 독일철학 쪽이니 이 '아는 바 없음'에 대해 탓할 사람은 없을 것이다. 하지만 내가 아는 범위 내에서의 레비나스는 (이 책의 저자가 말하고 있듯) '뭔가 신경 쓰이는 철학자'임에는 틀림이 없다. 우선 무엇보다도 '얼굴'이라는 희한한 개념을 필두로, '인간', '타자', '유책성' 같은 그의 철학적 주제들이 넓은 의미에서 '윤리'를 건드렸다는 점이 나로 하여금 힐끗힐끗 그것을 쳐다보게 만든다. '윤리'라는 것은 내가 거의 평생을 연구해온 하이데거의 철학에서 가장 아쉬웠던 부분 중 하나였다.(물론 하이데거에게도 존재 내지 자연에 대한 독특한 휴머니즘이 없는 것은 아니다. 하지만 그것이 '윤리의 부재'라는 비판에 대해 충분한 답은 되지 못한다.) 그런데 레비나스는 그 '윤리'라는 것을 피하지 않는 것이다. 하기야 '타자의 강조' 내지 '아타 이분법의 초극'이라는 것은 현대 프랑스철학 전체를 가로지르는 지하수맥 같은 것으로 딱히 레비나스의 전유물은 아니다. 하지만 그의 윤리학은 그 자신이 홀로코스트 생존자라는 점에서 특별한 무게를 갖지 않을 수 없다. 단순히 '머리'에서 나온 사상이 아니라 '몸'에서 나온 사상이라는 점에서 그것은 차별화된다. 더군다나 그의 윤리에는, (역시 저자가 말하듯이) 특유의 어떤 '따뜻함'과 '부드러움'이 있는 것이다. 그런 것은 이 '세상'을 위해, '인간'을 위해, 그리고 '삶'을 위해 꼭 필요한 어떤 것이다. 지금 우리의 이 시대는 얼마나 아프게 그 부재를 경험하는가!

그런 윤리가 '사랑' 내지 '여성'이라는 테마와 결부된다는 것도 레비나스 철학의 큰 매력이다. 물론 이 경우의 '여성'이라는 것이 생물학적 개념이 아니라 어떤 존재론적인 '여성성'의 담지자라는 것은 본문에서 저자가 밝혀주는 대로다. '물러섬' 내지 '유책성의 자발적 인수', '환대' 같은 것은 우리 인간이 타자와의 관계 속에서 살아가는 존재인 한, 어떤 형태로든 고려되어야 할 덕목의 하나임에 틀림없다. 레비나스는 그것을 '신의 창조'에까지 거슬러올라가 결부시켜 놓는다. 오로지 '자기'만이 온갖 화려한 색채를 두르고, 다른 모든 사람은 흑백으로 처리돼 주변 혹은 바깥으로 밀어내버리는 작금의 인간들의 행태를 보면 레비나스의 목소리는 더욱 큰 울림으로 다가온다.

그런 윤리가 '현상학'으로 포장돼 있는 것은 어쩌면 저자인 우치다 씨의 전략인지도 모르겠다. 비록 레비나스 본인이 '스승'으로 치지는 않지만, 그래도 어쨌든 그가 후설과 하이데거의 가르침을 받은 이상, 그에게도 '현상학'을 표방할 기본자격은 있는 셈이다. (레비나스 현상학이라는 것의 현상학적 실체가 있는지 없는지는 향후의 과제가 되어야 한다.) 나는 예전에 『현상학의 흐름』이라는 책을 번역하면서부터 현상학이라는 것을 하나의 생성하는 운동으로 받아들이는 해석에 동조해왔고, 그것을 크게 후설-메를로퐁티의 '인식론적 현상학'과 하이데거-사르트르의 '존재론적 현상학'으로 편의상 정리해왔다. (이러한 정리는 물론 제한적이어야 한다.) 거기에 레비나스는 일종의 '윤리학적 현상학'을 추가한 것이다. 나는 이러한 학적 노력을 지지해 마지않는다. '윤리'는 모든 철학들의 마지막 과제로서 저 수많은 철학적 언덕과 강들의 저편에서 우리를 기다리는 것이다.

후설과 하이데거의 현상학이 서로 다른 것처럼 레비나스의 현상학도 그들과 다르다. 달라도 상관없다. 다만 그것이 '윤리적 현상' 그 자체로부터 기인한 것이므로 그것에는 '현상학'으로서의 자격이 있다.

물론 나는 저자 우치다 씨처럼 레비나스에게 콩깍지가 씌어 그를 '스승'으로 떠받들어 모시거나 그의 '텍스트'를 '완전기호'라고 치켜세울 생각은 없다. 오히려 프랑스 특유의 저 얽히고설킨 '표현방식'에 고개를 절레절레 흔드는 편이다. (난해함이라는 말로 그것을 너무 쉽게 용서해서는 안 된다고 나는 생각한다. 철학자들은 좀 더 친절할 필요가 있다.) 독일적-하이데거적 사고에 길들여진 탓인지는 모르겠지만, 나는 프랑스 철학자들의 저 '멋부리는 표현법'에 도저히 따라갈 수가 없다.

그래서 나는 개인적으로 하나의 우회로를 찾아냈는데, 그것은 문맥이 난삽할 때는 거기에 어지럽게 휘말리지 말고 '단어' 내지 '개념'들만 발췌해 알 수 있는 나만의 문맥으로 재구성하는 것이다. 그러면 거기서 '뭔가'가 보여져 온다. 그것을 읽으면 된다. '그것만 해도 어디야…'라는 것이 나의 철학하는 자세 중 하나다. 독자들께도 그것을 권해본다.

번역을 하면서 한 가지 특이한 사실이 느껴졌다. 한 일본인이 리투아니아 출신의 한 유대계 프랑스인에 대해 쓴 이 책을, 독일철학을 전공한 한 한국인이 미국에 앉아 번역을 하고 있다는 것이다. 이 기묘한 구도는 그 자체로서 무언가를 우리에게 말해주는 것은 아닐까. 철학이라고 하는 것이 이미 이 지구상 어디에서나 보편적인 그 무엇이 되었다는 것을…. 한국에서는 대학의 철학과가 이리저리 사람들의 발길에 차이는 모양인데, 참 묘한 것이 사회 일각에서는 '인문학'이라는 이름에 포함되어 '철학'의 인기가 오히려 올라가고 있다는 것이다. 어쨌거나 그것은 바람직한 현상이다. 그 막연한 기대에 '묻어서'라도 좋으니 레비나스의 목소리 같은 것이 조금씩 사람들의 '가슴'에 전파되었으면 좋겠다고 나는 생각해본다. 이런 것을 계기로, 언젠가는 조금 더 '윤리적인', 조금 더 '성숙된' 인간들이 이 거친 세상에서 조금 더 많은 '지분'을, 혹은 조금 더 넓은 '영토'를 갖게 될 날이 올지도 모를 테니까…. 이 일을 맡겨준 갈라파고스 출판사의 김지환 씨에게 감사한다.

2013년 12월 보스턴에서
이수정

차례

서문 5

역자 서문 9

1장 타자와 주체 15

2장 비-관조적 현상학 89

3장 사랑의 현상학 165

  Ⅰ. 집과 여성 167

  Ⅱ. 여성과 주체 195

  Ⅲ. 찢어진 인간 243

문고판을 위한 후기 289

해설 298

인용문헌 약호 304

레비나스 연보 307

1장
타자와 주체

철학이란 항상 타자를 지향하는 언설이다.

레비나스, 『전체성과 무한』

1

　텍스트에는 통상 '받는 사람'이 있다. 내가 텍스트를 읽을 때, 그 '받는 사람'은 우선 나 자신이다. 내가 읽을 필요가 있는 텍스트는 그 '받는 사람'에 내가 포함되어 있는 것을 말하며, '받는 사람'에 내가 포함되어 있지 않은 그런 책은 아마도 읽을 필요가 없는 책이다. 나는 그렇게 생각하고 있다.
　어떤 책이 자신에게 보내는 것인지를 가늠하기 위해서는 방법이 있다. 학술논문의 경우, 어딘가 '잘 알려진 대로'라는 말이 있고, 그 뒤에 '내가 모르는 것'이 쓰여 있는 경우는, 그것은 '내가 모르는 것이 잘 알려진 그런 세계의 주민'에게 보내는 것이다. 물론 세상에는 다른 사람에게 온 편지를 읽는 일이 좋다는 사람도 있고, 자기에게 보내는 것이 아닌 책에서 희열을 느끼는 사람도 있을 것이다. 그런 분은 그냥 그렇게 하셔도 좋다고 생각한다.
　아무튼 나는 책을 읽을 때 그 '받는 사람'이 자기 자신이라는 사실을 확인하고 나서 읽기 시작한다. 그래서 같은 이유로, 책을 쓸 때에도 '받는 사람'과 '보내는 사람'을 서두에서 분명히 밝혀두기로 하고 있다.

그 순서로 우선 '받는 사람'부터 말씀드린다.

에마뉘엘 레비나스에 대해 '일단 읽기는 했지만 어쩐지 어려워서 잘 알 수가 없었다'거나, '아직 읽지는 않았지만 언젠가 읽게 되지 않을까 생각한다'는 어느 한쪽의 카테고리에 속하시는 분, 그것이 이 책의 '받는 사람'이다.('읽고서 그냥 술술 알아버렸다'는 분과 '지금이나 앞으로나 읽을 생각이 없다'는 분은 이 책의 '받는 사람'에 포함되지 않으므로, 유감이지만 이 단계에서 책을 서가에 돌려놓으셔도 무방하다.)

다음은 '보내는 사람'이다.

이 책의 저자는 레비나스의 '연구자'가 아니다. 레비나스의 '제자'이다.

스스로 그렇게 참칭했으나 레비나스 선생 본인께 공인받은 것은 아니므로 '자칭 제자'이다. 베르나르 앙리-레비도 '자칭 제자'이며, 자신의 책에 제멋대로 '나의 스승, 레비나스'라고 쓰기도 하는데, 레비나스 선생은 '그는 제자가 아닙니다. 참 입장 곤란하군요. 멋대로 그렇게 말하니'라고 말씀하셨다. 만일 지금 선생이 살아 계셔서 누군가가 '일본의 우치다라는 자가 제자를 칭하고 있습니다만' 하고 알려드리면 아마도 눈살을 찌푸리실 그런 제자다. 그러나 내가 '제자'를 참칭하는 것에 대해서는 나름대로 필연성이 있다. 그 점에 대해서는 조금 뒤에 상술하겠다.

아무튼 이 책은 한 사람의 사상가에 대해 그 숭배자인 '자칭 제자'가 쓰는 것이다. 그러니 거기서 객관적 평가라든지 학술적 중립성을 바라는 것은 '없는 것을 달라고 떼를 쓰는' 그런 것이다. 철학사를 통람하고, 그 안에서 레비나스의 위치를 담담하고도 사실적으로 자리매김하는 그런 일은 애당초 나의 임무가 아니다. 왜냐하면 나에게 레비나스는 철학사에서 걸출한 '완벽한 스승'이며, 그 텍스트는 '완전기호'이기 때문이다. 나에게 가능한 일은, 나의 빈약한 그릇으로 스승의 헤아릴 수 없는 예지를 담아내는 것뿐이다.

그렇다고 해서 '뭐야, 그런 개인적인 에세이인가……' 하고 바로 서가에 돌려놓으시면 곤란하다.

이하의 기술은 분명 어떤 의미에서 지극히 '개인적인 것'이지만, 그러한 자세를 나는 스스로의 의사로 선택하지는 않았다. 이 자세를 나는 레비나스 본인에게서 배웠다.(혹은 거의 '명령 받았다'.) 그런 의미에서는, 이 책은 전혀 '개인적'인 것이 아니다.

『탈무드 4강화講話』의 서문에서 레비나스는 탈무드의 텍스트가 '완전기호signes parfaits'라고 말했다.

> 그 학지 걸출한 스승들에 의하면, 탈무드는 실질적 인생에 기초해서만 이해될 수 있다. (……) 그러므로 이 기호들—성구, 사물, 인간들, 상황, 의례—은 완전기호로서 기능하는 것이다. 세월이 흐르고 세상이 변하여 그 기호들의 감수성 풍부한 구조에 어떠한 변화가 생겼다 하더라도, 그 기호들은 항상 똑같은 의미를 개시하든가, 혹은 똑같은 의미의 새로운 상相을 개시하는 특권을 유지해나가는 것이다. 완전기호, 둘도 없는 기호, 그것은 그런 의미에서 (순수하게 해석학적인 의미에서) 성스러운 기호, 성스러운 문자, 성스러운 에크리튀르인 것이다.(*QLT*, p.20: 인용문헌약호에 대해서는 권말 참조. 이하 같음.)

'실인생'의 갖가지 경험을 거침으로써, 텍스트의 말(지금껏 이해할 수 없는 채로 간과되어온 말)이 갑자기 예지의 말로서 빛나기 시작하는 일이 있다. 나는 레비나스의 텍스트에 대해 그러한 경험을 수도 없이 거듭해왔다. 그것은 '항상 똑같은 의미, 혹은 똑같은 의미의 새로운 상'을 계속 개시한다. 나에게 레비나스의 텍스트는 '완전기호'인 것이다.

물론 '완전한 무오류의 스승'이나 '모든 의미가 거기에서 발견되는 텍스트'라는 것은 거의 하나의 '신화'다. 나 역시 그 정도쯤이야 알고 있다. 알면서도 나는 굳이 이 '신화'를 선택하기로 한 것이다. 스승을 섬긴다는 것은 이 '신화'에 자기의 모든 것을 건다는 것, 그런 것이다.

왜 그런 무모한 짓을 하는가 하면, 그러한 '목숨을 건 도약'을 하지 않으면 나아갈 수 없는 차원이 있다고 생각하기 때문이다. '그런 건 없다'고 말할 분도 계시리라. '목숨을 건 도약 같은 거 하지 않더라도, 텍스트를 꿰뚫을 때까지(눈빛이 종이 뒤에 스밀 때까지) 읽으면 뜻은 저절로 통한다. 우치다 군은 그저 프랑스어가 별로 신통치 않은 것뿐이잖아.'

그럴지도 모른다.

그러나 경험적으로 말해, 레비나스뿐만 아니라 무릇 텍스트를 읽을 때, 읽는 사람은 어딘가에서 '나'임을 그만두고 그 텍스트에 고유한 '지知의 주파수'에 동조하고 마는 때가 있다. 그럴 때의 상태는 '내가 텍스트를 읽고 있다'기보다 '텍스트에 따라 나 자신이 조율되고 있다'는 것에 가깝다.

번역을 해본 적이 있는 사람은 잘 알겠지만, 텍스트의 '난해한 부분'에는 어의나 고유명사의 의미를 아무리 잘 찾아봐도 뭘 말하고 싶은 건지 도무지 알 수 없는 부분이 있다. 그러나 거듭거듭 전후의 문장을 읽는 사이에, 문득 안개가 걷히고 한 줄기의 길이 보이듯이, 저자의 조리가 보이게 되는 경우가 있다. 그럴 때, 나는 분명 어느 정도 그 저자와 상상적으로 일체화된다.

무라카미 하루키는 번역을 한다는 경험에 대해 이렇게 말했다.

> 때때로 나는 어째서 번역이라는 일이 이렇게나 좋을까 하고 생각해봅니다. 그것은 나 자신도 잘 모릅니다. 그래도 딱 하나 말할 수 있는 것은, 외국어의 텍스트를 읽고, 그것을 이해하고, 잘 곰삭은 일본어로 옮기는 작업 속에, 무언가 나를 강하게 끌어당기는 것이 숨어 있다는 겁니다.
>
> 번역을 하고 있으면 때때로 자신이 투명인간처럼 되어서, 문장이라는 회로를 통해 타인(즉 그것을 쓴 사람)의 마음속이나 머릿속에 들어가는 것 같은 기분이 들기도 합니다. 마치 아무도 없는 집안에 몰래 들어가는 것처럼. 혹은 나는 문장이라는 것을 통해 타자와 그런 관계를 갖는 일에 굉장히 흥미가 있는 건지도 모르지요. 물론 누구에 대해서나 어떤 텍스트에 대해서나 그것이 가능하다는 것은 아닙니다. 자신에게 있어 특별한 것에 관련됐을 때만 그렇습니다.(무라카미 하루키村上春樹·카와이 하야오河合隼雄,『무라카미 하루키, 카와이 하야오를 만나러 가다』, 이와나미岩波 서점, 1996, 49쪽.)

레비나스의 번역자로서, 무라카미의 이 '기분'은 충분히 이해가 된다. 텍스트가 논리적으로 명쾌하고 평이한 것일 때, '내가 텍스트를 번역하고 있다'고 하는 나 쪽의 주체성은 거의 흔들리지 않는다. 나는 죽 나인 채로이며, 무라카미의 비유를 빌리자면 '자기 집'에서 일을 한다.

그러나 그렇지 않은 경우가 있다. '자기 집'에서는 일이 안 되고, '그 사람의 집'에 들어가지 않으면 결말이 안 나는 그런 경우가 있다. '텍스트를 통해 그 사람의 마음속에 들어간다'는 것이 어떤 느낌인지, 해본 적이 없는 사람에게는 상상이 잘 안 되겠지만, 그렇게밖에 말할 수 없다.

아무튼 그런 식으로, '자기 집'을 나가서 '남의 집'에 들어가 일을 한다.(그것은 자신의 문체나 가치관을 '괄호에 넣는다'는 것이다.) 그러다 보면 이윽고 나는, 내 것이 아닌 서술의 스타일이나 사고의 문법에 따라 자신을 생각하고, 논리를 짜맞추고, 문장을 쓰고 있다는 사실을 알게 된다.

레비나스와 같은 난해한 텍스트의 경우라면, '자기 집'에 머무는 한 절대로 이해할 수 없는 부분을 빈번히 조우한다. 어쩔 수 없이 '그 사람의 집'에 작업장을 옮기고 착실하게 일을 하는 사이에, 점점 체감이 변화돼 와서, 그때까지 보이지 않았던 논리의 '맥락'이 보여져 오는 듯한 느낌이 들기 시작한다. 그 '맥락'은 아마도 레비나스 자신이 걸어온 사고의 역정에 상당히 가까운 것이 아닐까 생각한다.

그럴 때, 번역자는 원저자에 거의 '빙의' 되어 있다고 해도 좋을 상태가 된다. 일을 끝낸 뒤에도, 텍스트를 통해 타자의 내면 깊숙이에 접촉한 감각, 내가 '나의 바깥'으로 끌려나가서 미지의 땅을 여행한 것 같은 감각이 한동안 남는다.

나는 그런 식으로 레비나스의 문장을 몇백 페이지나 번역해왔다.(정말 꽤나 많이도 번역했다.) 그리고 몇 년인가 지난 어느 때, 이젠 '내가 레비나스를 읽고 있다' 기보다는 오히려 '내가 레비나스에 의해 조율되고 있다' 고 하는 편이 옳은 게 아닐까 하는 생각이 들게 되었다. 나는 실제로 사물을 생각하는 법의 상당 부분을 레비나스로부터 학습하고, 그것을 의지하며 이미 20년 가까이를 살아왔다. 단적으로 말하자면, 나는 레비나스를 읽는 방법 그 자체를 레비나스로부터 배운 것이다. '레비나스로부터 배운 독법에 기초해서 레비나스의 텍스트를 읽는 사람', 그것을 뭐라고 불러야 할까. '연구자' 라는 것은 이미 적절한 호칭이 아니다. 그래서 나는 '레비나스 연구자' 가 아님을 분명히 해두기 위해 '제자' 라는 호칭을 참칭하기로 한 것이다.

2

'텍스트를 읽는 법' 그 자체를 '그 사람' 에게서 배웠기 때문에 '그 사람' 의 텍스트를 읽을 때도, '그 사람에게서 배운 독법' 으로 읽을 수밖에 없다는 것이 제자의 지知의 구조이다. 이것은 일종의 폐쇄회로랄까 동어반복이랄까, 출구가 없는 원환loop을 형성하는 듯이 보인다.

이렇게 말하면 상당히 부조리하고 부자유하고 숨막힐 듯이 생각될지도 모르겠지만, 이 회로는 뭔가를 가둬두기 위한 것이 아니라, 뭔가를 열어젖히기 위한, 일종의 '돌파breakthrough' 를 가능케 하기 위한 장치인 것처럼 생각된다. 왜냐하면 이 '사제관계' 의 구조도 또한 내가 스스로 착안한 것이 아니라, (나는 그만큼 독창적인 사람이 못 된다) 이 또한 레비나스에게서 배웠기 때문이다.

그 이야기를 소개하겠다.

레비나스는 제2차 대전 후, 독일의 전시 포로수용소에서 돌아와 동방이스라엘사범학교의 교장으로 초빙되어, 거기서 프랑스의 젊은 유대인 청년들의 교육에 종사했다. 동시에 장 발Jean André Wahl이 주재하던 '철학 아카데미'에서 1947년 이래, 철학 강의를 맡게 된다. 즉 레비나스는 그 무렵부터, 그때까지의 '배우는' 입장에서 '가르치는' 입장으로 전환shift한 것이다. 그리고 그때 레비나스는 그 생애의 스승을 만나게 되었다.〔아마도 사람을 가르치는 입장이 되었을 때 우리는 스승을 간절히 바라게 되는 것이리라. 나중에 언급하겠지만, 레비나스와 똑같이 슈샤니Monsieur Chouchani의 문하인 엘리 비젤Eliezer Wiesel(1928~)도 같은 무렵, 유대 청년들의 교육을 맡은 그때에 슈샤니를 만났다.〕

물론 그 이전에도 레비나스는 많은 교사들에게 배웠다. 스트라스부르대학 시절에는 블롱델Charles Blondel, 알박스Maurice Halbwachs, 프라딘느Maurice Pradine, 카르테롱Henri Carteron 등에게서 빛나는 지성을 찾아냈으며, 파리에서는 브룅슈빅Léon Brunschvicg이나 마르셀Gabriel Marcel에게 인정과 후대를 받았다. 1928년부터 1929년에 걸쳐서는 프라이부르크에서 후설과 하이데거의 가르침을 접하기도 했다. 그러나 레비나스는 이 가운데 누구도 '스승'이라고 부르지 않는다. 레비나스가 '나의 스승'이라고 부르는 것은 슈샤니뿐이다. 이 만남에 대해 레비나스는 다음과 같이 회상한다. 좀 길어지지만, 슈샤니의 모습을 전하는 대단히 귀중한 증언이다.

> 그는 다른 사람들과는 완전히 딴판이었습니다. 그 복장도 그 행동거지도 세간의 질서에 속해 있지 않았습니다. 그는 부랑자는 아니었습니다만, 보통의, 지극히 보통인 사람들의 기준으로 보면 부랑자와 비슷

하지 않은 것도 아니었습니다. (……) 그는 슈샤니 옹이라 불리고 있었습니다. 하지만 그것이 정말로 그의 이름인지 확신은 없습니다. (……) 이 인물이 대단한 것은 우선 그의 성서를 비롯한 유대교 텍스트에 관한 지식 때문이었습니다. 하지만 그뿐이 아닙니다. 슈샤니 옹은 그 성전들이 어떻게 해서 지어졌는지에 대한 구두전승을 모조리 다 외우고 있었습니다. 탈무드도, 그 모든 주해도, 주해의 주해에 이르기까지, 다 암기하고 있었습니다. 당신이 지금껏 탈무드 중 한 권의 한 페이지라도 읽으신 적이 있는지 어떤지 모르겠습니다만, 설명드리자면, 미쉬나Mishnah라는 텍스트는 기원 2세기에 구두전승을 옮겨 적은 것인데, 그것이 게마라Gemara라는 5세기 말경의 쓰여진 텍스트 안에서 쟁론의 주제가 됩니다. 그것에 10, 11세기의 라시Rashi의 주해가 더해져, 그것이 토사피스트Tosaphist라 불리는 사람들에 의해 주해되고, 더 나아가 모든 장소, 모든 시대의 사람들에 의해 그것이 더욱더 주해되고 있습니다. 책의 체제도 파격적입니다. 갖가지 활자가 사용되고 있고, 주가 있고, 참조가 있고, 모든 종류의 지시가 있습니다. 내가 수강을 허락받은 슈샤니 옹의 강의에서는, 그의 앞에 한번이라도 책이 놓여 있던 적이 없었습니다. 그는 모든 것을 머릿속에 기억했기 때문입니다. 내가 그의 앞에서, 예컨대 어떤 페이지의 구석 쪽에 있는 토사피스트의 조그만 활자를 더듬더듬 읽고 주해하고 있으면, '잠깐. 거기, 그 줄의 마지막 단어를 한마디 빼먹었어!' 하고 나오는 겁니다. (……) 말하자면 지의 대양이라고나 할 이 전거에 관련된 비교가 불가능한 지식 외에, 그는 수학에 관해서도, 현대물리학에 대해서도, 극히 이른 시기부터 방대한 교양을 지니고 있음을 나는 알았습니다. 파리에서 모습을 감춘 후, 그는 몬테비데오에서 죽었습니다. 그는 거기서 원자물리학을 강의했다고 합니다. (……) 슈샤니 옹은 우리 집에 침실을 하나 두는 것을 받아들여주었습니다. 그리고 거기에 주 1, 2회 돌아왔습니다. 그런 생활이 2, 3년 계속되고, 언제였는지 정확히 생각나지 않지만, 어느 날 작별인사도 없이 홀연 모습을 감추었습니다.(*EL*, pp.153~155.)

레비나스는 이 '걸출한 스승'에 대한 경외의 말을 여러 기회에 되풀이하고 있다.(나 자신도 1987년에 레비나스를 만났을 때, 그 입에서 같은 에피소드가 열의와 함께 흘러나오는 것을 들었다.)

아마도 슈샤니 옹이 전설적인 지성의 소유자라는 것은 사실일 것이다. 그러나 이 회상의 문장에는 별난 감이 있다. 그것은 '좀 너무 치켜세운다'는 것이다. 어쩌면 여기에는 일종의 '수사적 과장'이 포함되어 있다.〔슈샤니 옹이 어느 토사피스트(탈무드에 대한 중세의 주해들(tosafot 혹은 Tosafos 혹은 Tosaphoth)에 대한 작성자들을 가리킴—역자)의 주해를 '한 자도 남김없이' 암기했다는 것으로부터, 나머지 모든 것에 대해서도 암기했다는 것이 추론될 수는 없다.〕

그렇다고 해서, (다른 인물의 평가에 대해서는 대단히 냉정한) 레비나스가 슈샤니 옹에 대해서만은 기분이 들떠 말이 지나쳤다고도 생각하지 않는다. 나는 이 '수사적 과장'에서 사제관계에 대한 레비나스의 깊은 통찰을 보게 된다.

레비나스가 슈샤니 옹을 평한 '지의 대양des océans de savoir'이라는 형용은 율법박사들에 대해 사용되는 정형적인 비유의 하나이다. 레비나스는 다른 곳에서, 전설적인 랍비들이 각자의 스승을 평한 다음과 같은 말을 인용한다.

랍비 엘리제르는 말했다. "만일 모든 바다가 잉크이고, 모든 호수에 갈대가 나고, 하늘과 땅이 양피지고, 모든 사람이 문자를 쓰는 재주를 알고 있다 해도, 그들은 내가 스승으로부터 배운 율법의 모든 것을 다 적어낼 수는 없을 것이다. 한편 율법은, 그런 일을 하더라도, 대양에 붓끝을 담가 빨아올린 만큼도 그 수량을 축내지는 않을 것이다."

랍비 아키바는 그의 스승들의 대단함 앞에서 몸을 떤다. "그들은 율법으로부터 자신들의 몫을 취할 수 있었다. 하지만 나의 경우, 율법의 박피에 약간의 칼집을 낼 따름이다. 마치 레몬의 향기를 즐기기 위해 레몬의 얇은 껍질에 칼집을 내는 사람이 레몬 그 자체로부터는 아무것도 빼앗는 게 없는 것처럼."(DL, pp.48~49.)

전설적인 현자로 알려진 랍비 엘리제르Eliezer Ben Yehuda와 랍비 아키바Akiva Ben Joseph는 여기서 자신들의 스승이 보유했던 압도적인 지에 대해 증언한다. 대양에나 비견할 광대한 지식을 전승하는 현자, 그것을 갈대의 수술 끝만한 용량으로 받아들이려 애쓰는 제자들. 혹은 '레몬'을 잘라낼 수 있었던 스승과, '레몬'의 향기밖에 맡을 수 없었던 제자. 이 대비적 비유에서 우리는 고대부터 연면히 계승되어온, 율법학습에서 사제관계에 관한 중요한 가르침을 엿볼 수가 있다.

여기서 제자와 스승의 예지 사이에 비교 불가능의 간격이 있다는 '사실'을 말하는 것은 아니다.(냉정히 생각해보면 알 것이다. 스승도 또한 십수 년 전에는 다른 누군가의 제자였다. 스승과 제자 사이에 그 정도의 지식 격차가 있어서야, 그런 비율로 3대쯤 전승된다면 탈무드의 학지는 바닥을 드러내게 될 것이다.)

'대양'이라는 비유는 '양量'의 비유가 아니라 '관계'의 비유이다.

이 비유는 '대양'을 다 퍼낼 수는 없다고, 제자가 스승의 예지를 다 퍼낼 수는 없다고 가르치는 것이다. 다시 말해 이것은 스승을, '아무리 노력하더라도 그 예지를 다 퍼낼 수 없는' 그런 사람으로 '상정하라'는 '당위'를 말한다. 이 '알고 있다고 상정된 사람'을 나는 '스승'이라 부르고, 그러한 상정을 결연히 인수한 자를 '제자'라고 부른다.

'레몬의 향기를 맡는 일', '용출하는 샘물에서 물을 긷는 일', '불꽃에서 불을 옮겨 붙이는 일'이라는 랍비 아키바가 사용한 비유에서, '레몬', '샘물', '불꽃'은 각각 랍비 아키바의 스승이 간직한 율법의 학지를 상징한다. 제자는 결코 그 지적 원천에서 무언가를 뺏어간다든지 감축시킨다든지 사유물화할 수 없다. 그 '은덕', 그 '과실'을 그저 맛볼 수 있을 따름이다.

스승이란 우리가 성장의 과정에서 최초로 만나는 '타자'를 말하는 것이다. 사제관계란 그 어떤 정량 가능한 기술을 전승하는 관계가 아니라, '나의 이해도 공감도 초월한 지적 차원이 있다'는 '신화'를 받아들이는 결단을 말한다. 다시 말해 사사師事한다는 것은, '타자가 있다'고 하는 사실 그 자체를 학습하는 경험인 것이다.

3

이런 곳에서 내가 새삼 설교할 필요도 없지만, '지'라는 것은 양적으로 계측할 수 있는 것이 아니다. 그것은 정보나 지식의 '양'을 말하는 게 아니다. 그런 게 아니라, '내가 모르는 것을 아는 사람'과 대화에 들어가는 능력을 말하는 것이다.

지금 우리 사회에서는 '학급붕괴'라든지 '지적 붕괴'라는 것이

심각한 문제가 되고 있다. 그러나 여기서 종종 간과되는 것은, 교실에서 이루어지는 수업을 따라가지 못하는 아이들에게 결여되어 있는 것은 지식이나 정보가 아니라는 것이다. 그런 것이 결여되어 있어도 교육은 조금도 파탄되지 않는다. 왜냐하면 우리가 학교에서 배우는 것은 그러한 것이 아니기 때문이다. 아이들이 학교에서 배우는 것은 일종의 '쌍방향적인 커뮤니케이션'의 수행법이다.

우리가 학교에 가는 것은, '적절한 방식으로 질문하면 자기 혼자서는 도달할 수 없는 답의 소재를 알 수 있다'는 것을 배우기 위해서다. '교육을 받는다'는 것은 본래, '나는 ……를 할 수 있다'고 하는 능력을 양적으로 확대해가는 것이 아니다. 그게 아니라, '나는 ……를 할 수 없다', '나는 ……를 모른다'고 하는 불능의 양태를 적절히 언어화하는 방식을 배우는 것이다. '교육을 받는다'는 것은 본래, '……를 할 수 없다', '……를 모른다'고 호소하는 자에 대해, 어떻게 하면, 어디에 가서, 어느 단추를 누르면, 원하는 정보와 방법에 접근$_{access}$할 수 있는지를 가르치는 것이다. 흔해빠진 비유를 써서 말하자면, 교육이 할 일은 '생선을 주는 것'이 아니라 '생선 잡는 법을 가르쳐주는 것'이다.

많은 사람이 오해하는 바지만, '……를 할 수 있다'고 말하기보다 '……를 할 수 없다'고 말하기가 훨씬 어렵다.

왜냐하면 '……를 할 수 있다'는 것은 그 기술·정보의 종류나 수준이나 형태에 상관없이 무작위로$_{random}$ 열거할 수 있기 때문이다. ('나는 토익$_{TOEIC}$ 2급이며, 자전거를 탈 수 있고, 시폰케이크를 만들 수 있고, 피아노를 칠 수 있습니다'는 방식으로.) 그러나 '……를 할 수 없다'는 것을 무작위로 열거하더라도, 그것은 그 사람의 지적 포지션에 대해 거의 아무것도 전달할 수 없다.('나는 스와힐리어를 말할 수 없고, 코끼리를 탈 수 없고, 부야베스Bouillabaisse를 만들 수 없고, 호궁을 켤 수 없습니다'라고 하더라도, 그 사람이 어떤 능력의 소유자인지는 전혀 알 수가 없다.)

그러니까 '⋯⋯를 할 수 없다', '⋯⋯를 모른다'는 언명을 통해 자신의 불능의 방식에 대해 상대방에게 뭔가를 전하기 위해서는 적절한 어법을 습득해두는 것이 필요하다. 그것은 자신의 위치를 말하는 어법이다. '맵핑mapping하기' 위한 어법이라고 말해도 좋다. 자신이 어디를 향하고 있으며, 지금 어디에 있으며, 어디에 분기점이 있고, 어느 길을 취하면 어디로 나가는가에 대한 '부감적俯瞰的인(높은 데서 내려다보는—역자) 조망'을 말해 보여주는 것이다. 자기 자신의 불능의 양상을 상대에게 전하기 위해서는, 자기 자신을 포함하는 네트워크에 대해 어쨌거나 '조감적 시야'에 설 수 있지 않으면 안 된다. 그러나 손더듬으로 걸어나가기 시작한 인간이 갑자기 '조감적 시야'에서 스스로의 포지션을 말할 수 있을 턱이 없다. 그 사람이 할 수 있는 일은 '자신의 등신대의 눈높이'와는 '다른 시야'에 섰을 때, 자신을 포함한 풍경 속에서 자신이 어떤 식으로 보이는지를 탈자적으로 상상하는 것뿐이다.

그 탈자적 상상이 아주 어려운 것이다. 마치 거대한 캔버스에 그림을 그리는 화가가 붓을 멈추고 몇 걸음 물러서서 전체의 구도를 확인하면서 물감을 칠하는 작업에 되돌아오듯이, '맵핑하는' 것은 둘 이상의 시야를 왔다갔다 하지 않으면 안 된다. 등신대의 눈높이에서 보는 것과, 그것과는 다른 시야에서 조망된 '풍경 속의 나'를 상상적으로 내려다보는 것, 그 왕복운동이 '맵핑한다'는 것이다.

금방 알 일이지만, '나'를 포함하는 풍경이 협애하면 제대로 '맵 핑'할 수가 없다.(자신과 자신의 '동류'들밖에 보이지 않는 시야에서는, 자신의 포지션에 대한 정보를 거의 얻을 수 없다.) 자신이 자신을 포함하는 세계 안에서, 어디로 향하는 길의 어느 점에 있는지를 '조감적'으로 파악할 수 없는 자는, '나는……를 할 수 없다', '나는……를 모른다'는 것을 적절한 방식으로 언어화할 수가 없다.

역으로 말하자면, 아무리 지적 비축stock이 유치하고 빈약하더라도, '조감적 시야'를 설정할 수 있는 인간—자기 자신의 눈높이를 상상적으로 넘어설 수 있는 인간—은 자신의 불능을 상당히 적절하게 언어화해서 남에게 전달할 수가 있다.

교육을 받는 일의 의미는 무엇보다도 우선 이러한 '조감적 시야'를 상상적으로 획득하는 데 있다. 이미 아시겠지만, 이 '상상적으로 설정된 조감적 시야'를 우리는 '스승'이라고 부르는 것이다. '스승'이란 '제자를 맵핑하는 시야'를 말한다.

그러니까 랍비 아키바 등이 스승을 '대양'에 비유한 것은 그들이 스승에 비해 지적으로 모자랐다는 의미가 아니다. 그런 게 아니라, 그와는 반대로, 그들이 장대한 스케일의, 거의 우주적이라고 해도 좋을 정도의 조감적 시야에서, 자기 자신의 불능에 대해 말할 수 있었다는 것을 의미하는 것이다.

스승을 가질 수 없는 사람들, 그것이 현재의 '학급붕괴'나 '지적붕괴'의 주인공들이다. 그들은 자기의 지적 성장을 '자신의 눈높이'를 수평방향으로 연장하는 형태로밖에 구상할 수가 없다. 그래서 그들은 '나는……를 할 수 있다', '나는……를 알고 있다'는 언명을 양적으로 확대해가는 것 말고 지성을 행사하는 방식이 있음을 알지 못하는 것이다.

만화나 게임이나 음악 등의 협애한 프레임 속에 넘칠 듯이 잡다한 지식을 집어넣는 일에 정열을 기울이는 젊은이를 때때로 보게 된다. 그들이 동일 장르의 정보의 양적 증대와 치밀화 이외에 지적 성장의 양태가 있을 수 있음에 상상이 미치지 못하는 것은, '스승'을 만나지 못하고 살아왔다는 것의 애처로운 결과이다.

이야기를 본래로 되돌리자. 율법학자들은 율법수학생에게 필요한 가장 중요한 지적 자질을 '불능의 인지' 능력에서 찾았다.(그것은 모든 지적 영위의 근간이 되는 자질이다.) 그것은 '자기 자신을 포함하는 풍경을 자신과는 다른 사람의 눈으로 바라보기' 위한 상상력의 운용을 말하는 것이며, 그것이야말로 '타자'와 교통하는 능력인 것이다.

따라서 랍비들은 거듭하여 제자에게 이렇게 물음을 던졌다.

너는 '외부에서 도래하는 것'에 귀를 기울일 수가 있는가. 너는 '자기의 이해도 공감도 초월한 것'과 여전히 대화를 시도할 수가 있는가. 너는 무언가를 받아들이면서, 주는 이로부터 무엇 하나 빼앗지 않는 그런 교통을 이룰 수가 있는가.

'제자가 된다', '스승을 섬긴다'란, 우선 '스승을 두려워하는' 것을 학습하는 일로부터 시작된다. 그리고 그것이야말로 스승으로부터 제자가 습득하는 최초의, 그리고 아마도 가장 중요한 기량인 것이다.

유대교 역사상에 이름을 남긴 전설적인 율법학자들이 자신의 스승을 상상을 초월하는 지성으로 묘사한 것은, 그러므로 결코 우연이 아니다. 무엇보다 사제관계란 '타자'와의 만남의 가장 기본적인 형태인 것이다. 레비나스는 이렇게 말한다.

스승으로서의 타자Autrui comme maître는 우리에게 타자성의 한 모델을 제공해줄 것이다. 스승의 타자성은 단지 나와의 관계에서 이타異他적인 것이 아니다. 스승의 타자성은 '타인 자l'autre'의 본질에 속해 있음에도 불구하고, 한 사람의 나를 기점으로 해서만 형태를 취할 수 있는, 그런 타자성인 것이다.(TI, p.94.)

스승이 타자라는 것은 단지 스승이 나와는 다른 사람이라는 의미가 아니다. 그런 게 아니라, 스승은 제자인 나의 이해가 도저히 미치지 못하는 지적 차원에 있지만, 그 '이해가 미치지 못함'은 제자인 나에게 고유한 것이어서, 나 이외의 누구도 (스승의 지우도, 다른 제자들도) '대체할 수 없는, 이해가 미치지 못함'이라는 것이다.

제자 한 사람 한 사람은, 그 제자 이외의 누구에 의해서도 대체할 수 없는 고유한 방식으로 '스승에게 이해가 닿지 않는다.' 그리고 그 사실이 바로 그 제자 자신의 '둘도 없음〔소중함〕'을 근거짓는 것이다.

만일 뛰어난 제자들에게는 스승을 '이해하는' 것이 가능하다고 친다면, 이론적으로는 제자가 모두 뛰어난 경우, 그들의 '이해'는 완전히 동일한 것에 귀착하게 된다. 그러한 n명의 제자들 사이에 균일한 이해가 성립되었을 때, 제자들 한 사람 한 사람의 존재가치는 일거에 n분의 1이 되어버린다. 그들은 대체할 수 없는〔둘도 없이 소중한〕 제자가 아니라, '얼마든지 대체가 가능한' 제자가 되어버리기 때문이다. 그러므로 스승이 '이해를 초월해 있다'는 것은 제자의 '유일무이성'을 기초지우기 위해 필수적 조건인 것이다.

스승의 타자성은 '나'를 기점으로 해서만 '형태'를 취할 수 있다고 하는 레비나스의 말은 그러한 의미로 풀이될 것이다.

스승은 '최초의 타자'이다. 랍비들은 신을 만나기 전에 우선 스승을 만나고, '만남'의 정통적인 방식을 배운다. 따라서 스승을 섬기는 일과 신을 믿는 일은 거의 같은 몸짓이 된다.

탈무드의 같은 성구 위에 몸을 숙이고, 그 주해에 대해 끝없는 문답을 이어가는 사제의 모습을 레비나스는 시나이 산에서의 신과 모세의 대면에 빗대고 있다.

> 하나의 정신이 자신의 외부에 있는 어떤 다른 정신을 접하는 데 사용할 수 있는 유일한 도구, 그것이 지知이다. 모세가 신과 얼굴을 마주하고 말했다는 전승은, 제자와 스승이 둘 다 탈무드의 동일한 가르침 위에 몸을 숙이고 연구하는 모양새를 의미한다고 현자들은 전해준다.(*DL*, p.49.)

제자들은 스승에 대해, 신을 섬기는 방식을, 더 넓게는 타자와 관련하는 방식을 배운다. 그것은 간단히 말하자면 두 가지의 일이 될 것이다.

하나는 스승을 경외하고 숭경하고 스승 안에는 대양에 견줄 만한 예지가 깃들어 있다고 하는 그런 '신화'를 받아들이는 일.

또 하나는 제자는 '동일한 가르침'에 대해 스승과는 다른 '주해'를 말하고, 같은 성구에 대해 '같은 의미의 새로운 모습相'을 찾아낸다고 하는 것이다. 왜냐하면 살펴본 대로, '스승의 타자성'은 제자의 '유일무이성'에 기초해서―'나'를 기점으로 해서―만 형태를 취할 수 있기 때문이다. 제자를 갖지 않는 스승, 제자에 의해 해석되고, 제자에 의해 새로운 문맥으로 이끌리는 일이 없는 스승의 예지는 아무에게도 알려지지 않고 사라져버린다. '나의 지'를 단절하고 있을 '타자의 지'에 형태를 부여하는 것은, 역설적이지만 '나의 지'인 것이다.

그러므로 '제자다'라는 것은 스스로를 무로 돌린다는 의미도, 고개를 숙이고 침묵하는 것도, 스승의 말을 그대로 되뇌는 것도 아닌 것이다. 제자로서 스승의 예지에 압도당하는 자는 딴사람으로는 대체하기 힘든 대화자로서, 스승과의 '대화'를 개시하기 위해 그렇게 하는 것이다. 제자의 책무는 스승과의 '대화적 운동' 안에 '유일무이한 것', '이제껏 누구에 의해서도 말해진 일이 없는 것'을 가져오는 일이다.

제자는 그 독특함unique을 통해, 학의 전통 안에, 지금까지도 그리고 지금부터 앞으로도, '그 이외의 누구에 의해서도 말해지는 일이 없을' 그런 말을 하기 위해 호출된다. 제자는 그 대체 불가능성 때문에, 학지가 '완전'한 것이 되기 위한 불가결의 조건이 되는 것이다. 제자들은 '완전한' 텍스트가 더욱 완전해지기 위해 필요한 것이다.

레비나스는 신성한 텍스트는 '완전기호이다'라고 말했다. 신성한 텍스트가 '완전'한 것은 거기에 '모든 것이 적혀 있'기 때문이 아니다. 그런 게 아니라 거기서는 '모든 것이 사고되고 있'기 때문이다.

'모든 것이 사고되고 있다'는 것은 무슨 말일까.

역사주의자는 이렇게 생각한다. '아무리 뛰어난 사상이라 하더라도 모든 경험의 의미를 선취할 수는 없다. 어떤 특정한 시대가 닥쳐오지 않는 한 발언할 수 없는 말이 존재하며, 때가 무르익지 않는 한 사고되는 일 자체가 불가능한 그런 사고가 존재한다.' (*DL*, pp.101~102.) 레비나스는 그렇게 생각하지 않는다. 예컨대 이런 일은 실제로 경험되는 것이다.

우리 현대인들도 종종 이렇게 말하지 않을까요. '이런 상황이 되었기에 파스칼의 그 말의 의미를 비로소 알게 됐다' 든지 '몽테뉴의 그 말의 의미를 비로소 알게 됐다' 든지. 위대한 텍스트가 위대한 것은 그야말로 텍스트에 이끌려서 사실이나 경험을 만나고, 그 사실이나 경험이 텍스트의 심층을 역으로 되비춰주는 상호작용 때문이 아닐까요.(*QTL*, p.89.)

똑같은 일이 성서나 탈무드에 대해서도 일어난다. 지극히 현대적인 어떤 경험을 거쳐, '성서의 그 말의 의미를 비로소 알게 됐다' 고 하는 일이 있어서 안 될 일은 없다고 레비나스는 생각한다.

우리는, 진정으로 뛰어난 사상이란, 모든 사상—산업사회나 근대 테크놀로지조차도—이 사고되어 있는 그런 사상이라는 이해에서 출발한다.(*DL*, p.102.)

기원 2세기에 성립된 미쉬나Mishnah나 기원 5세기에 성립된 라마Rama 안에서 '산업사회나 근대 테크놀로지' 가 초래하는 문제들에 대한 해답을 찾는 일도 가능하다고 레비나스는 생각한다. 왜냐하면 탈무드에서는 '모든 것이 사고되고 있' 기 때문이다. 모든 것은, '현대 세계의 가장 예견 불가능한 측면조차도', 이 고대의 현자들에 의해 이미 사고되고 있기 때문이다.

여기서 '사고되고 있다' 는 것은, 일의적으로 이해할 수 있는 말로서 명제화되어 있다는 뜻이 아니다. 그 반대이다. '다양한 읽기에의 개방성' 이라는 방식으로 탈무드는 끝없는 주해를 야기한다. 그 개방성은 탈무드 안에서의 박사들의 쟁론Machloket이 최종적 합의에 이르지 않는다는 방식으로 보증된다.

탈무드 안에서는 하나의 물음에 대해 여러 명의 랍비가 여러 가지 주해를 내놓는다. '제례의 날에 태어난 계란을 먹을 권리는 누구에게 속하는가', '미쳐 날뛰는 소가 초래한 손해는 누가 배상하는가', '고용된 노동자의 통근수당은 누가 지불하는가', '나지르인Nazirite은 왜 머리카락을 잘라야 하는가.'

그런 지극히 구체적인 물음을 둘러싸고, 랍비들은 성구를 구사하여 맹렬히 논쟁한다. 논쟁 중 상당한 부분은 합의점을 찾아내기 위해서라기보다 오히려 문제를 더 한층 혼란시키기 위한 것처럼 보인다. 논쟁 끝에 배척된 견해조차도 기록에 남는다. 마치 한번이라도 사고된, 혹은 사고 가능하게 되었던 것은 결코 소거되어서는 안 된다고 하는 듯이. 중요한 문제에 대해서는 이론異論이 모두 병기된다. 자신이 랍비이기도 한 마르크-알랭 우아크냉Marc-Alain Ouaknin은 '마할로케트(쟁론)'에 대해 이렇게 설명한다.

> 정신은 다른 정신의 타자성을 인지하는 것으로 열려 있다. 즉 그것은, 자기로부터 바깥으로 나가는 것(즉 '동일자'로부터 바깥으로 나가는 것)의 수락으로서의 초월, 세계의 외재성을 향한 의식의 작열(즉 '타인자'의 구성)을 의미하고 있다. 마할로케트에 있어서는, 어떠한 진테제Synthese도, 어떠한 제3항도, 대립을 폐기하기 위해 등장하지 않는다. 그 어떤 것도 '동일자' 안에, 즉 자기 동일적인 것과 비-자기동일적인 것의 동일화 안에 머무는 일은 없다. (……) 탈무드의 쟁론에 대해 탈무드는 이렇게 말한다. '어떤 사람들의 말, 그것과는 다른 사람들의 말, 그것이

살아 있는 신의 말이다.' (Marc-Alain Ouaknin, *Méditations érotiques: Essai sur Emmanuel Lévinas*, Balleand, 1992, p.145.)

레비나스가 행한 최초의 탈무드 강화 『메시아적 텍스트』(1957) 에서, 레비나스는 메시아에 관한 경합적 견해를 거의 망라하여 소개했다.

어떤 랍비는 메시아의 때가 이르면 사회적 부정은 사라진다고 논하고, 다른 랍비는 사회적 부정은 사라지지 않는다고 논한다. 회개한 자는 도덕적으로 더러움이 없는 자보다 더 큰 특권을 얻는다고 논하는 랍비도 있는가 하면, 반대로 말하는 랍비도 있다. 메시아의 때는 에덴으로의 귀환이라고 논하는 랍비도 있는가 하면, 에덴보다 더욱 멋진 곳으로의 귀환이라고 논하는 랍비도 있다. 메시아가 오는지 안 오는지는 인간의 행동 여하에 달렸다고 논하는 랍비도 있는가 하면, 인간이 무엇을 하는지는 관계없다고 논하는 랍비도 있다. 메시아의 이름은 어떤 랍비에 의하면 실로Shiloh이며, 다른 랍비에 의하면 이논Yinnon이며, 다른 랍비에 의하면 하니나Haninah이다.

각각의 이론을 내세우는 랍비들은 모두 성서에 그 논거가 되는 출전을 가지고 있으며, 랍비들의 논쟁은 '성구를 무기로 한 전쟁', '최고의 치밀함으로 시비를 논하는 공공연한 전투'의 양상을 보인다. 그러나 레비나스는 최종적 합의에 이르지 않은 채로 문제점이 잇따라 제기돼 가는 바로 이 논쟁의 운동성, 개방성 안에서, 대화하는 것에의 신뢰, '타자'에의 경의, 지의 권위를 보는 것이다.

조리와 조리가 정면에서 맞부딪치는 당당한 싸움, 노여움도 없으며 질투도 없는, 바로 이 싸움 안에 정통의 사고는 존립하는 것이며, 이 싸움이야말로 세계에 평화를 가져다주는 것이다.(*DL*, p.48.)

랍비들은 의견의 불일치나 어의의 애매함이 극복되어야 할 혼란이라고 생각하지 않는다. 어떤 성구의 의미를 한정하는 일보다, 하나의 성구로부터 얼마나 다양한 의미를 이끌어낼 수 있는지, 하나의 예지에서 얼마나 많은 면모를 찾아낼 수 있는지에 랍비들의 관심은 향한다.

탈무드는 또한 다른 방식으로 읽을 수도 있습니다. 탈무드의 말하는 방식이 이토록 기묘한 것은, 간단히 말할 수 있는 것을 굳이 복잡한 방식으로 말하는 것을 즐기기 때문이 아닙니다. 그런 게 아니라, 그 말함에 의미의 복잡성을 남겨두기 위해서인 것입니다. 탈무드가 복수의 읽기를 추구해마지 않기 때문인 것입니다. 우리의 일은 바로 복수의 읽기를 탐구하는 데 있습니다.(*AV*, p.54.)

'읽기의 복수성'과 관련된 멋진 예로서, 레비나스는 '랍비 아키바의 학원을 방문한 모세의 이야기'를 든다. 랍비 아키바의 시대(기원 2세기경)에 모세가 되살아났다.(타임머신으로 미래에 온 것이다.) 그리고 랍비 아키바의 학원에서 하는 탈무드 강의를 몰래 청강하러 숨어들었다. 그런데 어려워서 무엇을 논의하는지 전혀 이해가 되지 않았다. 모세가 깜짝 놀라고 있으니 하늘의 소리가 모세에게 가르친다. '그대가 이해하지 못하는 이 가르침들은 그대 자신이 시나이 산에서 신으로부터 직접 받은 가르침이다.'

텍스트의 독자, 수학생, 주해자들은 모세와 똑같은 자격으로, '계시'에 새로운 한 페이지를 덧붙였다. 그래서 레비나스는 이렇게 선언하는 것이다.

> 초학자가 학교에서 그 스승에게 던지는 어떤 하찮은 질문이라도, 그것은 시나이 산에서 들은 '계시'의 불가결한 한 분절점인 것이다.(AV, p.164.)

단 이와 같은 텍스트의 '의미의 복수성'은 결코 텍스트의 '자의적 읽기'를 의미하는 것은 아니다. 이건 중요하다. 텍스트가 원리적으로는 온갖 읽기에 대해 무한히 열려져 있지만, 그렇다고 해서 모든 읽기가 똑같은 권리로 허용되는 것은 아니다. 거기에는 독해를 위한 엄밀한 '규칙'이 존재한다. 타당한 읽기와 그렇지 않은 읽기, 규칙에 따른 읽기와 그렇지 않은 사변은 엄격하게 구별되지 않으면 안 된다.

> 이것은 '계시'가 주관적 망상의 자의성에 맡겨져 있다는 뜻은 전혀 아니다. (……) '책' 읽기에 작용하는 주관적 독창성과, 호사가(어떤 의미에서는 사기꾼)의 망상의 단순한 유희 사이에는 확연한 구별이 있다. 그 구별을 가능케 하는 것은, 주관성이 반드시 읽기의 역사적 계속성을 딛고 있다는 것, 주해의 전승이 이루어져 있다는 것이다. 읽는 이가 텍스트로부터 직접 영감을 얻었기 때문이라는 구실로 전승을 무시하는 일은 허용되지 않는 것이다.(AV, p.164.)

레비나스는 주관적 망상과 주관적 독창성을 구별할 수 있는 '읽기의 규칙'이 있다고 말한다. 그것은 '읽기의 역사적 계속성', '주해의 전승'이다.

그러나 여기서도 또한 서둘러 말을 잇지 않으면 안 되지만, 그것은 결코 '주해를 위한 인습적 규범'을 의미하는 것은 아니다.(탈무드의 독해를 위해서는 랍비 엘리제르의 32가지 규칙 등, 복잡한 약정이 존재한다.) 여기서 말하는 '역사적 계속성'이란 그러한 형태가 있는 '주해의 전승이나 주해의 룰'을 말하는 것이 아니다. 만일 그렇다면, 비록 스승을 갖지 않는 고립된 독학자더라도 서지적 지식으로서 '읽기의 룰'을 학습하기만 하면, 그것을 자유자재로 응용해도 좋을 것이다.(수학이나 물리학이라면, 그런 일은 물론 얼마든지 있다.) 그러나 탈무드에서는 그것이 인정되지 않는다. 스승을 갖지 않는 자는 탈무드의 세계에 발을 들여놓는 일이 허용되지 않는 것이다.

탈무드의 규범들은 '무엇을 행해야 할 것인가', '무엇을 행해서는 안 되는가'에 관련된 문답 아래에 종종 깊은 철학적 성찰을 간직하고 있으며, 율법박사들의 직접적인 관심은 거기에 향해 있었다고 생각된다.
예컨대 '제례의 날에 태어난 계란'을 먹을 권리에 관한 쟁론이나 '미쳐 날뛰는 소'에 의해 생겨난 피해에 대한 배상에 관련된 쟁론 안에서 탈무드의 현자들은 계란이나 소를 이야기하는 것이 아니다. 그런 게 아니라, 그런 낌새를 털끝만큼도 보이지 않은 채로 근본적인 개념을 검토에 부치는 것이다. 이 사실을 확신하기 위해서는 정통적인 탈무드의 스승un maître authentique du Talmud을 만나는 것이 필요하다.(*QLT*, p.12.)

탈무드 해석의 기본은 '구전'이다. 스승으로부터 제자로의 '얼굴과 얼굴을 맞댄 대화'를 통해서만 '역사적 계속성'은 보증된다. 율법연구는 본래 사제구전의 것이다. 탈무드는 기원 2세기에 율법의 산실을 우려한 랍비 하나시Rabbi Yehudah HaNasi에 의해 처음 문서로 집성된 것인데, 이때조차도 어떤 랍비는 '구전율법을 받아 적는 자는 토라를 불에 태우는 것과 같다'는 격한 말을 내뱉으며 그 행위를 꾸짖었을 정도다. 그 구전에 대한 압도적 신뢰는 현대에 이르기까지 그대로 계승되고 있다. 인쇄물로서의 탈무드는 그저 인쇄물에 불과하며, 그것이 예지의 책이 되기 위해서는 그 책을 사이에 둔 스승과 제자의 살아 있는 대화가 불가결한 것이다.

> 탈무드의 문장은 구전과 어쩌다 필기된 가르침을 집성한 것이다. 따라서 대화 안에 있었던 논쟁적인 본래의 생명을 탈무드에 되돌려놓는 일이 중요하다. 그때 비로소 다양한—그러나 자의적이지는 않은—의미가 일어나서, 낮은 목소리로 중얼거리기 시작하는 것이다.(*QLT*, p.13.)

탈무드는 '책'으로서만 성립되지 않는다. '동결된 가르침'을 '해동'하여 '본래의 생명'을 부활시키기 위해서는, 그것을 '대화와 논쟁'의 상태로 되돌려놓을 필요가 있다. 따라서 홀로 묵독하는 자에게 탈무드는 아직 '죽은 책'인 것이다.

생각해보면 이것은 부조리한 이야기다. 만일 텍스트 해독의 '규칙'이 순수하게 지적인 것이며, 그 룰이 누구에게나 접근 가능한 형태로 공개되어 있다면, 그것을 이해할 만한 지적 능력이 있는 사람이라면 누구나, 스승을 갖지 않더라도 텍스트 해석에 참가할 권리를 가질 것이다.

 그럼에도 불구하고 탈무드의 경우는 그것이 허용되지 않는다. 텍스트를 정독하고, 텍스트 해석의 '규칙'에 대한 데이터적 지식을 아무리 쌓아올리더라도, 그것만으로는 텍스트 해석의 자격이 생기지 않는다. 왜냐하면 탈무드에서는 '얼마만큼의 지식'을 갖고 있는가보다, 그 지식을 '어떤 방식'으로 전수받았느냐가 훨씬 더 중요하기 때문이다.

 레비나스는 그 자신이 거듭 겸손히 말하고 있듯이 '만학'의 탈무드학자이다. 그는 예시바yeshivah(유대교의 학원)를 다닌 적도 없으며, 랍비가 되는 훈련을 받은 적도 없다. 그가 탈무드의 주해 방식에 대해 정식으로 배운 것은 제2차 세계대전 후의 수년간뿐이다. 그럼에도 불구하고 레비나스는 프랑스어권 유대인 지식인 회의에서, 많은 율법전문가들을 앞에 두고 1957년 이래 해마다 회의의 최종일에 화려한 각광을 받으며 '탈무드 강화'를 행해왔다.

 '아마추어 일요학자'에게 그만큼의 권위가 인정되었다는 것은 레비나스의 세속적 명성에 대한 경의는 아니다.(1957년 그 무렵 레비나스는 프랑스의 논단이나 학계에서도 거의 무명이었다.) 탈무드에 대한 레비나스의 지식이 다른 사람을 압도했기 때문도 아니다.(그것이 그의 과도한 겸손만은 아닐 것이다.) 그러면 무엇이 레비나스의 주해자로서의 권위를 구성했던 것일까. 그것은 그가 스승을 갖고, 그 스승으로부터 구전을 받고, 그 스승을 '완벽한 스승'으로 간주한다는 올바른 예법을 밟았기 때문이다.

 이야기는 한 바퀴 돌아 제자리로 돌아왔다.

텍스트의 해석은 주관적 독창성에 무한히 열려 있다. 그러나 거기에서 해석을 허용받기 위해서는 딱 한 가지 조건이 있다. 그것은 텍스트의 읽기를 가르치는 '스승을 갖는 것'이지, 텍스트에 관한 '지식을 갖는 것'은 아니다. 스승이라는 이름을 가진 한 사람의 '타자' 안에 무한의 예지가 숨어 있으며, 그 일거수일투족 모두가 예지의 기호라는 '신화'를 수용한 자 앞에 비로소 텍스트는 열린다. 그것은 '스승을 섬긴다'고 하는 행위와 '텍스트를 읽는다'고 하는 행위가 똑같은 하나의 지적 모험을 의미하기 때문이다. 따라서 '스승을 섬기는' 것이 불가능한 자는 '텍스트를 읽을 수가 없다', '타자' 안에서 무한을 찾아낸다고 하는 '목숨을 건 도약'을 해내지 못하는 자는, 텍스트 안에서 무한을 찾아낸다고 하는 '목숨을 건 도약'도 역시 잘 해낼 수 없다.

이것으로 잘 아셨겠지만, 내가 레비나스의 '제자'라는 포지션을 선택하는 것은 나의 자의적 선택이 아니었던 것이다. 그것은 내가 스승의 텍스트로부터 '무한'을 읽어내기 위해 피할 수 없는 하나의 예법인 것이다.

4

이 책이 '레비나스 연구'가 아니라 '레비나스 사상의 옹호와 칭송'인 이유를 설명하기 위해 상당히 시간을 끌고 말았다. 그러나 지금까지의 기술은 결코 본론에 들어가기 전의 여담이나 서론이 아니다. 우리는 이미 레비나스 사상의 핵심에 육박하고 있다.

나는 지금껏 한번도 레비나스에 대해 중립적인 입장이라는 것을 취한 적이 없다. 이상한 일이지만, 레비나스는 (나 이외의 누구에게도)

애당초 중립적인 태도로 접하기가 대단히 곤란한 타입의 사상가인 것이다.

콜린 데이비스는 약간의 빈정거림과 함께 이것을 '레비나스 효과Levinas effect'라 불렀다. 독자가 레비나스와 느닷없이 일종의 '친근' 관계를 맺어버리는 현상이다. '친근'이라기보다, 읽기 시작하고 한참 지나서 깨닫고 보면 이미 '레비나스의 집안'이 되어버려 있다는 그런 감각이라고나 할까. 이 '집안' 감각을 살로몬 말카Salomon Malka나 알랭 핑켈크로트Alain Finkielkraut나 베르나르-앙리 레비Bernard-Henri Lévy나 마르크-알랭 우아크냉(이나 나 자신)처럼 잘 의식하는 독자도 있는가 하면, 무의식중에 레비나스 사상의 선포宣布자가 되어버린 독자도 있다. '레비나스 효과'에 대해 말하는 일은 레비나스 사상의 고유한 구조와 그 특이한 텍스트 퍼포먼스에 대해 유용한 식견을 제공해줄 것이다. 그 이야기를 해보기로 하자.

내가 레비나스의 저작을 읽기 시작한 것은 석사논문에서 모리스 블랑쇼Maurice Blanchot의 문학이론에 대해 쓰던 1975년 무렵이다. 프랑수아즈 콜랭Françoise Collin의 연구서에 '블랑쇼의 특이한 몇 가지 고상考想*은 철학자 에마뉘엘 레비나스의 그것과 공명하고 있다'는 기술을 읽은 것이 레비나스의 이름을 본 아마도 최초의 일이었다. 나는 솔직히 블랑쇼의 '특이한 고상'이 무엇을 의미하는지 전혀 알 수가 없어

---

* 특별한 주제어는 아니지만 이 책에서 저자는 일본어로서도 일반적으로는 잘 사용되지 않는 이 '고상'이라는 용어를 즐겨 사용하고 있다. 사고행위 내지 사고내용을 뜻하는 이 용어는 발상, 구상, 착상, 사고, 사유, 생각, 등과도 뭔가 미묘하게 그 뉘앙스가 달라 그냥 그대로 '고상'으로 옮겼다. 좀 어색하겠지만 어휘의 확장이라 생각하고 읽어주셨으면 좋겠다. 독자들의 이해를 구한다.(역자)

막막했기에 이 정보에 뛰어들었다. 철학자라면 블랑쇼가 그만큼 알기 어렵게 쓰는 것을 좀 더 명석한 말로 부연paraphrase해 주리라고 기대한 것이다.(물론 이 기대는 완전히 잘못이었다).

곧바로 카탈로그를 뒤져 그 이름도 모를 철학자의 저작을 서너 권 무작위로 골라 프랑스의 서점에 주문했다. 2개월 정도 되어 책이 왔고, 나는 『Dificile Liberté(곤란한 자유)』라는 제목의 장정이 아름다운 책부터 읽기 시작했다. 그 첫 번째 논문「윤리와 정신」을 읽기 시작하고 한 시간도 지나지 않은 사이에, 나는 지금껏 한 번도 만난 적이 없는 정신의 운동에 자신이 말려들어가고 있음을 느꼈다.

그 난해한 프랑스어가 '무엇을 말하려 하는지' 이해되지 않았다. 그럼에도 불구하고, 그 텍스트를 통해 나는 이해할 수 없는 말을 하는 철학자가 곧바로 '나를 향해' 말을 건다고 느꼈던 것이다. 레비나스 자신의 말로 하자면, 나는 뜻하지 않게 '뭔가 알 수 없는 지극히 개인적인 소환명령을 받아든'(*EDE*, p.213) 것이다. 갑자기 책의 저편에서 '거기, 자네. 잠깐 이쪽으로 좀 오지' 하고 부르는 소리를 들어버린 것이다.

이것은 나에게 있어 처음 있는 경험이었다.

나는 그제껏 몇몇 철학자들의 텍스트를 얼마간 집중적으로 읽어왔다. 그리고 사르트르나 메를로-퐁티나 레비-스트로스의 문구 안에서 종종 멋지고 훌륭한 지성을 느꼈다. 그러나 철학서 안의 말이 곧바로 '나를 향해' 말을 걸어오는 그런 경험을 한 적은 없었다.

어떤 텍스트의 의미내용을 '이해한다'는 것과, 텍스트를 통해 들어본 적 없는 사고가 '말을 걸어온다'는 것은 완전히 다른 종류의 경험이라는 것을 나는 레비나스의 문장으로 처음 알았다.

'사람은 그 이해를 초월한 것으로부터 직접적인 방식으로 부름받는 일이 있다'고 하는 것은 레비나스 사상의 중핵에 있는 명제이다. 즉 나는 레비나스의 텍스트를 펼친 직후에, 레비나스의 이 명제를 의미로서 '이해했다'는 것이 아니라, 갑자기 경험으로서 '살아버렸다'는 말이다.

나는 레비나스의 사상 내용을 음미할 틈도 없이 레비나스의 사상을 먼저 호흡하고 말았다. 레비나스의 '이해를 초월한 말'이 그럼에도 불구하고 '곧장 자신을 향해온다'고 하는 경험에 뒤흔들리는 식으로, 나는 검증할 틈도 없이 레비나스 사상의 증인이 되는 것에서부터 출발해버린 것이다.

내가 '만난' 것은 레비나스식으로 말하자면 '수수께끼enigme'이다. 나는 그 텍스트를 통해 전대미문의 지성의 운동을 만났다. 거기에 나오는 말의 태반은 나에게는 이해가 안 되고, 얼마간 이해된 부분에는 놀랄 만한 것이 쓰여 있었다. 예를 들면 이런 식으로.

인식한다는 것은 폭로하고 명명하고 그것에 의해 분류하는 것이다. 파롤은 하나의 얼굴을 향해 말해진다. 인식이란 대상을 포착하는 일이다. 소유한다는 것은 존재를 상처주지 않으면서 그 자립성을 부정하는 것이다. 소유는 피소유물을 부정하면서 오래 살아나가게 한다. 허나 얼굴은 침범 불능이다. 인간의 신체 중 가장 벌거벗은 기관인 눈은 절대적으로 무방비하면서, 소유되는 일에 대해 절대적인 저항을 나타낸다. 이 절대적 저항 속에 피해자를 유혹하는 것─절대적 부정에의 유혹─이 읽힌다. 타자란 피해의 유혹을 부추기는 유일한 존재이다. 죽이고 싶다. 그러나 죽일 수가 없다. 이것이 얼굴의 이미지 그 자체를 구성한다. 얼굴을 보는 일, 그것은 이미 '그대 죽이지 말라'는 계율에 따르는 일이다. 그리고 '그대 죽이지 말라'에 따르는 일은 '사회정의'가 무엇인지를 이해하는 일이다. 그리고 불가시적 존재인 신으로부터 내가 들을 수 있는 것 모두는, 이 단 하나의 똑같은 목소리를 경유해서 나에게 도달했음이 분명할 터이다.(*DL*, p.21.)

이름밖에 알지 못하는 철학자의, 처음 읽은 책의 9쪽에서 나는 이 문장을 만났다. 나와 똑같은 조건에서 이것을 술술 읽고서 '흠흠 그렇지' 하고 고개를 끄덕이는 사람은 아마 없을 것이다.

'도대체 이 사람은 무엇을 말하고 싶은 건가.'

나는 도무지 알 수가 없었다.

'얼굴'이라는 것은, (보통 말하는) 그 '얼굴'을 이야기하는 것일까. '죽인다'라는 것은 그 '죽인다'는 것을 말하는 것일까. 이 말들은 메타포인 것인가, 아니면 문자 그대로의 의미로 사용되는 것일까. 내게는 도무지 짐작이 가지 않았다.

세상에는 '난해하지만 몰라도 별 상관없는' 종류의 난해함과, '난해하지만 시급히 어떻게 하고 싶어지는' 종류의 난해함이 있다. 레비나스의 난해함은 후자이다. 나는 레비나스를 '시급히 어떻게 하고 싶은' 기분이 들었다.

텍스트를 한 마디 한 마디 음미하면서 정독하기 위한 가장 좋은 방법은 번역하는 것이다. 그래서 나는 그 『곤란한 자유』를 번역하기로 했다. 그다음 『탈무드 4강화』를 비롯, 눈에 드는 차례대로 번역해 나갔다. 그래도 레비나스가 말하는 '타자'나 '살인'이나 '윤리'가 철학적 개념인지, 살아 있는 인간과 관련된 것인지, 확신하지 못했다.

그래도 번역을 거듭해가는 사이에, 레비나스의 사상은 정보나 지식으로서 '학습' 하는 것이 아니라, 살아 있는 인간으로서 그것을 실제로 '사는' 것 같다는 확신이 점점 내 안에서 강해져 갔다. 그러나 철학서를 그런 식으로 소박하게 '사는 방식' 에 끌어다 붙여서 읽는 일이 올바른 건지에 대해서는 자신이 없었다. 애당초 저쪽은 '리투아니아 태생의 유대인으로, 독일의 현상학과 존재론에 대해, 탈무드의 변증법을 구사하여 프랑스어로 비판적 저술을 행하는' 사람이다. 그 사람의 말을 (문화적 배경에서 무엇 하나 공통점이 없는) 극동의 한 학도가 '절실한 것' 으로 받아들인다는 것은 관계망상의 일종은 아닌 걸까.

내가 이해한 바로, 레비나스는 '타자를 위해서 대신' 속죄함으로써 주체성은 기초지어진다고 생각한다. '주체의 주체성은 유책성有責性 혹은 피심문성被審問性이며, 그것은 뺨을 때리는 자에게 뺨을 내미는 전면적인 드러냄이라는 형태를 취하게 된다' (AQE, p.142)고 하는 말에 나는 깊은 충격을 받았다. 도덕적 이상으로서, 똑같은 말을 하는 사람은 종교인 중에 얼마든지 있다. 그러나 이 사람은 광적fanatic 열정에 사로잡혀서가 아니라, 극히 엄밀한 지적 탐구 안에, 마치 짜내듯이 해서 이 말을 내뱉는 것처럼 보였다.

그러나 정말로 그런 일이 있을 수 있는 걸까. 정말로 그런 것을 단언해버려도 좋은 걸까.

적어도 내가 대학에서 본 '철학자' 들에 대해 말하자면, 그들이 말하는 '윤리' 나 '타자' 는 그들의 실생활에는 아무런 상관도 없는 순수한 사변이었다. 만일 레비나스라는 사람이 '진심으로' 이렇게 말하는 거라면, 이 사람은 미친 사람이거나 아니면 내가 찾아 헤매는 '궁극의 현자'이거나, 둘 중 하나임에 틀림없다.

    최종적으로 이 의문을 해소하기 위해서는 이제 본인을 만나서 그 사람이 '스승'으로 불러야 할 사람인지 아닌지를 직관적으로 판단할 수밖에 없다는 결론에 도달했다. 그것이 1987년의 일이다.

    결론부터 말하자면, 행복하게도 나는 에마뉘엘 레비나스에게서 내가 찾아 헤매던 '궁극의 현자'를 발견해냈다. 16구의 아파트를 찾아가 아래층의 초인종을 누르고, 인터폰으로 '올라오세요'라는 목소리를 듣고, 계단을 올라가자, 문 앞에 양손을 벌리고 나를 기다리는 단신에 붉은 얼굴을 한 작은 곰 같은 용모의 레비나스가 있었다. 레비나스는 문자 그대로 양손을 벌리고 나를 그의 '거처'에 '환대'해준 것이다. 그 아파트에서 '20세기에서 가장 위대'하다고 믿는 철학자와 마주하고서 보낸 몇 시간은 나에게 지극히 행복한 시간이었다. 그날 나는 '스승'을 찾아낸 것이다.

    그 한참 후에 낸 다음의 번역 『탈무드 신 5강화』의 '후기'에 나는 이런 것을 적어놓았다.

    이번 번역에는 1987년 파리에서 레비나스를 몇 시간 인터뷰할 수 있었던 경험이 크게 영향을 주었다. 그 사람의 말투, 그 사람의 숨결이라는 것을 단시간이기는 하지만 실감할 수 있었기에, 번역을 할 때 살아 있는 레비나스의 촉감 같은 것을 어느 정도는 낼 수 있었던 것 같은 느낌이 든다. 번역의 난소에서 막혔을 때는, 레비나스의 사진을 바라보고, 테이프의 목소리를 듣고, 잘 읽히지 않는 편지의 글자를 유심히 바라보고, '이 사람은 도대체 우리에게 뭘 전하고 싶은 걸까' 하고 생각했다. 말하는 상대의 얼굴을 똑바로 쳐다보고 열정적으로 말해가는 레비나스의 모습을 떠올리면, '이 사람은 틀림없이 우리에게도 알 수 있는 것을, 우리가 긴급히 이해할 필요가 있는 것을 말하고 있다'고 하는 확신이 솟아나와, 어떻게든 난소를 헤쳐나갈 수 있었다.(『탈무드 신5강화: 신성으로부터 성결聖潔로』, 「역자 후기」, 코쿠분샤國文社, 1990, 271~272쪽.)

이것은 지금 읽어도 상당히 의미심장한 문장이다. '말투', '숨결', '살아 있는', '촉감' 같은 노골적으로 신체적인 어휘가 레비나스와의 만남을 특징짓는 말로 사용된다. 뿐만 아니라 번역상의 '난점'을 이해하기 위해, 사전이나 참고문헌을 섭렵하는 대신, 나는 '사진'이나 '편지' 같은 말하자면 레비나스의 '영물'(신령이 나타날 때 매체가 되는 것. 보통, 나무 등—역자)을 끄집어내 와서 필사적으로 레비나스의 '신탁'을 알아들으려 한 것이다. 여기서 내가 동원하는 방책resource은 '두뇌적'이라기보다는 오히려 '신체적' 영역에 속하는 것이다.

미우라 마사시三浦雅士는 철학 텍스트를 읽기 위해서는 쓴 사람의 사고의 맥락을 '따라 생각해보는' 것이 필요하다고 말한다. 몇 개월간, 매일 몇 시간, 텍스트를 계속 읽으면 이윽고 '문체에 신체가 익숙해져 온다.' 신체가 사고의 문체에 익숙해지면, 어느 틈엔가 하이데거라면 하이데거적으로, 헤겔이라면 헤겔적으로밖에 사물을 생각할 수 없게 된다는 키다 겐木田元의 경험을 소개한 후, 미우라는 이렇게 결론짓는다.

정보를 수집하는 일과 사물을 생각하는 일은 다르다. 사물을 생각하기 위해서는 훈련이 필요하다. 그 훈련은 신체적 수련이라고 생각하

타자와 주체 51

는 게 좋다.(『생각하는 신체』, NTT출판, 1999, 250쪽.)

나는 미우라의 이 견해를 지지한다. 신체는 어떤 경우에는 두뇌보다도 개방성이 높다. 두뇌가 거부하는 것을 신체가 수용하는 일이 있을 수 있다. 지성의 용량을 초월한 것을 신체가 받아들이는 일이 있을 수 있다.

나의 레비나스 독해는 레비나스의 문체에 두뇌보다도 먼저 신체가 익숙해지는 경험이었다. 그리고 어떤 종류의 이념은 받아들이는 쪽의 지의 용량을 초월하는 일이 있을 수 있으며, 그러한 이념을 애간장을 태우듯이 해서 받아들이는 능력이 인간의 인간성을 기초지운다는 것이야말로, 내가 '애간장을 태우며' 받아들이려 했던 바로 그 텍스트가 말하던 통찰이었던 것이다.

여기서도 또 레비나스가 나를 '앞지르고' 있었다. 나에게 '레비나스를 읽는다'는 것은 '여기에 있는 내'가 '거기에 있는 텍스트'와 마주보고, 거기에서 얼마간의 정보를 추출抽出한다는 그런 경험은 아니었다. 그것은 나에 의해서 읽히는 바로 그 텍스트가, 읽는 나를 '읽기가 가능한 주체'로 만들어가는, '서로 얽힘'의 경험이었던 것이다.

현실의 레비나스를 만남으로써 내가 레비나스의 텍스트를 읽는 방식은 꽤나 변해버렸다. 텍스트를 향하는 나의 자세는 '지견知見'으로부터 '가까움'으로 변동shift했다. 생생한 친밀감 속에서 '이해를 초월한 말'을 알아듣는 일이 가능할 뿐 아니라, 아마 이것이 정통적인 만남의 형태라는 확신이 나를 지배해 갔다.

이것은 결코 나에게만 일어난 특이한 사건은 아니다. '지견

intelligiblité으로부터 가까움proximité으로'라고 하는 것은 레비나스 사상 그 자체의 기본적 추세이기 때문이다.

'얼굴과 얼굴을 마주하고face à face'나 '우리끼리의 말entre nous' 같은 레비나스 특유의 표현이 예상케 하듯이, 레비나스의 텍스트를 읽는 경험은 독자에게 때로 일종의 농후한 '친밀함'을 느끼게 한다. 레비나스의 텍스트를 읽는 사람은 종종 거기서 말해지는 말이 다른 누구도 아닌, 그 사람 자신을 향해 곧바로 건네지는 듯한 '착각'에 휩싸이게 된다. 콜린 데이비스가 '레비나스 효과'라고 부른 것은 이를 말한다.

나는 레비나스 사상이 광범위하게—거의 만장일치적인—지지를 받는 것에, 그리고 그의 엄청나게 난해한 서적이 실로 다양한 지적 프로젝트의 논거로서, 상당히 편하게 인용되고 있음에 충격을 받는다. 내가 '레비나스 효과'라 부르는 것은 레비나스의 텍스트가 독자의 한 명 한 명에게 제가끔 다른 방식으로 보여져오는 그 가능성을 말한다. 레비나스는 독자가 바라는 것을 무엇이든 제공해 줄 것처럼 느껴진다. 그래서 그의 저작에 대한 주해는 어느 사이엔가 주해하는 바로 그 연구자 자신의 욕망을 반영하게 되어버리는 것이다.(Colin Davis, *Levinas: An instruction*, Polity Press, 1996, p.140.)

이것은 참으로 이상한 메커니즘이다. 레비나스는 너무나 난해하기 때문에 만인에게 열려 있는 것이다.

데이비스가 말하는 대로, 확실히 레비나스가 쓰는 것은 거의 터무니없이 '사악할 만큼' 난해하다. 레비나스의 키워드로서 알려져 있는 수많은 술어—'타자', '얼굴', '일리야', '유책성', '무관심성 désintéressement', '제3자', '그임illeity' ('그' 라고 하는 성격—역자) 등—은 모두 다 일의적인 정의를 완전히 거절하고 있으며, '어떠한 수동성보다도 수동적인 수동성'이라든지 '기원에 선행하는 전-기원'이라든지 '일찍이 한 번도 현재가 된 적이 없는 과거'와 같은 역설적 표현은 그것 이외의 표현으로 환언하기가 불가능하다.

즉 나 같은 번역자를 포함해서, 독자들은 이들 술어가 '진짜는 어떤 의미인지'에 대해서, 결코 보편적인 이해에 이르지 못하고, 한 사람 한 사람이 그 '사견'을 말할 수밖에 없는 것이다.

그러나 역설적이게도, 레비나스의 텍스트가 만들어내는 이 카오스는 읽기에 대한 가능성의 폭을 넓혀주기도 한다. 만일 충분한 프랑스어 해독능력과 철학사의 지식을 갖춘 사람이 레비나스를 '알 수 있다'고 한다면, 결코 그의 사상이 '난해'하다고는 하지 않을 것이다. 누구든 공부만 한다면 레비나스를 확실하게 이해할 가능성이 있는 이상, '모른다'는 것은 지적 태만의 표명에 불과하다.

그러나 레비나스의 사상은, 비록 독자가 프랑스어나 히브리에 능숙하더라도, 철학사를 통달했더라도, 탈무드를 암송하더라도, 얼마만큼 독해를 위한 지적 수단을 갖추었더라도, 그것에 의해 정합적인 상을 드러낼 그런 성질의 것은 아니다. 레비나스에 대해서는 결정적인 읽기방식이 존재하지 않는다.

만일 독자가 현상학자라면, 레비나스는 현상학의 새로운 가능성을 제시하는 듯이 보인다. 신학자라면, 레비나스는 유대교학에 새로운 지평을 연 듯이 보인다. 텍스트이론의 연구자라면, 레비나스는 새로운 모험적인 텍스트 실험의 탐구자로 보인다.

레비나스는 독자의 필요에 따라 여러 가지 읽기가 가능하다. 그래서 '레비나스와 데리다는 대체로 같은 것을 말한다'는 연구자와 '전혀 다른 것을 말한다'는 연구자가 똑같이 있어도 이상할 게 없는 것이다.('데리다' 대신에 '후설', '부버', '사르트르', '라캉' 등의 고유명을 바꿔 넣어도 사태는 그다지 변하지 않는다.)

너무나 턱없이 난해한 탓에, 우리는 지금껏 레비나스에 대한 객관적·중립적인 읽기가 쉽지 않았다. 읽는 이는 자기도 모르게 자기가 '읽고 싶은 것'을 텍스트 안에서 읽어내게 되기 때문이다.

그것은 '비판적 읽기'를 시도하는 독자에게도 마찬가지다. 데이비스는 레비나스 안에서 자기 입장의 공명자를 발견하는 독자뿐만 아니라, 레비나스를 날카롭게 비판하는 독자 또한 '레비나스 효과'의 포로가 됨을 지적한다.

5

'레비나스 효과'의 한 징후는, 독자가 알아차리지 못하는 사이에 레비나스를 '아는 레비나스'와 '모르는 레비나스'로 이분화해서 읽는다는 점에 있다.

대개의 경우, 독자는 '무엇을 말하는지 잘 모를 레비나스'를 무시하고, '그랬으면 좋겠다고 바라는 레비나스'에 대해 개인적인 생각을 말하게 된다.

레비나스 역시 '말이 부족하다'든지 '글이 지나치다'고 하는 일이 있을 수 있다(나는 '없다'고 믿지만). 그러나 그때의 '말의 부족'이나 '말의 과잉'이 레비나스의 사상에서 치명적인 것이 되지는 않는다. 왜냐하면 독자들에게는 그 '언어의 부족'이나 '언어의 과잉'을 투과해서, 그 저편에 '레비나스의 완벽한 예지'를 내다보는 일이 허용되어 있기 때문이다.

그 전형적인 예를 데이비스는 뤼스 이리가라이Luce Irigaray로 보고 있다. 이리가라이는 레비나스가 '부권주의자'라고 단정하는데, 그 논거는 '레비나스가 여성의 타자성에 적절한 경의를 표하지 않는다'는 점에서 찾는다. '타자의 타자성·미지성을 훼손하는 일 없이, 타자와 관련하는 것이 가능한가'라고 물음을 계속해온 철학자가, '여성의 타자성을 과소평가했다'는 것을 이리가라이는 엄하게 단죄한 것이다.

생각해보면 이것은 기묘한 논란이다. 왜냐하면 이리가라이의 주장은 바로 '누구도 이의를 제기할 수 없는 레비나스 사상의 공준'에 준거하여 행해졌기 때문이다. 이 역설적paradoxical 상황을 데이비스는 이런 식으로 정리한다.

> 레비나스에 대한 비판은 거의 예외 없이 레비나스 자신이 설정한 기준에 기초해 이루어지고 있다. 따라서 레비나스에 대해 적대적 입장을 취하는 사람조차도, '레비나스는 이래야 한다'(고 그가 생각하는)는 것에 기초해서 레비나스를 수정하는 일에, 즉 레비나스를 보다 레비나스적이도록 하는 일에 필사적으로 매달리는 것이다.(Davis, p.140.)

레비나스의 비판자조차 레비나스의 텍스트에는 '복수의 수준'이 있음을 인정한다. 그리고 그들 전원이 레비나스의 가장 기본적인 명제를 '준칙'으로서 받아들이는 것에 이의를 제기하지 않는다.

우리가 레비나스 텍스트의 '개방성'이라 부르는 것은 이런 것이다. 독자는 레비나스의 저서들 중, '자기에게 잘 이해되는 부분'에 기초해서 '자기에게 잘 이해되지 않는 부분'을 독해할 재량권을 인정받는다. 그리고 그러한 독자가 레비나스의 텍스트를 자유롭게 '자르고 붙이고' 하는 권리를 담보하는 것은 다름 아닌 레비나스 자신인 것이다.

여기서도 레비나스 자신이 우리를 '앞질러' 있다.

레비나스는 탈무드의 문체를 범례로 해서 자신의 텍스트를 쓰고 있다. 그의 텍스트에서 읽기의 개방성·복수성은 의도적으로 공작된 것이다. 그는 굳이 일부러 일의적인 해석이 성립되기 어렵도록 쓰고 있다. 그 난해함과 애매함은 전략적으로 선택된 것이며, 데이비스가 말하듯이 '레비나스의 종잡을 수 없음은 그의 에크리튀르와 사고의 본질인 것이다.'(Davis, p.129.)

'레비나스 효과'는 레비나스가 '뭘 말하는지 잘 모르겠다'는 것의 효과이다. 그럼에도 불구하고, 독자는 레비나스에게 '뭔가 대단히 개인적인 소환명령을 받은' 느낌을 받으며, 자신의 레비나스 이해에 충분한 보편성이 없음을 자각하면서도 그만 자신의 '레비나스 이해'를 말해버린다. 이 '개인적으로 소환되는' 느낌을 레비나스는 '영감 inspiration'이라는 말로 설명한다.

> 영감—그것은 '의미하는 것'의 직접적인 의미 아래를 꿰뚫고 있는 또 다른 의미이다. 알아들은 것의 저편을 듣는 알아듣기에, 극한적인 의식에, 각성된 의식에 신호를 보내는 또 다른 의미이다. (……) 메시지로서의 메시지는 그것에 대해 귀를 막는 일이 불가능한 것으로, 의미의 의미로, 다른 사람의 얼굴에로 그 알아듣기를 각성시킨다. 눈뜸이란 바로 타자의 접근성이다.(AV, p.137.)

어떤 텍스트를 읽을 때, 우리는 느닷없이 어떤 '메시지'를 받게 된다. 그 '메시지'의 내용은 '당신은 어떤 대화적 관계에 말려들었다. 당신은 그 당사자다'라는 것이다. 모르는 뭔가가 다가오고 있으며, 나는 그것에 귀를 막을 수도, 거기서 눈을 돌릴 수도 없다. 그러한 경험을 레비나스는 '영감을 받는다 Inspiré'고 표현한다.

영감은 전혀 뜻하지 않게 독자를 엄습한다. 독자에게는 그것을 위해 준비하는 일이 허용되어 있지 않다. 이 개인적 소환이나 영감의 경험은 레비나스의 에크리튀르와 사고의 본질에 관련돼 있다. 그것은 우연적인 독서경험이 아니라 레비나스가 꾸며놓은 텍스트 전략인 것이다. '레비나스 효과'를 가져오는 그 독특한 텍스트 실천에 대해, 데이비스는 '일리아'와 '얼굴'에 대해, 설득력 있는 실례를 들고 있다. 레비나스는 『시간과 타자』에서 '일리아'에 대해 이렇게 정의한다.(이것을 '정의'라고 말할 수 있다면.)

> 모든 것이, 존재자도 인간도, 전부 다 무로 돌아갔다고 상상해보자. 우리는 그때 단적인 무와 조우하게 될 것인가. 모든 것이 상상적으로 완전히 파괴된 후에 남는 무언가, 그것은 무언가가 아니라 '일리아 Il y a(있다)'라고 하는 사실인 것이다. 모든 것의 부재는 현전처럼 되돌아온다. 마치 밑바닥이 빠져 모든 것이 미끄러져 나가버린 장소처럼. 대기의 밀도처럼. 공허의 충일처럼. 혹은 침묵의 중얼거림처럼. (……) 존재한다고 하는 사실이, 이제 아무것도 아닐 때, 거기에 육박해 다가오는 것이다. 그리고 그것에는 이름이 없다.(TA, pp.25~26.)

이러한 문장을 읽고 나서 여전히 '일리아라는 것은 이러이러한 것이다'라는 식으로 일의적으로 정의할 수 있다고 믿는 사람은 없을 것이다. 여기서 레비나스가 시도하는 것은 언어적 자원을 구사해서 '뭔가를 지칭하지 않는다'는 곡예acrobatie이다. 레비나스가 '일리아'에 대해 곡예적 수사를 구사하는 것은 어떠한 수사적 기교를 갖고서도 '일리아'의 기술에는 결코 성공하지 못한다는 것, 어떠한 수사적 기교를 갖고서도 기술할 수 없는 것이 '있다(일리아)'는 것을 보여주기 위한 것이다.

레비나스가 텍스트 실천을 통해 거듭 우리에게 고하는 것은, 요컨대 '내가 말하는 것을 안 것 같은 느낌을 받아서는 안 된다'는 것이다. 왜냐하면 레비나스의 개념에 대해서는 우리가 '모르기' 때문에 오독할 가능성보다도, '안 것 같은 느낌을 받기' 때문에 오독할 가능성이 더 높기 때문이다.

'일리아'나 '얼굴'과 같은 개념(그리고 '타자', '외부', '초월' 등도 그렇지만)의 '효과'는 그것이 '일의적 정의를 거부한다'는 점에 있다. 바로 '기술할 수 없는 것이 있다'고 하는 사실에 마주쳐서, 어쩔 줄 몰라 당혹하는 독자의 불안의 상승을, 이 개념은 노리고 있다. 그것은 말하자면 '목구멍까지 올라와 있지만 아직 소리가 되지 못하는 고유명사'라든가, '생각날듯하지만 생각나지 않는 기억'에 맞닥뜨려 우리가 당혹해하고 있을 때의 '제자리걸음 하는 운동상태'와 비슷하다. 아마도 우리가 이들 개념에 대해 우선 취할 수 있는 가장 온전한 태도는, 의미를 알고 싶지만 의미를 알 수 없기에 '몸을 비비꼬는' 것이다.

어떤 개념이 '무엇을 의미하는지' 모르는 채로 '뭔가를 의미하는' 현장에 우리를 소환해서 그것에 입회시키는 것, 그렇게 해서 '의미'라는 개념의 '재구성'을 우리에게 강요하는 것, 그것이 레비나스의 텍스트 전개방식의 두드러진 특징이다. 레비나스는 그러한 텍스트 전개방식이 지향하는 것을 단적으로 '수수께끼$_{enigme}$'라 부른다.

> 표상 불가능한 것으로서 자기를 제시하고 선고하는 바로 그 순간에 해체되고 마는 신―그러한 신을 만류하는 것도, 거절하는 것도, 우리의, 보다 엄밀하게는 나의 결단에 달려 있다. '타자'가 자신의 익명성을 유지하면서 나의 인지를 호소하는 이 방식, (……) 스스로를 현시하는 일 없이 현시하는 이 방식을, 우리는 '현상'이라는 삼감없는 고자세의 현현과 대립하는 것으로서, 그리스어 어원에 거슬러가서 '수수께끼$_{enigme}$'라 부르기로 한다.(*EDE*, pp.208~209.)

여기에는 '에니금'의 역동적인 본질이 암시되어 있다. '수수께끼'는 밝음의 세상 안에는 '현상'하지 않는다. 그것은 밝음의 세상에서 무언가가 퇴거하고, 모습을 감추었다는 사실을 증언할 뿐이다. 그러므로 '수수께끼'는 '엄밀한 의미에서는 한 번도 경험된 적이 없는 경험', '한 번도 현재였던 적이 없는 과거', '장소이며 비장소인 그런 주체성', '어떠한 기원보다도 더욱 태고적인 과거'와 같은 역설적 표현으로밖에 말해지지 않는다. 마치 말해진 바로 다음 순간에, 신속히 말소되기 위해서만 언어가 말해지는 것처럼, '마치 항해에서 배를 띄우는 물이 동시에 배를 가라앉히고 집어삼키는 물인 것과 마찬가지로.'(*AQE*, p.228.)

레비나스의 에크리튀르$_{écriture}$(문자, 표기법)는 뭔가를 지시한 순간에 거기다 말소기호를 단다. 그러므로 'A이며 동시에 A가 아니다'라는 표현을 레비나스는 집요하게 반복한다. 그 이유는 레비나스 자신이 물음의 형태로 제시한다.

> '말하는 것' 과 '전언철회前言撤回(앞서 말한 것을 취소)하는 것' 을 하나로 취합하는 것이 가능할까. 동시에 존재하는 것이 가능할까.(*AQE*, p.8.)

우리는 탈무드적 대화에서 이와 비슷한 언사를 이미 만났다. 탈무드에서는 랍비들이 입에 올린 모든 이론異論이 병기된다. 한번이라도 사고된 것은 기록에 남겨지지 않으면 안 된다. 거기서 지향되는 것은 랍비들의 합의에 의한 쟁론의 종결이 아니라, 풍부한 이론이 용출하여 쟁론이 계속되는 것이다. 왜냐하면 랍비들 한 명 한 명이, 제가끔 독특한 방식으로 '계시' 를 청취하기 때문이다. 그 청취는 다른 누구에 의해서도 대체될 수 없다. 그 개인적이고 독특한 청취 하나하나가 '계시' 의 유일무이하고도 불가결한 구성요소인 것이다. 그러므로 그 모든 것은 동시에, 똑같은 권리로, 모순되고 상반된 채로 거기에 기록되지 않으면 안 된다.

> 나의 내적인 독특함을 요구하는 것으로서의 '계시', 그것이 '계시' 가 의미한다고 할 때의 의미의 생성 그 자체인 것이다. 말하자면 개인의 다수성이 '절대적 진리' 가 충족되기 위한 조건인 것이다. 한 사람 한 사람의 개인이, 그 독특함을 통해 진리의 독특한 상의 계시를 담당하고 있으며, 진리의 상들 중 몇 가지는 어떤 개인이 인류에게 결여되어 있어서는 결코 계시되는 일이 없는 그런 것이다.(*AV*, p.163.)

레비나스는 그와 똑같은 것을 그 자신의 텍스트 전개방식에서 실천하려 하는 것은 아닐까. 탈무드의 변증법에 대한 레비나스의 해석을 믿는다면, '마치 레비나스 자신 안에 복수의 레비나스가 있어서 그들이 서로 이론을 제기하는 것처럼 텍스트가 쓰여 있는' 이것이 '레비나스의 진리'의 상을 개방상태로 두기 위한 최선의 방법이기 때문이다.

그렇다면 레비나스의 개념이 일의적 정의로 귀착되지 않는 것은 조금도 이상할 게 없다. 메시아의 이름이 '실로'인지 '이논'인지 '하니나'인지 랍비들 사이에서 결판나지 않는 것이 메시아니슴에 대한 논의의 심화를 조금도 방해하는 일 없이 오히려 그것에 생기를 불어넣는 것처럼, 레비나스 본인의 복수성이, 텍스트에서 대화와 논의의 운동이 '살아 있는' 상태로 되어 있기 위한 조건인 것이다. 레비나스가 제기한 명제를 레비나스 자신이 철회한다는 방식으로 텍스트는 그 개방성을 확보하는 것이다.

이러한 '전언철회' 혹은 '오른손으로 준 것을 왼손으로 빼앗는' 듯한 말투는 레비나스의 독창적 견해는 아니다. 그것은 하나의 지적 전통에 깊이 뿌리박고 있다. 전해지는 일화를 믿는다면, 레비나스의 스승 슈샤니의 말투가 바로 그런 것이었기 때문이다. 레비나스와 동시기에 슈샤니의 제자였던 (그 사실을 당시는 두 사람 다 알지 못했다. 제자들은 스승에 대해, 그 위대함 이외에는 아무것도 알지 못한다) 엘리 비젤은 스승의 말투에 대해 이렇게 증언하였다.

아무도 그의 이름이나 나이를 알지 못했다. 어쩌면 그런 건 아예 갖고 있지도 않았던 것이다. 보통의 경우 사람을 정의하거나 혹은 적어도 위치지우는 것이 그에게는 '없는 게 낫겠다' 싶었다. 그는 그 행태에 의해, 그 지식에 의해, 다방면에 걸쳐, 또한 서로 모순되는 입장의 결정에 의해, 자신은 미지의 것, 불확정한 것을 구현하고 있다고 주장하는 것이었다. (……) 그는 자신에 대해 아득한 말밖에 하지 않았다. 그렇다와 아니다가 등가이며, 선과 악이 같은 방향으로 나아가는 것이었다. 그는 일거동으로, 같은 수단을 쓰며, 스스로의 이론을 구축도 하고 파괴도 했다.(엘리 비젤, 『사자死者의 노래』, 무라카미 미츠히코村上光彦 역, 晶子社, 1986, 511~152쪽.)

'그렇다와 아니다가 등가이며', 스스로의 이론을 같은 말 속에서 '구축도 하고 파괴도 하는' 그런 스승의 변증법에 농락된 비젤이, 그래도 여전히 스승의 압도적 논증의 기량에 한마디 찬탄의 뜻을 표했을 때, 스승은 격노했다고 한다.

아름다운 대답 따위 아무것도 아니라는 걸 도대체 언제가 되면 알겠는가. 모르겠는가. 속임수 이외의 아무것도 아니란 말이야. 인간의 알맹이가 정해지는 것은 그를 불안케 하는 것에 의해서지, 그를 안심시키는 것에 의해서는 아닌 게야. (……) 신은 움직임을 의미하는 것이지, 설명을 의미하는 건 아니니까 말이야.(같은 책, 156~160쪽.)

슈샤니 옹의 이 말은 레비나스에 대해서도 그대로 적용된다. 텍스트는 독자를 안심시키는 것이 아니라 불안케 하기 위해 쓰여진다. 왜냐하면 가장 숭고한 것은 '설명'이 아니라 '운동' 안에 살고 있기 때문이다.

그 사실을 레비나스는 그의 스승으로부터 제대로 배운 것이다.

6

'수수께끼를 풀기' 위해서가 아니라 '수수께끼를 심화시키기' 위한 에크리튀르(글). 이 아이디어는 롤랑 바르트가 '다성적多聲的', '다기원적'인 에크리튀르라 부른 것과 조금 비슷하다.

이들 '다성'은 각각이 다른 것을, 종종 배치되는 것을 말한다. 'A이며 또한 A가 아니다', 'A 아님에 의해 A이다'와 같은 머리가 아파질 것 같은 역설 속에서, 특히나 '레비나스적'이라고 생각되는 것은 'A는 충분히 A적일까?'라는 물음의 표현이다.

이 표현을 우리는 결정적 국면에서 몇 번인가 만나게 된다. 이 말을 통해 레비나스가 우리에게 전하려는 것은, 약간 난폭하게 정리해 버리자면, 'A'라는 것 안에는 '실현된 현세現勢적 A'와 '실현되어야 할 잠세潛勢적 A' 두 가지가 동시에 존재한다는 것이다. 예컨대 1960년대 이후 구조주의 사조 안에서 소리높이 외쳐진 '인간의 죽음', '주체의 종언' 같은 인기 구호catchy copy에 대항해, 레비나스는 거의 혼자서만 시류를 거슬러 '인간주의'와 '주체성'의 복권을 부르짖었다. 그때 레비나스는 이렇게 말했다.

> 인간주의는 그것이 충분히 인간적이지 않다는 이유 말고 다른 이유에 의해서는 고발되는 일이 없어야 한다.(*AQE*, p.164.)

모든 사상에는 이중의 층이 있다. 하나는 '언어의 형태를 취한' 층이다. 또 하나는 '그와 같이 언어가 형태를 취하는 것을 동기지우는' 층이다. 지금의 예로 말하자면, 첫 번째 층은 '인간주의(라는 이론과 운동)'이다. 이것은 실체로서 우리의 눈앞에 있다. 단 그것들은 꼭 충분히 '인간적'이라고 할 수는 없다. 두 번째 층은 '인간적이란 어떤 것인가'라는 끝없는 물음에 의해 구성되고 있다. 물음이 끝없는 것인 이상, 충분히 '인간적'인 이설理說이나 운동이 현실에 존재하는 일은 있을 수 없다.

레비나스는 '인간주의'적 이설이나 운동을 풍부하게 해주는 그런 비판은 아마도 '인간주의는 충분히 인간적일까' 하는 물음의 형태로 주어질 것이라고 생각한다. 그리고 만일 '인간주의'가 종언을 선고받는 것이라면, 그것은 '인간주의'가 그 물음을 자신에게 향하는 일을 어디선가 멈추어버렸기 때문이다.

이와 거의 똑같은 투로 레비나스는 마르크스주의를 비판한 적이 있다.

'마르크스주의는 충분히 마르크스적일까.'

카를 마르크스라는 한 청년이 가난한 사람들에 대해 품은 진실된 공감과 사회적 정의의 희구가 그를 '마르크스주의'라고 하는 이설과 운동의 형성으로 내몰았다. 그러나 그 후의 역사가 보여주듯이, 약자를 구제하기 위해 출현한 마르크스주의적 정치조직이나 사회제도는 약자에 대한 공감과 풍부한 자애를 반드시 충분한 방식으로 표현하지는 않았다.

레비나스에 의하면 그 제도들은 '마르크스주의적marxiste'이기는 하지만, '마르크스적marxien'이지는 않았던 것이다. 만일 마르크스주의가 표방하는 가장 높은 목표를 성취하고자 바란다면, 마르크스주의자들이 우선적으로 앞세워야 할 것은, '마르크스주의는 충분히 마르크스적일까' 하는 물음이지 않으면 안 될 것이다.

이미 알아채셨겠지만, 이 '……는 충분히 ……일까' 라는 물음의 형태는 레비나스에 대한 비판자가 거의 그대로 레비나스로부터 빌려온 것이다. 지금까지 우리 눈에 들어온 다소나마 생산적이라고 생각되는 레비나스 비판은 모두 '레비나스는 충분히 레비나스적일까' 하는 물음의 형태를 취했다. 즉 레비나스에 대한 '근원적 비판' 이라고 비판자들이 자인하던 비판의 어법을 그들은 (알고선지 모르고선지) 바로 그 레비나스 자신으로부터 빌렸던 것이다.

형안炯眼의 데리다는 레비나스의 이 어법이 곧 레비나스의 텍스트 전개방식의 '지문指紋' (불변의 고유한 특징―역자)임을 일찌감치 알아차렸다. 데리다는 레비나스의 후설 비판의 뼈대framework를 '후설의 문자가, 후설의 정신이란 이름으로 끊임없이 이의제기 되는' (Jacque Derrida, Violence et Métaphysique, in *L'écriture et la différence*, Seuil, 1967, p.128) 그런 공격방식이라고 말한다. 제대로 본 것이다. 데리다가 지적하는 대로, 이 물음제기의 형식을 응시함으로써 우리는 레비나스적 사고의 한 근간을 알게 된다. 그것은 '스스로를 알리기는 하지만 스스로를 내보이지는 않는 것' 과 '알리는 것 자체' 는 다른 것이면서 똑같은 이름으로 불린다는 것이다. 레비나스가 '이름이 같은 것의 두 가지 의의' 를 구별해내는 일의 중요성을 배운 것은 어쩌면 『존재와 시간』으로부터인지도 모르겠다. 하이데거는 이렇게 말하기 때문이다.

'어떤 것' 의 나타남으로서의 나타남은, 자기 자신을 보여주는 것을 의미하는 것은 결코 아니며, 오히려 스스로를 보여주지 않는 어떤 것이,

스스로를 나타내는 어떤 것을 통해 스스로를 알린다는 것을 의미한다. 나타남이란 스스로를 보여주지 않는다는 것이다. (……) 그래서 나타나는 바로 그것이란, 어떤 것이 거기서 스스로를 알린다고 하는 것, 다시 말해 스스로를 보여주지 않는다고 하는 것에 다름 아니다.(『존재와 시간』, 하라 타스쿠原佑 역, 中央公論社, 1971, 103~104쪽, 강조는 원저자. 이하, 이 책 인용문 중의 강조는 모두 원저자에 의함.)

'같은 이름'으로 불리는 것 안에는 항상 '스스로를 보여주는 것'과 '스스로를 보여주지 않는 것'이 동시에 포함된다. '무언가'가 기호적 대리표상을 경유해서 스스로를 보여준다는 것은 스스로를 직접적으로 보여주지는 않는다는 말이며, 바로 이 '스스로를 직접적으로 파악할 수 있는 그런 방식으로는 결코 보여주지 않는' 것이 있기 때문에, '그것'을 기호적으로 지칭하는 운동이 시작되는 것이다.

'스스로를 보여주는 것'과 '스스로를 보여주지 않는 것'은 '같은 이름' 안에 어지럽게 폭주輻輳하고 있다. 레비나스가 그것을 적절한 방식으로 구분해서 '올바로 나누어 사용할 것'을 우리에게 요구하는 것은 아니다. 오히려 '같은 이름'이 일의적으로 동일시同定될 수 없다는 '긴장감suspense'을 생산적 계기로서 받아들이도록 우리에게 요구하고 있다.

예컨대 서책들 중에는 그것이 실제로 의미하는 것보다 이상의 것을 의미할 수 있는 '서책'이 있다. 유대의 전통적인 수사법이 성스런 교전敎典을 '서책 중의 서책Livre des livres'이라 부르는 것은 바로 그런 사태를 가리키는 것처럼 보인다.

언명의 '의미할 수 있는 것$_{pouvoir-dire}$'은 '의미하는 것$_{vouloir-dire}$'을 넘어서 있다. 언명은 그것이 포함할 수 있는 이상의 것을 포함한다.(*AV*, p.135.)

어떤 텍스트가 가능적으로 '말할 수 있는 것$_{pouvoir-dire}$＝의미할 수 있는 것'은 실지로 '말하려 하는 것$_{vouloir-dire}$＝의미하는 것'보다 광대하며 심원하다. 그리고 모든 언명은 이 두 계기를 동시에 포함한다. 인간주의자의 언명도, 마르크스주의자의 언명도, 그리고 당연히 레비나스 자신의 언명도.

그러나 이 '의미할 수 있는 것'을 플라톤적인 '이데아' 같은 것으로 생각하면 레비나스의 고상의 본질적 부분을 벗어나게 될 것이다. '이데아'는 말하자면 '말하려 하는 것'의 더욱 심층에 위치하는 '정말로 말하고 싶은 것'이다. '말'에 선행해서 그 기원에 위치하는 '말을 생겨나게 하는 생각'이다. 그것은 이상적으로는 일의적인 것으로 '수렴'된다. 레비나스가 말하는 '의미할 수 있는 것'은 그것과는 전혀 다르다. 그것은 이데아에 '수렴'되는 것이 아니라 오히려 '확산'되는 것을 이상으로 삼기 때문이다. 들어본 적 없는 새로운 경험, 독특한 해석자의 출현에 매개되어 '의미할 수 있는 것'은 무한히 증식된다.

그러므로 '의미할 수 있는 것'은 기호학에서 말하는 '의미되는 것$_{signifié}$'으로 환언하는 것도 불가능하다. '의미할 수 있는 것'은 '개념'이 아니기 때문이다. '의미할 수 있는 것'은 '의미하고 있는 것'을 항상 넘어서 있으며, 거기에는 일대일적 대응이 없다.

하여간에 기지$_{既知}$의 이원적 도식(형상-질료/시니피앙-시니피에)의 유비로 레비나스의 이 이원론을 이해해서는 안 된다. '의미할 수 있는 것'은 '의미하는 것'에 선행하는 것도, 그 기원에 있는 것도 아니다. '의미할 수 있는 것'은 '의미하는 것'과 동시적으로, 같은 수준에 있다. 양자 사이에 전후관계나 인과관계나 상하관계 같은 인습적인 차별화를 시도해서는 안 된다. '의미할 수 있는 것'은 오히려 '의미하는 것'의 표층에 노출되어 있으며, 시간적으로는 오히려 뒤늦게 오기 때문이다. 레비나스는 이렇게 말한다.

> 아마도 다 퍼낼 수 없는 의미의 과잉은 글의 통사구조統辭構造 안에, 어군 안에, 음소나 문자와 같은 언어 안에, 말하기의 이 모든 물질성 안에 가두어져 있으며, 잠재적인 방식으로는 항상 무언가를 계속 의미하는 것이다. 주해는 아마도 이 기호들signes로부터 봉인된 의미생성 signifiance을 해방시키기 위해 도래하는 것이다. (*AV*, p.135.)

'의미할 수 있는 것'이 '의미하는 것'을 초과하는 '의미의 과잉'은 이데아의 수준이 아니라, 반대로 물질성 혹은 구체성의 수준에서 생겨난다. 그것은 이중의 의미에서의 물질성, 구체성이다.

첫째로 '의미의 과잉'은 텍스트의 구체성, 물질성에 관련돼 있다. 읽는 사람이 전심전력을 다해 읽어내는 것은 텍스트의 표층에 어지러이 흩어지는 소리의 울림, 문자의 형태, 어순, 어근, 수치數値…… 마치 사후적으로, 우연적으로 텍스트에 부가된 것 같은 하나하나의 '사물'적 요소이다. 그 모든 것들이 뭔가를 '봉인'하고 있다. 따라서 소리에 신경 쓰는 독자는 소리의 해석을 통해, 문자의 수치에 신경 쓰는 독자는 동일수치를 갖는 다른 말語과의 대조를 통해, 어근으로부터의 연상連想에 신경 쓰는 독자는 동일어근으로부터의 파생어를 통해, 각각이 선택한 텍스트의 구체적 요소에 대한 적극적이고 강한 독해를 행하고, 그것을 통해 '봉인된 의미생성'을 해방시키려 하는 것이다.

둘째로 그것은 읽는 사람의 구체성에 관련돼 있다.

텍스트라는 '의미하는 것signifiant'이 '의미생성significance'의 장, 의미를 생기게 하는 운동으로 변하는 것은 어떤 특유의 역사적, 장소적인 구체성을 짊어진 주해자가, 살아 있는 실존을 텍스트 안에 비틀어 넣듯이 해서 개입하기 때문이다.

이 주해자의 실존적 개입을 레비나스는 '간청/유혹sollicitation'이라고 술어화한다. 이것은 '솔리시테solliciter'라는 동사의 명사형이다. 동사의 의미는 '간원한다, 꼬드기다, (내 몸에) 갖다 붙인다'이다. 이 동사가 '텍스트'를 목적어로 할 때는 '문서를 자신에게 편리하도록 해석한다'고 하는 특이한 의미를 포함한다.

> 해석은 본질적으로 이 간청을 포함한다. 이 간청 없이는 언명의 텍스튀어 안에 내재하는 '말해지지 않은 것non-dit'이 텍스트의 무게 아래서 죽어버리고, 문자 안에 매몰되어버릴 것이다. 간청은 개인으로부터 발원된다. 눈을 뜨고, 귀를 기울이고, 해석해야 할 문구를 포함하는 에크리튀르의 전체에 주의를 향하고, 동시에 실제 인생에—도시에, 가로에, 다른 사람들에게—같은 만큼의 주의를 향하는 그런 개인으로부터. 간청은 그 둘도 없는 소중함을 통해 그때그때 대체 불가능한 의미를 기호로부터 벗겨낼 수 있는 그런 개인으로부터 발원된다.(AV, p.136.)

주해란 비인칭적인 지적 눈길 아래서, '영원의 상 아래서', 조용하게 진행되는 것이 아니다. 그것은 거의 '아전인수'적이라고 말해도 좋을 만큼 구체적이고, 고유하고, 생생한 해석자의 현실에 바탕해 진행되는 것이다. 주해자는 그 '도시, 가로, 다른 사람들'과의 구체적인 관련을 통해 한 사람의 생활자로서 형성된다. 그 구체성으로 말미암아, 이 주해자는 다른 누구에 의해서도 대체되기 어려운 독특한 것이다. 그리고 그 독특함, 그 '대체 불가능성'이 그의 주해에의 참가자격을 구성하는 것이다.

『존재와 다르게: 본질 저편』에서 레비나스는 '말하기'와 '말해진 것'이라는 개념을 천착해 들어간다. 이것은 지금 우리가 살펴본, '의미'의 두 차원을 나타내는 또 다른 표현이다.

'말하기'$_{le\ Dire}$'는 '말하다'를 의미하는 프랑스어 동사의 부정사형에서 만들어진 술어이다. 그것은 '지금 말한다'고 하는 행위 그 자체의 역동적인 상을 언표한다. 한편 '말해진 것'$_{le\ Dit}$'은 '말하다'의 과거분사형으로부터 만들어진 술어이며, '말하다'라는 행위의 결과로 생겨난 것을 보여준다.

'말하기'를 '비-물질적·운동적·싱싱하게 이데아적인 것', '말해진 것'을 '물질적·정태적·형해形骸화되고·퇴락한 것'이라는 식으로, 인습적인 이원론의 틀에서 단순히 구상해서는 안 된다. 그러나 이러한 단순화는 좀처럼 회피하기 어렵다. 그것은 레비나스 자신이 오해를 부르기 쉬운 표현을 사용했기 때문이다. 레비나스의 정의를 살펴보자.

이 전-기원적인 '말하기'는 하나의 언어로 변신한다. 거기서는 '말하기'와 '말해진 것'이 서로 상관적인 관계에 있다. 거기서 '말하기'는 그 주제에 종속된다. (……) '말하기'와 '말해진 것'의 상관관계란, 즉 '말하기'의 '말해진 것'에 대한, 언어체계에 대한, 존재론에 대한 종속이며, '말하기'가 표현되기 위한 대가인 것이다. '말해진 것'으로서의 언어에서, 모든 것이 우리의 눈앞에서 번역되는 배신의 대가를 치르게 될지라도.(AQE, p.7.)

'말해진 것'에는 우리가 직접 접근할 수 있다. 그것은 쓰이고 말해진 언설이며, 명제나 정보나 이념을 (명료함의 정도에서 차는 있지만) 포함한다. 그것은 음성이나 문자나 디지털 신호 등의 형태로 실재하고 있으며, 우리는 그것을 전달하고, 복사하고, 분류하고, 보존할 수 있다.

'말하기'는 그런 확실한 실체는 아니다. 그것은 일회적 사건이며, '말해진 것'은 그 사건의 흔적에 지나지 않는다. '말하기'에서 무엇보다 중요한 것은, 누군가가 누군가를 향해 '말을 건다'는 결정적 행위가 성취되었다는 사실이다. 거기서 '의미의 주고받기'가 아니라 '의미의 생성이 이루어졌다'고 하는 사실이다.

'말하기'란 이웃을 '의미생성에 끌어들이면서', 이웃에게 다가가는 일이다. (……) 타자를 끌어들이면서 이루어지는 의미생성은 모든 대상화작용에 선행하고 있다. 엄밀한 의미에서의 '말하기'는 기호를 건네주는 것이 아니다. '기호의 건네주기'가 가능하다는 것은 그 기호들이 미리 표상되어 있었다는 말이다. 마치 말건넨다고 하는 것이 사고내용을 언어로 번역하는 일이라는 듯이. (……) '말하기'는 분명히 커뮤니케이션이다. 단 이는 모든 커뮤니케이션의, 폭로로서의 커뮤니케이션의 조건을 이루는 커뮤니케이션인 것이다.(*AQE*, p.61.)

커뮤니케이션에는 두 가지 의미가 있다. '메시지의 전달'로서의 커뮤니케이션과 '폭로exposition'로서의 커뮤니케이션이다.

'메시지의 전달'이라는 경우는 '메시지'가 미리 작성되어 있다. 그것은 우리의 '머릿속'에 '사고내용'으로서 잠재하고 있으며, 그것이 언어화=번역되어 상대에게 건네진다.

'폭로로서의 커뮤니케이션'은 그것과는 차원을 달리한다. 그것은 커뮤니케이션을 기동시키는 것, 커뮤니케이션을 '푸는' 것(여는 것), 그 자체이다.

그것은 '인사'와 비슷하다.

우리는 '인사'를 한다. '안녕하세요, 날씨가 좋군요. 어디 가시는…'

그럴 때의 '안녕하세요'라는 인사는 단지 정말로 안녕한지에 대한 사실확인을 하자는 것이 아니다. '오늘 하루가 당신에게 정말로 안녕한 날이 되시기를' 하는 축복을 수행하는 것이다. 인사에 대해서 레비나스는 이렇게 말한다.

> 내가 당신을 향해 '안녕하세요'라고 말할 때, 나는 당신을 인식하기보다 먼저 당신을 축복하고 있었던 것입니다. 나는 당신의 나날을 신경써주었던 것입니다. 나는 단순한 인식을 초월한 곳에서, 당신의 인생 안으로 들어간 것입니다.(*EL*, p.108.)

내가 '당신'과 만날 때에, 나는 이미 '인식'에 앞서 '축복'을 행하고 있다. '당신'의 얼굴을 바라보고, 피부색이나 눈빛이나 복장을 인식하고, '당신'이 누구이며 어떤 속성을 가진 자인지를 특정하고, 인사하는 것이 적당하다고 '판단'했기 때문에 인사가 이루어진 것은 아니다. 인식에 앞서서, 인식을 초월해서, 나는 '당신'에게 축복을 보낸다. 이때 축복을 보내는 자인 나는, 말하자면 '무로부터의 창조'로서 커뮤니케이션의 장 그 자체를 열고 있다.

여기에 '당신'을 향해 말거는 한 사람의 인간이 있다. '당신'에게 축복을 보내고, '당신'과의 대화를 진심으로 바라는 한 사람의 인간이 있다. 그것을 전하는 것에 '인사'의 본질은 존재한다.

커뮤니케이션을 '창조하는' 이 메시지를 레비나스는 '메시지로서의 메시지'라고 부른다. 그것은 커뮤니케이션의 회로가 만들어진 다음에 거기를 통해서 오고가는, '의미작용'으로서의 메시지와는 차원을 달리한다. 그것은 '커뮤니케이션의 커뮤니케이션, 기호를 증여하는 기호'(*AQE*, p.153)인 것이다.

'말하기'는 '윤리적'이다. 이 명제는 이러한 문맥에서 도출된다.

'인사'를 보내는 것은 '파롤이란 선물'이 '당신'에게 보내지지 않고, 보내져도 묵살된다는 '리스크'를 미리 받아들이고 있다. 나는 자신의 취약한 옆구리를 우선 '당신'에게 드러낸다. '당신'은 나를 상처입힐 수 있다, 나는 '당신'에 의해 상처받을 수 있다고 알리면서, '인사'는 보내진다. 그러므로 레비나스는 '말하기'에 의해 창시되는 '타자와의 만남'을 내가 '타자'를 찾아낸다는 능동적 모드가 아니라, 내가 '타자에게 폭로된다'고 하는 수동적 모드로 기술하는 것이다.

레비나스가 '윤리'라 부르는 것은 이 '폭로의 모드'를 선택하는 결단을 말한다. 아니 '선택한다'고 하는 식의 말은 이미 적절하지 않다. '윤리'에 선행해 타동사적인 능동적 행위를 할 수 있는 '주체'가 존재하는 게 아니기 때문이다. '주체'가 결단을 내리는 것은 아니다. 이미 결단이 내려진 다음에, 그러한 행위를 기동시킨 '시점始點'이 사후적으로 확정되고, 그것을 사람들은 '주체'라고 부르는 것이다. 그러므로 앞 단락의 표현도 수정이 필요할지 모르겠다. '내'가 타자에게 폭로된다'고 하기보다, '타자에게 폭로될 수 있는 것' 그것이야말로 '나'인 것이다. '나'와 '타자'는 동시적으로 생기하는 것이며, '나'에 앞서 '타자'가 있는 것도, '타자'에 앞서 '내'가 있는 것도 아니다.

7

'타자'라는 레비나스의 개념이 극히 난해하며, 일의적 정의에 잘 맞지 않는 것은 많은 사람들이 지적하는 그대로다. 그러나 그 이유 중 하나는 그것이 단지 '난해한 개념'이라기보다, '타자'가 그때그때 '나'와 동시에 새롭게 생기한다는 것과 관련돼 있다. '나'와 '타자'는 미리 독립된 두 항으로서 자존自存적으로 대치하는 게 아니라, 사건 속에서, 사건으로서 동시에 생성한다. 이 복잡한 고상에 대해 좀 더 자세히 말해보기로 하자.

'타자'가 '나'와 상관된 개념이라면, '내'가 어떤 방식을 취하는 가에 따라 '타자'의 방식도 변해온다. '나' 혹은 주체에는 두 가지 양태가 있다. '전체성을 지향하는 나'와 '무한을 지향하는 나'이다. 양쪽 다 '나'임에는 틀림없지만, 그럼에도 불구하고 이 두 가지는 다른 것이다.

첫 번째의 '나', '전체성을 지향하는 나'는, '자기soi'라는 술어로 불려진다.

자기는 두 가지의 모순된 특성을 함께 지니고 있다. 스스로를 중심으로 한 지배권을 확대하고 싶다는 지향과, 끊임없이 운동해나가고 싶다는 지향이다. 레비나스는 이러한 '자기'의 모습을 '그 편력의 끝에 반드시 고향의 섬으로 돌아가는 오디세우스'(*EDE*, p.188)에 빗대고 있다.

오디세우스의 모험은 '미지'의 것을 끊임없이 '기지'로 환원하는 것을 그 본의로 삼는다. 그가 이방을 떠도는 것은 보다 포괄적인 전체성을 구축하기 위해, 그의 '세계 카탈로그'를 보다 정밀하고 풍성한 것으로 만들기 위함이다.

오디세우스적 '자기'에게 '타他인 자l'autre'란, '자기 아닌 자' 일반을 말한다. 그것들은 경험되고, 정복되고, 소유되기 위해서만 존재한다. '타인 자'는 분명 일시적으로는 '비-자기', 즉 자기와는 이타異他적인 것으로서 인지되기는 하지만, 그것은 '동일자le Même'의 제국 안에 최종적으로 통합되기 위해서이다. '미지의 대륙'에서 미지성이 높으면 높을수록, 그것을 기지로 회수하고자 하는 제국주의적 개척자의 모험심은 고양된다. 자기에게서 비-자기의 이타성이란, 그렇게 해서 동화·흡수의 욕망을 항진시키는 것에 다름 아니다.

이 자기동일적인 '나'에게, 인식은 '상기anamnesis'라는 형태를 취한다. 내가 알려 하는 것을 나는 이미 알고 있으며, 모든 지는 나 자신 안에 미리 포함되어 있다. 내가 모르는 것조차도 '내가 모르는 것/언젠가 알려질 것'이라는 분류항목으로서, 카탈로그의 한 페이지에 이미 합법적으로 수록되어 있다.

전체성을 지향하는 '자기'에는 '외부'가 없다. 아니, '자기'는 아예 구조적으로 '외부'를 가질 수가 없는 것이다. 왜냐하면 전체성 지향이란 '이해를 초월한 것'을 명명하고, '스스로의 용량을 초월한 것'을 적정한 사이즈로 잘라 줄이는, 맥락 없이 산란한 것을 하나의 '신화같은 이야기' 안에 정리하는, 인간에게 부여된 가당찮은 지적 능력의 별명이기 때문이다.

따라서 이해를 초월한 것이나 이상한 것은 '자기'에게 있어 조금도 기피해야 할 것이 아니다. '자기'는 끊임없이 '미지의 것'을 새로운 정복대상으로 찾아 헤맨다. '타인 자'가 자기에게 섭취되어 자기를 부유하게, 자기를 풍요롭게 길러주기 때문이다. 이 '타인 자의 동일자로의 변질'(TI, p.113)이야말로 '자기'의 본질인 것이다.

끊임없이 '모험'에 몸을 던지고, '미지인 자', '타인 자'를 만나고, 낯선 상황에 적응하도록 신속히 자기변용을 수행하는 것은 '자기'가 가장 좋아하는 바이다. 이때 '자기'는 '타인 자'에 압도되어 자실自失하는 것이 아니다. '자기'는 이 경험을 즐기는 것이다. '자기'란 세계의 미지성에 매혹되어, '세계라고 하는 타자'(TI, p.119)와의 만남을 통해 쾌락과 만족을 찾아내는 그런 주체의 모습을 말하는 것이다.

'타인 자'를 그와 같이 마음껏 향유하는 '자기'는 동시에 프로테우스Proteus(자유자재로 변신하는 해신—역자)적인 변신의 명수이기도 하다. '타인 자'를 잇따라 스스로의 영양으로 섭취하면서, '자기'는 그 모습을 끊임없이 변용시킨다. 그러므로 '자기'의 본질은, 변화를 통해서 여전히 자기 자신을 항상 '동일자'로서 결정할 수 있는 바로 그

능력 안에 존재한다고도 말해지는 것이다.

> 나란 언제나 동일적인 존재자를 말하는 것은 아니다. 어떠한 경험을 거치더라도 자기결정同定할 수 있고, 스스로의 자기동일성을 재인할 수 있는 방식으로 존재하는 그런 존재자를 말하는 것이다.(*TI*, p.6.)

자기동일성이란 '다른 무엇에 근거지워질 것도 없이, 자기결정하는'(*DL*, p.73) 능력을 말한다. 이것이 '자기'라고 술어화되는 주체의 첫 번째 모드인 것이다. 그것은 통속적인 사고가 마음속에 그려내는, 고정적이고 인습적이고 퇴영退嬰적인 것이 아니다. 제국주의적인 '자기'는 살아나가기 위해 끊임없이 '타인 자'를 구하고, 자기 자신도 변용해나간다. '자기'가 무엇보다도 싫어하는 것은 '가두어지는 것'이다.

이러한 '자기'적인 주체와는 완전히 다른 것으로서, '무한을 지향하는 나'가 구상된다. 이것이 레비나스의 독창에 관련된 주체개념이다. 전체성을 지향하는 주체의 모델이 오디세우스라면, 무한을 지향하는 주체의 모델은 아브라함이다.

> 이타카 섬으로 귀환하는 오디세우스의 신화에, 우리는 아브라함의 이야기를 대치시켜보고자 한다. 그는 고향을 버리고 미지의 땅을 향해 길을 떠나며, 자신의 아들이 출발점으로 돌아오는 것조차 시종에게 명해 금했던 것이다.(*EDE*, p.191.)

신은 아브라함에게 이렇게 고한다. '그대는 그대가 태어난 고향, 그대의 아비의 집을 나와 내가 제시하는 땅으로 가라.'(『창세기』 12장 1절.) 이 선고에는 아무런 예비적인 에피소드도 없다. 그 아비 테라가 205세로 죽었다고 하는 비정서적인 계보학적 기술 뒤에, 성서는 느닷없이 '그 후, 주는 아브라함에게 말씀하셨다'라고 이어가는 것이다.

아브라함에게 왜 주의 말씀이 내려졌는지, 그 이유를 우리는 알지 못한다. 물론 아브라함 자신도. 그 명령이 무엇을 '의미하는'지 아브라함에게는 알 길이 없다. 완전히 비문맥적으로, 그는 '개인적 소환'을 받은 것이다. 아브라함은 그 '선택'을 받아들인다. 그리고 고향과 아비의 집을 버리고 다시는 돌아오지 않는다는 결단에 따라, 그는 일종의 '주체성'을 획득하게 된다. 자주성에 의해서가 아니라, '타자로부터의 부름'에 응함으로써 성립되는 주체성, '선택'으로서의 주체성, 그것은 어떠한 것일까.

황야로 떠난 아브라함의 여행과 바다로 떠난 오디세우스의 여행 사이에는 몇 가지 근본적인 차이가 있다. 오디세우스는 숙려의 결과, 스스로의 의지로 항해를 나가 10년의 모험 후 고향 이타카 섬과 아내 페넬로페의 곁으로 돌아온다. 그러기까지 오디세우스는 분명히 수많은 '타인 자'를 조우한다. 그러나 그가 모험의 도중에 만나는 '이방인'들(식인족, 요녀, 명계冥界의 왕, 외눈박이 귀신들)은 '미지의 것'이기는 하나, 이 이종들도 올림포스의 신들이 통괄하는 세계의 정규멤버들이며, 오디세우스 '와 함께' 유기적인 전체성을 구축하고 있음에 변함은 없다.

오디세우스적 모험에서 '타인 자'는 '자기'와 함께 있는 전체성을 구축한다. 따라서 오디세우스는 고향의 섬에 돌아온 후, '타인 자'

와의 만남의 경험을 '모험담'으로서 이야기해 들려줄 수가 있는 것이다. 이형異形인 것들의 이타異他성은 모험에 채색을 덧쒸우기는 하지만, '자기'의 우위성을 근본적인 방식으로 위협하는 일은 없다. 오디세우스적 '자기'는 그렇게 해서 '타인 자'를 '향유'하는 것이다.

이에 대해, 아브라함적 '주체'가 만나는 것은 '타인 자'가 아니라 '절대적으로 타인 자 absolment autre' 즉 '타자Autrui'이다. '타인 자'와 '타자'는 말은 비슷하나, 구별되지 않으면 안 된다. '타인 자'와 '타자'의 결정적인 구별에 대해 확인을 해두자.

앞서 말했듯이, 레비나스는 그 텍스트전략으로서 동일개념―지금의 경우에는 '타autre'―안에 두 가지의 의미층을 의식적으로 혼재시키고 있다. 앞서 우리는 그것을 '자기를 보여주는 것'과 '자기를 보여주지 않는 것'이라는 식으로 표현했다. 그것은 '형태 있는 것'과 '형태를 있게 한 것'이라는 식으로 바꿔 말할 수도 있다. '현상/수수께끼', '의미/의미생성', '말해진 것/말하기', '욕구/욕망' 등의 일련의 대어는 모두 그러한 서로 얽힘을 가리킨다. 단 이 짝pair들은 '형상과 질료'라든가 '뒤나미스와 에네르게이아'라는 식으로 명쾌한clear-cut 이항대립도식으로 분리될 수 없다. 레비나스는 이 한 쌍의 개념이 분리되기 어렵게 맞물려 있음을 강조하기 위해서라면, 일부러 혼동시키는 일조차 마다하지 않는 것이다.

'타인 자'는 오디세우스적 '자기'가 세계를 향유할 때의 양식nourriture이다. '나'는 '타인 자'를 포획하고, 향유하고, 필요하다면 '죽이는' 것도 가능하다. '타인 자' 안에는 '다른 사람autre homme'도 포함된다.

> 세계라는 틀 속에서 다른 사람은 거의 무와 같다.(*TI*, p.173.)

뿐만 아니라 레비나스에 의하면, '다른 사람은 내가 죽이고 싶다고 바라는 유일한 존재자'(*TI*, p.173)이기조차 하다. 그러나 그럼에도 불구하고, '다른 사람'은 '자기'의 자기중심적인égocentrique 세계 향유에 대해 '절대적인 방식으로' 저항한다. 이 절대적 저항에 의해 '타인자'와 '타자'가 식별된다.

> 타자는 나에게 싸움을 걸 수 있다. 그러나 타자를 처부수고자 하는 힘에 대해서 저항의 힘을 대치시키는 것은 아니다. 그 반응의 예견 불능성을 대치시키는 것이다. 타자는 더욱 큰 힘을 가지고 나에게 대치하는 것은 아니다.(비교 가능한 힘이라면, 타자는 나와 함께 있는 전체의 일부라는 것이 되어버리기 때문이다.) 그런 게 아니라, 이 전체를 타자가 초월해 있다고 하는 사실 그 자체에 의해 나에게 대치하는 것이다.(*TI*, p.173.)

나에 대한 저항은 '타자'의 세계 내적 저항이 아니다. '나보다 강한' 힘을 가진 것은 '나보다 강하다'고 하는 방식으로 나와 비교되는 셈이므로, 나와 '도량형'을 공유한다. 하나의 전체성을 나와 서로 나누고 있다. 그러한 것을 레비나스는 '타자'라고 부르지 않는다.

'타자'의 저항력을 구성하는 것은 그 '예견 불능성imprévisibilité'이다. 이상한 말이다. '예견'하는 것은 나이다. 내가 있는 것이 '불가능하다'는 것이 '타자'의 저항력의 연원인 것이다. 즉 '타자'의 초월이라는 것은 '타자' 측에 속성으로서 미리 구비되어 있는 것이 아니라, 나의 무능력을 매개로 비로소 현재顯在화하는 것이다. 내가 '나는 이 사람을 인식할 수도 이해할 수도 없다'고 하는 무능을 깨닫게 될 때 비로소 '타자'는 나의 앞에 그 모습을 나타낸다.

내가 '타자'를 파지할 수 있다는 생각으로 있는 한, 나는 '타자'를 죽일 수 있다. 그러나 내가 자신의 능력과 권능에 불안을 느꼈을 때, 나는 갑자기 '타자'에게 그 우위성을 치명적인 방식으로 위협받는 스스로를 발견한다. '타자'는 나의 전능성의 어두운 그늘 안에 사는 것이다.

> 살인보다도 강한 이 무한. 그것이 우리에게 이미 얼굴로서 저항하고 있다. 무한이란 얼굴이다. 기원적 표현이다. '그대, 살인하지 말라'라고 하는 최초의 언어이다. 무한은 살해에 대한 무한의 저항으로써 권력을 마비시킨다. 그 견고함에서 극복 불능의 저항은 타자의 얼굴을 통해, 그 눈의 완전히 무방비한 나형성裸形性을 통해, '초월자'의 절대적 개방성이란 나형성을 통해 빛나는 것이다. 여기에 있는 것은 강한 저항력과의 관계가 아니다. 절대적으로 '타인 자'와의 관계이다.(*TI*, p.173.)

'얼굴visage'이라는 키워드에 대해 말하기 시작하면 길어지므로, 여기서는 우선 '얼굴'이란 '타자'가 나와 대면하는 사황事況*을 의미한다는 최소한의 정의에 멈추어두자. '얼굴', '눈', '말'이라고 하는 키워드에서 알 수 있듯이, '타자'는 항상 나와의 대면관계 안에 출현

---

*특별한 주제어는 아니지만 이 책에서 저자는 일본어로서도 일반적으로는 잘 사용되지 않는 이 '사황'이라는 용어를 즐겨 사용하고 있다. 사태와 상황을 함께 뜻하는 이 용어는 단순한 사태나 상황과는 뭔가 미묘하게 그 뉘앙스가 달라 그냥 그대로 '사황'으로 옮겼다. 좀 어색하겠지만 어휘의 확장이라 생각하고 읽어주셨으면 좋겠다. 독자들의 이해를 구한다.(역자)

한다. '타자'는 대면에서 나에게 시각적, 청각적으로 육박해 온다. 나는 '타자'의 눈을 응시한다. 그 눈은 똑바로 나를 되쳐다본다. '타자'는 나를 향해 말걸어 온다. 나는 그 말걸음에 응답하지 않으면 안 된다.

이 절박한 상황에서 나는 '공통의 조국을 공유하지 않는 것', 나의 세계의 좌표축에는 정위할 수 없는 것이 나의 눈앞에 있으며, 나는 그것과의 '관계'에 이미 말려들어 있다. '죽일' 것인지 '환대할' 것인지 결단을 내리도록 강요받는다.

그리고 이 대면의 사황을 더 한층 근원적으로 규정하는 조건은, '죽여야 하나 환대해야 하나'를 적절히 판정할 수 있는 그런 보편적 기준이 나에게는 없다는 것이다. 나는 '어쩌면 좋을지 모르겠'는 것이다. 내가 어떻게 해야 할지를 나에게 이해될 수 있도록 설명하고 교시해줄 그런 상위 심급審級이 존재하지 않는 것이다.

만일 '타자와 관계하기 위한 결의론決疑論'(중세 스콜라 철학에서 보편적인 도덕 법칙과 개인의 행위나 양심이 어긋나는 경우에 적용하는 윤리학의 한 분야—역자)—징치적으로 올바른politically correct '타자' 응접의 규범—이 있어서, 그것을 참조하기만 하면 내가 '타자'에 대해서 취해야 할 태도가 결정되는 것이라면, 그러한 상황을 '타자와의 대면'이라고 말하지는 않을 것이다. 왜냐하면 그러한 '타자'는 결의론적 기준을 나와 공유하고 있으며, 나와 하나의 전체성을 구축하는 셈이기 때문이다.

우리의 주위에도 '타자와 어떻게 관계해야 할 것인가' 하는 물음을 둘러싸고, 레비나스의 사상을 '결의론적'으로 인용하는 사람들이 많이 있다. 그들은 '타자란 이러한 것이며, 그래서 타자와는 이러한 관계를 수립하지 않으면 안 된다'는 식의 구문으로 '레비나스의 윤리'에 대해 말한다. 혹은 '타자와 관계하는 정치적으로 올바른 방식'이라는 것을 레비나스가 정식화했다는 식으로 생각할지도 모른다. 물론 그러한 것은 존재하지 않는다.

거듭 말한 대로, '타자'는 '타자성'인 속성을 미리 구비한 자존자로서 이미 거기에 있는 것이 아니다. '타인자'로서 '향유'되는 것에 대한 절대적 저항을 만나, 내가 '향유'를 망설인 그때에 '타인자'는 '타자'가 되는 것이다.

'타자'의 생성과 아브라함적인 '나'의 생성은 동시적으로 생기한다. '절대적으로 타인자'인 '타자'는 아브라함을 기습하여, 그의 '세계'에 이해를 초월한 '외부'가 존재함을 고지한다. 이 경험을 아브라함은 어떠한 기지既知에도 환원할 수가 없다. 아브라함이 말할 수 있는 것은, '나의 경험'으로서는 결코 말할 수 없는 것이 있다는 것을 나는 경험했다는 것뿐이다.

'타자'와의 교통에 나섰기 때문에, 그제껏 향유하던 안정적인 중심성을 포기해버린 주체, 바닥 없는 공간에 던져진 주체, 그것이 아브라함적인 '나'이다. 아브라함적 주체의 고독과 오디세우스적 '자기'의 고독 사이에는 깊은 간격이 있다. 왜냐하면 오디세우스적 주체는 결국 '타자'와의 대면상황으로부터 물러나버리기 때문이다.

> 주체란 사건에 말려들지 않을 권능을 유보하면서, 사건과 관계를 맺는 하나의 방식이다. 주체란 무한히 후퇴하는 능력, 우리의 일신에 일어나는 사건으로부터 달아나는 능력을 말한다. (……) 주체란 모든 대상에 대해 이미 자유라는 것, 후퇴, '낯섦'인 것이다.(*EE*, p.78.)

오디세우스적 자기는 '타인 자'를 경험하면서, '나는 지금 …… 을 경험한다'는 식으로 '경험하는 자신'을 냉정히 기술하는 '눈길'에 자기를 맞춘다. 사건의 와중에 있으면서, 그것을 국외로부터 기술하는 시점으로 매끄럽게seamless 이행할 수 있는 그 '후퇴'의 능력, 그것이 오디세우스적 주체의 생명선이다. 마치 한 장의 유리가 세계와 나를 갈라놓듯이, '타자'의 '타자성'은 나로부터 격리되어 있다. 그것이 오디세우스적 주체의 고독의 양상이다. 오디세우스적 주체는 사건을 경험하면서, 실은 그것에 '관계를 갖지 않는non-engagement' 것이다. '모든 것이 주어져 있지만, 그 모든 것이 낯선'(*EE*, p.144) 것이다.

> 세계와 빛은 고독하다. 이들 사물은 주어져 있다. 이들 차려입은 존재자들은 나 자신과는 다른 것이지만, 나의 소유물인 것이다. 빛에 비추어져서, 그것들은 어떤 의미를 갖는다. 그리고 그 때문에 그것들은 나로부터 유래하는 것이다. 이해된 우주 안에서, 나는 고독하다. 나는 결정적으로 하나인 실존 안에 유폐되어 있다.(*EE*, p.144.)

오디세우스적 주체는 자신이 미리 사물에 수여해둔 의미를 발견해서 보여주는 방식으로밖에 의미를 만날 수가 없다. 이 '빛의 고독'이 전체성 안에 살기를 선택한 자의 숙명이다.

한편 아브라함적 주체의, 그것과는 다른 별종인 장렬한 고독은 '모리야 언덕의 번제燔祭'에서 경험된다. 주는 아브라함에게 임하여 고한다. '아브라함이여, 그대의 아들, 그대가 사랑하는 외아들 이삭을 데리고 모리야 땅으로 가라. 그리고 내가 그대에게 제시하는 한 산 위에서 전소全燒의 희생으로 이삭을 나에게 바치라.(『창세기』 22장 2절.)

이 명령도 또한 앞서의 '고향을 버리라' 와 마찬가지로 완전히 비문맥적으로 주어진다. 아브라함은 이때 절대적 방식으로 고독하다. 왜냐하면 그는 주의 말씀의 '의미' 를 이해할 수 없기 때문이다.

'이삭을 번제로 바치라' 라는 주의 말씀은 무엇을 의미하는가. 말뜻 그대로 '이삭을 죽여서 태우라' 고 하는 말인가. 아니면 그 무슨 은유인 건가. 아비에게 자식을 죽이는 죄를 범하게 함으로써 주는 무엇을 얻게 되는가. 이 난문에 애당초 '정답' 은 있는 건가. 이런 까다로운 일에 말려들게 하면서 신은 아브라함의 무엇을 시험하고자 하시는 건가.

어느 물음에도 답은 없다. 그것은 '타자' 와 나를 동시에 포섭하고, 각 행위의 의미나 적부適否를 가르쳐줄 객관적 판단틀─전체성이 여기에는 결락되어 있기 때문이다. 아니 단순한 결락도 아닌, '행위의 의미나 적부를 가르쳐줄 결의론적 판단틀이 존재하지 않는다' 는 것, 바로 그것을 알려주기 위해 주는 말씀하기 때문이다.

주의 말씀의 의미를 미루어 짐작할 공공적 준칙을 아브라함은 갖고 있지 않다. 그 말씀의 의미를 그는 오직 혼자서, 자신이 모든 책임을 지고 해석할 수밖에 없다. 그리고 결국 아브라함은 그것을 글자 그대로 해석하기로 결단하는 것이다.

이 결단에 대해 아브라함은 절대적인 책임이 있다. 이 결단의 책임을 아브라함 대신에 떠맡을 사람은 아무도 없기 때문이다. 주조차도 아브라함의 행위의 책임을 떠맡을 수가 없다. 왜냐하면 주가 고한 '수수께끼' 의 말씀을 해석하고 결단한 것은 아브라함 자신이기 때문에. 그것은 인간 아브라함의 결단이다.

유일한 신에게 이르는 도정에는 신 없는 역참이 있다.(*DL*, p.203.)

이 '신 없는 역참'을 지나는 자의 고독과 결단이 주체성을 기초 지운다. 이때 주라고 하는 '타자'와의 대면을 통해, 아브라함은 '누구에 의해서도 대체 불가능한 유책성을 받아들이는 자'로서 일어선다. 이렇게 해서 자립한 자를 레비나스는 '주체' 혹은 '성인$_{adulte}$'이라 부르게 된다.

질서 없는 세계, 즉 선이 승리할 수 없는 세계에서의 희생자의 위치를 수난이라 부른다. 이 수난이 어떤 형태로든, 구주救主로서 현현하는 것을 거부하며, 지상적 부정의 책임을 일신에 받아들일 수 있는 인간의 완전한 성숙을 요구하는 신을 개시開示하는 것이다.(*DL*, p.203.)

'성숙한 인간', 그것이 아브라함적 주체의 별명이다.

부재한 신에 여전히 믿음을 둘 수 있는 인간을 성숙한 인간이라 부른다. 그것은 스스로의 약함을 헤아릴 줄 아는 자를 말한다.(*DL*, p.205.)

'신 없는 세계에서 여전히 선하게 행동할 수 있다고 믿는 자', 그것이 진정한 의미에서의 주체이다. 구주가 현현해서 현실의 인간적 부정을 바로잡아준다고 믿는 자나, 역사의 심판력이 언젠가 모든 것을 정돈해준다고 믿는 자, 그들은 전체성을 믿는다. 그런 합당치 않은 경신이나 절대적 이성에의 귀의는 결코 주체성을 기초지울 수 없다. 왜냐하면 스스로의 행위를 '신/역사가 명했기 때문'이라고 변명할 수 있는 그런 무-책임으로부터는 어떠한 유책적 주체성도 도출되지 않기 때문이다.

아브라함의 주체성은 이해를 초월한 주의 말씀을 오직 혼자서 받아들이고, 그것을 오직 혼자의 책임으로 해석하고, 살았다는 '대체 불능의 유책성을 받아들임'으로써 기초지어진다. 이 주체성은 신이 그의 행동을 근거지어주었기 때문에 획득된 것이 아니라 아무도 그의 행동을 근거지어주지 않는다는 절대적인 무근거를 견뎌냄으로써, 그가 신과 가까이했다는 사실에 의해서가 아니라 신과의 접근 안에서 절망적인 고독을 맛봄으로써 획득된 것이다.

'스승을 섬기는 것이란 어떤 일인가'라는 물음에서 시작된 우리의 논고는 이제 겨우 여기서 '타자론'의 입구에 도달했다. 다음 장에서 우리는 시점을 바꾸어 레비나스가 후설 현상학을 어떻게 읽어들이고, 후설적 '타아'와는 모습을 달리하는 색다른 '타자' 개념을 이끌어냈는가 하는 약간 '철학사'적인 문맥 안에서 이 주제를 다시 한 번 다루기로 한다.

2장
비-관조적 현상학

이성은 환각의 뒷면을 알 수 있도록 각성해 있을 의무가 있다.
잠들어버려서는 안 된다. 철학하고 있지 않으면 안 된다.

레비나스, 『관념에 도래하는 신에 대하여』

1

레비나스 사고의 두드러진 특징은 하나의 정식이 제시되자마자 곧바로 그것에 이의를 제기하는 다른 언어가 용출한다는 '전언철회前言撤回, se dédire'의 무궁한 운동성 안에 있다. 싱싱하고 생성적이었던 사고가 견고하고 일의적인 언어의 틀 안에 고착되고 타성화되는 것을 레비나스는 거의 강박적으로 회피하려 한다. 사고를 끊임없이 '성운星雲 상태'에 놓아두려는 바람은 거의 이 철학자의 숙업이었다. 이만큼 '고착되지 않는 것에 고착하는' 정신을 나는 일찍이 만난 적이 없다. 레비나스는 이것을 탈무드 랍비들의 '쟁론Mahaloket'의 태도로부터 이어받았다. 탈무드의 시대에는 언제나 동시기에 두 사람의 위대한 랍비들이 쌍벽을 이루어 존재하고, 서로 한 발짝도 양보하지 않는, 그러나 생산적인 논쟁적 대화를 펼치고 있었다. 힐렐Hillel과 샴마이Shammai, 랍비 아키바와 랍비 이슈마엘Ishmael, 라바Rava와 슈무엘Shmuel, 라브 후나Rav Huna와 라브 히스다Rav Chisda …… 그들의 대화는 어떤 논건에 결코 결론을 내지 않는 것을 목표로 전개되었다. 중요한 것은 결론을 얻는다든지 최종적 화해에 이르는 것이 아니라, 문제를 미래의 율법수학자에게 개방상태로 열어두는 것이기 때문이다.

　레비나스가 동시대의 철학자와 나누는 대화도 본질적으로는 '마할로케트(쟁론)'의 전통을 물려받았다. 따라서 레비나스가 비판할 때조차, 그는 결코 그 누군가의 '숨통을 조이는' 것을 목표로 하지 않는다. 레비나스가 비판하는 것은 어떤 학지를, 그것이 생성됐던 때의 싱싱한 상태로 되살리기 위한 것이다. 닫혀 있는 지知의 체계에 생산적인 출입구를 확보하기 위함이다.

　따라서 레비나스의 비판은 언제나 모종의 경의를 동반한다. 생각해보면 당연한 일이지만, 비판이 합법적으로 성립되기 위해서는, '비판된 것'이 충분한 형태로 그 자리에 함께 있을 필요가 있다. '전언철회'가 의미가 있으려면, '철회되어야 할 전언'이 적절한 방식으로 그 자리에 머물러 있어야 한다. 따라서 진정으로 엄중한 비판은, 비판되어야 할 바로 그 사고의 지순至純한 부분을, 상세히 그것도 거의 칭찬을 포함해서 언술함에 있다. 물론 가차없는 비판이란 논적의 '가장 깊숙한 부분'을 조준하게 된다. 비판이 엄중하면 할수록, 비판되어야 할 사고가 품고 있는 가장 풍요한, 가장 사정거리가 먼 지견이 거기서 말해지는 것이다.

　레비나스는 거의 평생에 걸쳐 하이데거를 비판했으나, 그것은 하이데거를 철학사에서 말소하기 위해서가 아니다. 레비나스는 하이데거의 『존재와 시간』을 읽었을 때의 충격을 '일독하고서, 곧바로 그가 역사상 최대의 철학자 중 한 사람임을 알았다. (……) 어떠한 방식으로 철학사를 편찬하든, 하이데거의 이름이 거기에서 빠질 일은 없다'는 최대급의 찬사와 함께 회상하고 있다.(EL, p.78.) 한편 레비나스는 하이데거와 나치즘의 관련에 대해서는 혹독한 비난을 가한다.

용서할 수 있는 독일인은 많습니다. 하지만 용서할 수 없는 독일인도 있습니다. 하이데거를 용서하는 것은 곤란합니다.(*QLT*, p.56.)

그러나 이런 '양단'의 평가는 레비나스가 하이데거로부터 그 '최량의 부분'을 계승하는 것, 하이데거와 '대화'하는 것을 조금도 방해하지 않았다. 왜냐하면 '조리와 조리의 당당한 싸움, 노여움도 시샘도 없는 전투, 바로 거기에 정통적인 사고가 존립하고, 그것이야말로 지상에 평화를 가져온다'(*DL*, p.48)는 말이야말로 레비나스의 흔들림 없는 신조이기 때문이다. 레비나스의 비판은 누구에 대한 것이든 경의의 표현이며, 철학사 상의 위치에 어울리는 위신을 보내기 위한 것이다. 레비나스에게 '비판하는' 일은 '대화하는' 일과 같은 뜻이다. '바리새인' 레비나스가 추구하는 것은 '끝없는 대화'인 것이다.

영감을 부여하는 은총에 바리새인이 대치하는 것은, 하나의 해답이 제시될 때마다 더욱 풍성하게 용출하는 물음제기라는 끝없는 노역이다. 바리새인이 고지하는 낙원에서는 그 모든 기쁨들이 이 끝없는 노역으로부터 구성되는 것이다.(*DL*, p.48.)

레비나스의 뛰어난 독자였던 모리스 블랑쇼는 이 '끝없는 대화'라는 방식에 강하게 이끌린 한 사람인데, 그 이름을 제목으로 단 자신의 논문집에서 다음과 같은 인상 깊은 말을 하고 있다.

"어째서 오직 한 사람의 발언자만으로는, 오직 하나의 언어만으로는, 결코 중간적인 것을 가리킬 수가 없는 것일까? 그것을 가리키기에는 두 사람이 필요한 것일까?"

"그렇다. 우리는 두 사람 있어야 한다."

"왜 두 사람일까? 어째서 같은 하나의 것을 말하기 위해 두 사람의 인간이 필요한 것일까?"

"같은 하나의 것을 말하는 사람은 언제나 타자이기 때문이다."

(Maurice Blanchot, *L'entretien infiniti*, Gallimard, 1969, pp.581~582.)

블랑쇼의 말은 다소 문학적이지만, '같은 하나의 것을 말하기 위해 두 사람의 인간이 필요하다'는 말은 레비나스를 독해할 때 열쇠가 될 것이다.

대화는 지知를 '소생'시키는 것을 목표로 한다. 체계적인 종합을 가다듬고, 정식화되고, 교과서적으로 기술될 때, 술어가 일의성을 획득하고, 논증이나 정의가 저작군 내에서의 '순환참조'를 독자에게 강요할 때, 그럴 때 철학은 '대화'임을 그만두고 '독백'이 된다.

그러나 아무리 독창적인 철학적 지견이더라도, 그것이 처음 말해진 생성의 순간에서는, 반드시 선행하는 다른 지와의 대화에서 시작되었을 것이다. '타블라 라사tabula rasa'(빈 판, 백지)에 생각나는 대로 일필휘지하듯이 쓰여진 철학이라는 것은 잘 상상할 수가 없다. 두 사람의 철학자가 같은 술어를 써서 같은 주제에 대해 다른 생각을 말했던 이상, 거기에는 술어의 다양성이라는 요동이 있으며, 다른 텍스트군에 대한 참조가 독자에게는 기대되었을 것이다.

블랑쇼가 말하는 '중간적인 것'이란, 아마도 그와 같은 '술어의 다양성'이나 '정보의 오염'이나 '응답의 지연'을 거처로 삼는 무언가를 말한다. 같은 주제에 대한 다른 입장, 같은 술어에 대한 다른 정의. 거기에서 생기는 삐걱임, 흔들림, 엇갈림, 어긋남…… 거기에 '중간적인 것'은 서식한다. '중간적인 것'은 대화적으로 만나는 두 개의 지 중 어느 쪽에도 전일적으로 귀속되지는 않는다. 그렇지 않고, 그 두 가지 학지의 '만남'이라는 사황 그 자체에 귀속되는 것이다.

그러나 대론對論의 귀추가 결정되고 한쪽의 학지가 우세한 것이 되어 새로운 '풍토'를 형성함과 동시에, '중간적인 것'은 양지의 눈더미처럼 어느 틈엔가 녹아버린다. 그렇게 되면, 독자들은 그 학지가 일찍이 활성적인 대화상태에 있었을 때, 어떤 식으로 착상되고 무엇에 이의를 제기하고 얼마만큼 혹독한 대론을 펼쳤는지 기억해낼 수가 없다. 그것은 이미 '완성된' 사상이 되어버린 것이다.

그러므로 만일 선행하는 학지가 소생하기를 바란다면, 다시 한 번 대화에 열린 상태로 돌이키기를 바란다면, 그 처음의 동기에 따라, '중간적인 것'을 다시 한 번 되살리지 않으면 안 된다. '같은 하나의 것을 다른 방식으로 말하는 사람'을 불러내지 않으면 안 된다.

레비나스는 동시대의 대화 상대로서 두 사람의 철학자를 신택했다. 에드문트 후설과 마르틴 하이데거이다. 그것은 현상학과 존재론이 학적으로 잘못되어 있다든지 불충분하다고 판단했기 때문은 아니다. 그들의 학지가 레비나스에게 '끝없는 물음제기'라는 '지복의 노역'을 부과하기 때문에, 레비나스는 그들을 '끝없는 대화'의 상대로 선택한 것이다.

레비나스의 철학적 이력은 1930년대의 후설 현상학과 하이데거 존재론의 비판적 진술로부터 시작되었다. 1940년대부터 유대교에 깊이 함양된 독특한 술어로 독특한 사상을 말하기 시작했고, 『전체성과 무한』(1961)과 『존재와 다르게: 본질 저편』(1974)이라는 두 개의 주저를 통해 '존재론적 어법이 결정적인 방식으로 회피되는'(DL, p.412.) 새로운 철학의 어법을 완성시켰다.

이 철학적 이력을 '서구 형이상학에 대한 근원적 비판'이라든지 '그리스적 전통과의 과격한 결별' 과정이라는 식으로, 단순히 이원대립적인 도식으로 말해버리면, 이 '비판'으로부터 레비나스가 길어낸 일종의 희열을 놓쳐버리게 될 것이다. 레비나스가 현상학이나 존재론과 주고받았던 '비판적 대화' 혹은 '대화적 비판'이란, 그 '최량의 부분'을 마음껏 맛보고, 나아가 거기서부터 길어낼 수 있는 지적 자양을 모조리 짜내고 싶다는 탐욕스런 지적 욕망으로 구동되었기 때문이다.

2

우리는 이 장에서 에드문트 후설이 개척한 철학적 성찰의 방법과 레비나스가 어떤 '대화'를 시도했는지 논해보기로 한다. 후설 현상학을 레비나스가 어떻게 읽어들이고, 거기에서 어떤 지견을 길어내고, 거기서 어떤 한계를 찾아내고, 어떻게 환골탈태해서 레비나스 자신의 현상학을 구축했는지. 이것이 이 장에서 다룰 논건이다. 그것을 위한 예비 작업으로, 우선 현상학이란 어떠한 학지인지에 대해, 필요한 최소한의 이해를 확보해 두기로 한다.

철학사적으로 말하자면, 후설의 현상학은 데카르트적 성찰을 한층 더 정밀화한 것이라고 할 수 있다. 데카르트의 『성찰』에 대해 후설은 '무릇 철학이 그러한 성찰로부터만 탄생시킬 수 있는', '지금부터 철학을 시작하려는 모든 사람에게 필요한 성찰의 모범'이라고 평가한다.(『데카르트적 성찰』, 후나바시 히로시船橋弘 역, 中央公論社, 1970, 180쪽.)

레비나스도 후설의 판단에 동의하며 이렇게 말한다. "후설 씨에 의하면 데카르트의 『성찰』은 근대철학의 시점이며, 현상학은 그 개화나 다름 없다."(*IH*, p.68.)

르네 데카르트의 성찰은 '우리의 감각은 우리를 속이고, 우리의 추론은 잘못될 수 있다'는 경험적 사실로부터 출발한다. 가령 우리가 무언가를 지각했다 하더라도, '지각한다'는 그 경험으로 나의 외부에 '지각의 대상'이 실재한다는 것이 추론되지는 않는다. 나는 잘못 듣고 있는지도 모르고, 꿈을 꾸는 건지도 모르며, 어쩌면 정신이 이상해진 건지도 모르기 때문이다. 거기서 데카르트는 그 이후의 모든 철학의 초석이 될 착상을 이끌어냈다. 그것이 '코기토'(나는 생각한다)이다.

> 나는 그때까지 내 정신에 들어온 모든 것은, 나의 꿈의 환상과 마찬가지로, 참이 아닌 것이라 가상하기로 결심했다. 그러나 그렇게 하자 나는 곧바로 알아차렸다. 내가 이렇게 모든 것은 거짓이라고 생각하는 동안에도, 그렇게 생각하는 나는 필연적으로 무언가여야만 한다 라고. 그리고 '나는 생각한다, 고로 나는 존재한다 Je pense donc je suis'라고 하는 이 진리는, 회의론자의 그 어떤 가당찮은 상정으로도 흔들 수 없을 만큼 견고하고 확실하다는 것을 나는 인정했다.(데카르트, 『방법서설』, 노다 마타오野田又夫 역, 中央公論社, 1967, 188쪽.)

후설은 이 데카르트의 기초적 지견을 '모든 의식은 무언가에 대한 의식이다'라는 말로 바꿔 말하며, 또 하나의 일보를 내딛게 된다. 그 발걸음을 따라가보자.

후설은 우선 우리가 사는 세계가 실재하며, 그것을 다른 사람들과 함께 우리가 공유한다는 자연스런 신빙信憑을 '괄호에 넣을 것'을 제안한다.

통상의 자연과학은 '세계는 지금 우리의 눈앞에 있는 것처럼 있다'는 것을 자명하게 여기며 출발한다. 그것은 경험적 범위에서는 맞다. 그러나 그런 소박한 실재신빙(실재한다고 믿음—역자)은 '엄밀한 학'으로서의 철학을 기초지울 수 없다.

> 모든 자연과학은 그 출발점에 관해서 말하자면 소박하다. 자연과학이 탐구하고자 하는 자연은 자연과학자의 눈앞에 단순히 놓여 존재하고 있다. (……) 우리는 사물을 지각하고, 소박한 경험적 판단으로 이것을 기술한다. 자연과학의 목표는 이 자명한 소여〔주어진 것〕를 객관적으로 타당한, 엄밀한 학적 방식으로 인식하는 데 있다.(후설, 『엄밀한 학으로서의 철학』, 코이케 미노루小池稔 역, 中央公論社, 1870, 116쪽.)

후설은 자연과학의 이 소박한 경험주의를 배척한다. 만일 '절대로 의심할 수 없는 것'을 철학의 기초로 삼고자 한다면, 자연주의적인 실재 신빙은 철저한 회의를 견뎌낼 수 없기 때문이다.

물론 우리는 세계가 존재한다는 것에 대해 확신을 갖고 있으며, 내가 사는 세계와 다른 사람이 사는 세계가 동일한 세계라는 것을 잠시도 의심하지 않는다. 그러나 실제로 "경험된 개개의 것이 감각적 가상이라는 게 알려져 그 가치를 잃어버리는 일이 있을 뿐 아니라, 그때그때 통일적으로 내다볼 수 있는 경험연관의 전체조차도 그럴듯한 꿈이라는 이름으로 불릴 그런 가상이라는 것이 판명되는 경우가 있는" 이상, "세계는 부단히 보편적인 감성적 경험의 명증 속에서 우리의 눈앞에 주어져 있지만, 그러나 그 감성적 경험을 곧바로 필·당연적 명증으로서 요구할 수 없음은 자명하다."(『데카르트적 성찰』, 197쪽.)

그러면 우리는 세계의 실상에 절대적으로 확실한 방식으로는 닿을 수 없다는 회의론적 입장으로 가야만 할 것인가. 우리는 전원이 제가끔 제멋대로의 방식으로 환각이나 꿈을 꾼다든지, 제가끔 독특한 방식으로 발광할 뿐이며, 우리가 동일한 것을 함께 지각한다고 믿는 외부의 사물이 정말로 '동일한 것'인지 아닌지 판정할 수 있는 심판정은 어디에도 존재하지 않는다는 말이 되는 것일까.

회의론은 소박한 실재론을 엄중하게 되묻는 중요한 발상의 전환점이 된다. '철학한다'란 어떤 의미에서는 '회의한다'고 하는 것이기 때문이다.

> 존재자는 때로 스스로가 존재하는 그대로와는 다른 방식으로 나타나는 일이 있다. (……) 표면에 보이는 것의 이면에 무엇이 있는지는 짐작할 수 없다. 철학은 그 최초의 일보를 내디뎠을 때부터, 이성적인 것의 불확실함을 의미해왔다. 이성이 인식의 한 양태인 한, 이성을 속이는 이들 작용에 대해 이성은 경계를 게을리 해서는 안 될 것이다. 이성은 환각의 뒷면을 알 수 있도록 각성해 있을 의무가 있다. 잠들어버려서는 안 된다. 철학하고 있지 않으면 안 된다.(*DDQV*, pp.40~41.)

그러나 회의론은 소박한 실재론을 비판하는 것은 가능하나, 그것만으로 엄밀한 학을 기초지울 수는 없다. '이성이 잠들어 있는 것은 아닌가' 하고 회의하는 것은 가능하지만, 그 회의만으로 '이성이 깨어났다'는 것을 증명할 수는 없다. 우리가 '이성이 깨어난' 꿈을 꿀 수 있다는 가능성을 회의론은 부정할 수 없다.

현상학은 회의론보다 더욱 깊고 강하게 이성의 깨어남을 의심함으로써, 회의론을 넘어서고자 하는 시도이다.

소박한 실재론은 '우리는 확실한 실재를 앞에 두고 있다'고 하는 무반성으로부터 출발한다. 회의론은 '우리가 경험하는 것 중에 확실한 것은 하나도 없다'고 하는 전부정 안에 머무른다. 그 양면을 기각하고자 하는 현상학은 "'확실한 것을 경험할 수 없다'고 하는 우리의 불능은 어떠한 양태를 취하는가"라는 물음 안에서 돌파구를 찾아낸다.

이성은 분명히 속는다. 이성을 속이는 작용은 '이성 그 자체 안에서, 이성의 이성적 발걸음에 저촉되는 일 없이, 이성이 모르는 곳에서 작용하기도 한다. 바로 그렇기 때문에 명석성 그 자체에 거슬러, 이성의 자연발생적이고 무반성적인 운용과는 다른 방식으로 이성을 작용시키는 일이 필요해지는 것이다.'(*DDQV*, p.41.)

다시 말해, 자연과학은 '우리는 …… 할 수가 있다'고 하는 경험적 가능사의 집적으로써 체계를 구축한다. 그것에 대해 회의론은 '우리는 …… 할 수가 없다'고 하는 불능의 어법을 펴서 그 체계를 쳐부수고자 한다. 현상학은 그 모두를 물리치고, '우리는 …… 할 수가 없다'고 하는 스스로의 이성이 지닌 불능의 모습에 대해 이것을 '기술할 수 있다'는 것을 철학의 초석으로 삼으려는 것이다.

우리는 눈앞에 있는 것에 대해 그것이 확실히 존재하는 건지, 가상에 불과한 건지를 엄밀한 방식으로는 말할 수 없다. 그러나 '그 현상 자체는 우리에 대한 현상인 한, 무는 아니며, 그것은 그야말로 그러한 비판적 결정을 우리가 내리는 것을 애당초 우리에게 가능케 하는 것'이라고 말할 수 있다.(『데카르트적 성찰』, 199쪽.)

실재이든 가상이든, '나에 대한 현상'은 분명히 '나에게 있어' 존재한다. 그것이 실재하는 건지 가상에 불과한 건지에 대한 논의는 우선 '밀쳐' 두고서, '나에 대한 현상'이 '나에게 있어' 어떤 식으로 현출現出하는 건지, 그 나타나는 방식의 양태나 구조나 법칙성에 대해 생각해보자는 것이 현상학의 입장이다.

이 '밀쳐둠'에 의해 세계가 소실되는 것은 아니다. 그것은 여전히 우리 눈앞에, '존재신빙(실지로 그렇게 존재함)을 지닌 채' 현현하고 있다. 그러나 '철학적으로 반성하는 자로서의 나는, 경험의 자연적인 존재신빙을, 이미 함께 행하지는 않는 것이다.'(ibid.) 현상학은 '우리는 존재정립 그 자체를 우리의 연구대상으로 삼는 것이다.'(IH, p.60.)

존재신빙을 유효하다고 인정하지는 않지만, 여전히 그 존재신빙을 기반으로 현현하는 세계를 틀림없이 '내 것'으로 받아들이는 일, 이것을 후설은 '객관적 세계를 괄호친다einklammern'고 불렀다. 부정하는 것은 아니고 '괄호에 넣는다'는 것이다. '괄호에 넣어진 것'은 여전히 거기에 생생하게 현전하는 것이지만, 그럼에도 불구하고 그 유효성을 의심받고 있는 것이다. 세계를 경험하면서 '경험의 방식 그 자체'를 반성하는 일, 그것을 후설은 '현상학적 판단중지(에포케)'라고 술어화했다.

단 우리가 판단을 정지하는 것은 아니다. 그런 것이 아니라, 우리가 자연적 태도에서 하고 있듯이, 그들 가치판단의 어느 것인가에 가담한다든지, 판단에 즉해 사는 일을 그만두고서, 우리를, 즉 이 삶 그 자체를, 이들 모든 명제를 설정하는 바로 그 의식을, 그 구체상에서 고찰하는 것이다. 우리는 의식에 의해 설정된 것으로서 그 명제들도 고찰한다. 바로 그것들이 의식에 의해 설정되는 방식에 즉해, 그것들이 의식 안에 표상되고, 주어지는 방식에 즉해 고찰하는 것이다.(*IH*, p.61.)

우리가 자연적 상태에 있을 때, 우리는 '그들 가치판단의 어느 것인가에 가담한다든지, 판단에 즉해서 살고 있다.' 레비나스의 비유를 사용해서 말하자면, 우리는 무언가를 본다고 생각하지만 사실 우리의 시선은 '그 대상에 의해 막혀 있' (*EL*, p.76)는 것이다.

우리의 눈은 시야 가득 다가오는 대상들로 막혀 있어서, 그것 이외의 것―바로 지금 보고 있는 그 대상을 그와 같이 '보여주는' 지평―은 우리의 시야에서 보이지 않게 되어 있다. 이것이 '자연적 상태에 있다'고 하는 것이다.

이때 지각은 자유롭고 능동적인 입장에서 대상을 '보고 있다' 생각하지만, 실은 '보여주어지고 있다'는 것을 알아차리지 못한다. 내가 어떤 대상을 주시할 때, 그 대상을 '그림'으로써 나의 눈앞에 전경前景화시키는 '땅地'의 부분―비주제적 지평은―은 우선 나의 시야에 들어오지 않는다. 무반성적 지각에 고유한 이런 불능의 양태를 레비나스는 '무대'와 '연출'이라는 탁월한 비유로 보여준다.

나는 곧잘 이런 식으로 도식화합니다. 대상으로부터 연출mise en

scène로 이행하지 않으면 안 된다. 대상으로부터 그 나타남이 암암리에 포함하는 모든 현상으로 이행해야 한다 라고. 현상학에 의해 대상성을 명시한다는 것은 연출가의 일과 같은 것입니다. 연출가는 각본을 구체적인 사건으로 이동시킵니다. 어떤 사건이 최종적으로 무대 위에 출현하고 눈에 보이도록 하기 위해서는, 갖가지 장치를 무대에 해놓지 않으면 안 되는 것입니다.(*EL*, p.76.)

소박한 실재론자는 '정신없이 무대를 보는 관객'과 비슷하다. 그 의식은 무대 위에 전개되는 드라마에 몰입되어 있어, 어떠한 연출적 기교의 효과로 그와 같이 '보이게 되어 있는지'는 우선 의식되지 않는다. 그렇기는커녕 관객은 자진해서 '몰입하는 것'을 바라기조차 하고 있다.

한편 회의론자는 '시시해진 관객'과 비슷하다. 그는 무대 위에 있는 것이 골판지에 그린 배경이며, 배우들이 무대를 내려오면 그냥 보통 사람임을 알고 있기 때문에 조금도 드라마에 몰입하지 못한다.

현상학자는 '연출가'이다. 연출가는 '김빠진' 눈길로 배우의 연기나 조명이나 음향이나 무대장치를 체크한다. 그것이 '꾸민 것'이며, 가상일 뿐임을 그는 숙지하고 있다. 하지만 무대를 분석적으로 보는 일에 역으로 너무 '몰입'해버리면, 관객이 무대 위에서 '정말로 보는 것'을 놓쳐버릴 가능성이 있다. 무대 위에는 비판적 눈길이 미처 보지 못하고, 마음을 빼앗긴 관객만이 환시幻視하는 극적 세계가 있기 때문이다. 그러므로 뛰어난 연출가에게는 깨어 있음과 동시에 몰입해 있음이 필요해진다. 현상학자의 일은 이것과 유사하다.

3

현상학자가 주제적으로 고찰하는 것은 '비주제적 지평'이다. '나의 의식'은 '나에게 있어서의 대상'을 지향한다. 그것은 '나에게 있어서의 대상'이 항상, 나에게 고유한, 어떤 가치판단이나 정동의 빛깔을 띤다는 것이다. 우리의 의식은 언제나 어떤 '빛깔'에 즉해서 대상을 지향하고 있으며, 완전히 공허한 빈 곳에 대상만이 맨질맨질한 순수상태로 현출한다는 것은 있을 수 없다.

알기 쉬운 비유를 들어보자. 무라카미 하루키는 어떤 편집자와 문방구 이야기를 하면서, 원고를 쓸 때에는 무엇을 사용하는지 질문받았다.

> 나는 언제나 F 연필을 쓰고 있기에 '어, 그게 F인데요' 하고 대답하니, 그 사람은 '그런가요. 그런데 제 생각이긴 하지만, F 연필은 세일러복(여학생 교복)을 입은 여학생 같은 느낌이 들지 않나요?'라고 말했다. 그때는 술자리였던지라 '그러고 보면 그럴지도 모르겠네요. 세상에는 여러 가지 감수성이 있군요' 하는 정도로 웃어넘기고 말아 이야기는 곧바로 다른 화제로 옮겨갔지만, 시간이 지나면서 왠지 그게 점점 신경쓰여 왔다. 왜 F 연필이 교복을 입은 여학생인가, 한번 생각하기 시작하니 생각하면 할수록 알 수 없게 되어, 머리가 혼란스러워졌다. 그리고 까닭을 알 수 없으면서도 나름, F 연필이 어쩐지 교복을 입은 여학생으로 보여져오는 것이다. 이건 좀 문제다. 최근에는 F 연필을 손에 쥘 때마다 교복 입은 여학생을 떠올려버리는 꼬락서니다.(『村上朝日堂の逆襲』, 新潮文庫, 1989, 84~85쪽.)

'F 연필'은 이 편집자에게 '교복 입은 여학생'으로 보였다. 이것이 그에게 대상이 현출하는 양태이다. 다른 사람들에게는 그런 식으로는 보이지 않는다. 혹은 '학생복을 입은 남자 중학생'으로 보인다든지 하는 사람이 있을지도 모른다.

보이는 방식의 차이에는 다른 차원도 있다. 예컨대 지금 목전에 현실로서 'F 연필'을 직시하는 경우와, 수중에 없는 연필을 상상하는 경우와, '연필이라는 필기구는 정말로 존재하는 것일까? 나의 망상에 불과한 것은 아닐까?' 하고 필립 K. 딕처럼 회의하는 경우 등에서도, 대상이 '보이는 방식'은 미묘하게 다르다.

후설은 이러한 '대상의 그때그때의 특수한 현출방식'을 '대상 그 자체'와 구별하기 위해 '노에마Noema'라고 불렀다. '노에마'란 어떤 대상에 대해 '의미적으로 파악된 것'을 말한다. 한편 '노에마'를 지향하는 의식의 존재 모습, '의미적으로 파악하는 작용'은 '노에시스Noesis'라고 불린다.

지금 보았듯이, 노에시스는 현인現認, 상기, 회의 같은 식으로 그 존재 모습('신념성격')을 바꾼다. 그때그때 노에마가 보이는 방식('존재성격')도 그것에 따라 변한다. 그러나 '실지로 지각하는 경우', '상기하는 경우', '회의하는 경우' 중 어느 경우에서도, 그것이 'F 연필'이라는 '동일한 대상'의 갖가지 존재성격을 보여준다는 확신은 흔들리지 않는다. 노에마의 '상相들'은 "하나의 중심적인 '핵'의 주변에, 즉 순수한 '대상적 의미'의 주변에 무리가 모여 있다."(후설, 『이덴 I·II』, 와타나베 지로渡辺二郎 역, みすず[미스즈]書房, 1984, 120쪽.) 노에마의 모든 변용을 관통하는 '순수한 대상적 의미', '동일한 노에마적 핵Kern'(123쪽)이 존재하는 것이다.

다만 이 '순수한 대상적 의미'가 단숨에 조망되는 방식으로 현출하는 일은 있을 수 없다. 대상은 항상 확신이나 상기나 의심과 같은 그때그때의 신념성격의 차이에 즉해 나타나며, 그렇게 해서밖에 나타날 수 없다.

그러나 그것은 결코 대상 현출의 불충분성이나 결여를 의미하는 것은 아니다. 오히려 노에마의 다양한 전개를 통해, 우리에게 있어 그 대상은 입체감이나 음영을 늘려나가 더한층 풍부하게 밝혀져 가는 것이다.

그러므로 '교복 입은 여학생'으로서 'F 연필'을 인식한다고 하는 고유한 신념성격으로 활성화된 'F 연필'의 독특한 존재성격은 'F 연필'의 대상적 의미를 왜곡하는 것도 은폐하는 것도 아니며, 바로 그 '전적인 노에마'를 개시하는 무수한 노에마의 하나에 다름 아닌 것이다. 즉 이 지향작용에 의해 'F 연필'의 본질은 하나 더 풍부해졌다는 식으로도 말할 수 있다.

이 '군집하는' 노에마들의 여러 모습을 통해 '전적인 노에마'로서 대상의 본질이 간파되는 것인데, 물론 이것은 조각그림 맞추기 jigsaw puzzle처럼 다양한 노에마의 산술적 총화가 '전적인 노에마'를 구성한다는 의미는 아니다. 왜냐하면 조각그림 맞추기의 경우, 한 조각을 소유하는 것만으로는 자신의 눈앞에 있는 대상이 '사실은 무엇인지'를 말할 수가 없기 때문이다. 하지만 노에마적 인식으로 우리는 단숨에 '대상의 본질'을 파악한다.

우리가 개별적 대상(예컨대 '붉은 천')을 지각할 때, 우리는 '빨강의 본질'을 '직관'한다. 지금 눈앞에 있는 천의 '붉은 색'은 직관된 '빨강의 본질'에서 한 사례에 불과한 것이지만, 그 밖의 무수한 사례

('빨간 종이'나 '빨간 잎'이나 '빨간 꽃' 등)를 산술적으로 더해나가서, 그것이 일정량에 달하면 '본질직관'의 보편성('빨강'이란 무엇인가)을 획득한다는 방식으로 우리의 지각이 구조화되어 있지는 않은 것이다.

> 대상의 본질에 도달하기 위해, 우리는 개별적 대상(지각된 것, 혹은 상상된 것)으로부터 출발한다. 우선 그 대상의 존재를 사상捨象하고, 그 대상을 순수하게 상상적인 것으로 간주하기로 하면, 공상적으로는 그 대상의 속성을 여러 가지로 변용시켜볼 수가 있다. 그러나 어떤 속성을 최대한 변용시켜보아도 여전히, 무언가 불변의 것, 동일한 것, 변용 그 자체에 불가결한 기반과 같은 것이 일관되어 있음을 알 수 있다. 이 불변적 성격은 일반적인 것으로서 주어진다. 왜냐하면 바로 이것이야말로 상상적 변용의, 원리적으로는 무한의, 범례를 관통하는 동일적 '계기'이기 때문이다. 변화하는 것 안에 있는 불변의 것을 파악하는 것, 그것이 본질을 파악한다는 것이다.(*IH*, p.49.)

사물의 본질은 '몇 가지 사례에 공통된 것'을 추출해서 귀납적 추론으로 파악되는 것이 아니다. 본질은 '직관적으로' 파악된다. 대상의 본질에 도달하는 길은 오성에 의해서가 아니라, 직관에 의해서 인도되고 있다.

하지만 거듭 말하듯이 이 직관은 '신의 관점에서' 이루어지는 그런 일망부감一望俯瞰적인 방식으로 우리에게 주어지는 것은 아니다. 대상은 어떤 때는 앞쪽으로부터 보여지고, 어떤 때는 뒤쪽으로부터 보여지며, 어떤 때는 위쪽으로부터 보여진다. 그때그때 대상은 별개의 노에마를 부여한다. 그러한 노에마의 다양성은 대상을 지향하는 방식의 불충분성이나 자의성을 의미하는 것은 아니다. 역으로 그처럼 다양한 존재성격과 신념성격의 상관 안에서, 대상이 일관되게 '이것'으로서 인식되어 흔들림이 없다는 사실이야말로, 노에마의 대상적 의미의 궁극적인 통일성을 보증하는 것이다.

예컨대 내가 한 채의 집을 바라보는 경우, 나는 집의 전면과 이면을 동시에 볼 수는 없다. 그러나 나는 집의 전면을 바라보면서, '이 집에는 (지금 직접적으로 보이지는 않지만) 뒤편이 있다'는 것을 직관적으로 '알고 있다.' 그것은 어딘가 다른 장소에서, 상상 속의 어떤 집의 뒤편을 상상하는 경우와는 다르다. 집의 전면을 응시하면서 그 이면을 상기적으로 표상할 때, 우리는 충실한 표상과 완전한 상상의, 말하자면 '중간'에 있다. 이것을 후설은 '간접적 제시' 혹은 '간접적 현전Appräsentation'이라고 술어화했다. 이 '간접적인 방식으로' 우리의 의식에 현전하는 표상의 무한한 연쇄로서, 우리는 공간이라는 것을 파악하고 있다.

우리가 그 집을 공간적인 사물로 인식할 수 있는 것은, 그 모든 측면aspect들을 단숨에 지각할 수 있기 때문이 아니다.(실지로 그럴 수가 없다.) 그런 게 아니라, 하나의 상相(예컨대 집의 전면)은 직접적으로 나에게 주어져 있으며, 그 이외의 상(예컨대 집의 측면이나 이면)은 간접적으로밖에 표상되어 있지 않지만, 그럼에도 불구하고 나는 집을 따라가면서 모퉁이를 한차례 돌면 집의 측면이 나타나고, 더 돌면 집의 이면이 나타난다는 것을, 전면만을 보고 있을 때에도 '이미 알고' 있는 것이다.

공간적 대상은 결코 모든 측면이 단숨에 일망부감되는 그런 방식으로는 주어지지 않는다. 하지만 우리에게 지금 여기서 충실한 방식으로 주어지는 상 이외의 상도 또한 간접적으로 현전하고 있다는 그런 방식으로 우리는 그 '전적인 노에마'에 직관적으로 접촉하게 되는 것이다.

흔히 하는 말이지만, 범용한 화가는 일면에서밖에 대상을 보지 않지만, 뛰어난 화가는 분명히 보이지 않는 대상의 이면에까지 시선을 보낸다. 화가든 소설가든 음악가든 영화작가든, 뛰어난 예술가와 범용한 예술가를 가르는 것이 있다면, 아마도 그것은 '간접적으로 현전'하는 '노에마'의 두께 차일 것이다.

지금까지의 설명으로, 우선 우리는 현상학에 대한 후설의 다음 말을 대체로 알아들을 수 있을 정도의 공통된 이해에 도달했다고 생각한다.

> 우선 일반적 증명은 다음과 같은 것이다. 즉 지각이라는 것은 대상을 공허한 방식으로 현전시키는 것은 아니라는 것. 그런 것이 아니라 지각의 고유한 본질에 (아프리오리하게) 속해 있는 것은 '자신의' 대'싱을 갖고, 더욱이 모종의 노에마적 요소의 통일이라는 형태로 그 대상을 갖는다는 것이다. 이 노에마적 요소는 '같은' 대상에 대한 다른 여러 가지 지각에서는 그때그때 언제나 별개의 것이지만, 항상 본질적으로 그 밑그림이 그려진 것이다.(『이덴 I · II』, 147쪽.)

이 『이덴』의 명제를 잘 들여다보면, 우리는 앞장에서 논한 '탈무드'에 대한 레비나스의 명제와 거의 같은 것을 후설이 말했음을 알게 된다. 이 문장 중의 '대상'이라는 말을 '텍스트'로, '지각한다'는 말을 '읽는다'로 바꿔보자. 후설의 문장은 이렇게 바뀌게 된다.

> 텍스트를 읽는다는 행위는 텍스트의 궁극적 의미를 공허한 방식으로 현전시키는 것이 아니다. 그런 게 아니라, 읽는다는 일의 고유한 본질에 속하는 것은 '자신에게 고유한 읽기'를 통해서도, 텍스트의 의미가 갖는 통일은 흔들리지 않는다는 것이다. 텍스트가 읽는 이에게 개시하는 의미의 상은 '같은' 자구에 대해, 그때그때 항상 별개의 것이지만, 항상 본질적으로 그 밑그림이 그려진 것이다.

이것이야말로 탈무드 해석학의 원리 그 자체이다. 우리는 젊은 레비나스가 후설을 일독하고 거기에 깊은 공감을 느꼈다는 회상을 레비나스 자신으로부터 듣고 있다. 그 공감에는 충분한 근거가 있다. 왜냐하면 레비나스는 처음 후설 현상학을 접했을 때, 그 근본적 고상을 '이미 알고' 있었기 때문이다. 바로 그렇기 때문에 20세를 갓 넘긴 이 철학도는 현상학의 창시자로부터 무언가를 '배우기' 위해서가 아니라, 노철학자에게 '동의'를 구하기 위해 프라이부르크로 떠났던 것이다.

4

레비나스는 1928년 프라이부르크로 후설을 찾아갔다. 그때의 기백을 레비나스는 이렇게 회상한다.

> 내가 후설을 만나러 간 것은 철학자란 '철학의 영원한 초보자'이며, 그와 동시에 스스로가 확신하지 못하는 것을 명확히 말하는 일에 대

해서는 견고한 발판을 마련하는 자라는 그의 정의에 공감했기 때문입니다. 마치 위대한 스승을 만나는 초학자에게 있어 영원한 논쟁보다도 철학의 입구를 이해하는 일이 더 중요하다고 생각했던 것입니다. 스승의 철학적 출발점은 무엇이었나, 스승의 기원에 있는 망설임은 무엇이었나, 그것을 찾아내는 게 무엇보다 필요하다고 생각했던 것입니다. 나는 꽤나 유치하고 느낌이 나쁜 존재였음에 틀림없었을 겁니다. (*EL*, pp.77~78.)

70세에 가까운 노대가를 찾아간 젊은 철학도가 이렇게 '느낌이 나빴다'는 것은 상당히 이례적이다. 그러나 이 '이례' 안에는 중요한 정보도 포함되어 있다. 하나는 이 여행이 고명한 학자에게 가르침을 구하기 위한 것이 아니라 동의를 구하기 위한 것이었다는 것. 또 하나는 레비나스가 철학자란 '철학의 영원한 초심자'라는 것을 이 단계에서 확신하고 있었다는 것이다.

철학자의 '초심'이란 그를 포함한 철학적 풍토에 위화감을 느끼고, 거기서 지배적이었던 지견이나 방법에 이신을 품고, 시대에 공유되는 신빙에 저항을 느끼는 경험을 포함한다. 사람은 항상 그런 위화감으로부터 그 자신의 사색을 개시한다. 그러니까 철학자가 '영원한 초심자'라는 것은, 아무리 멋진 체계적 학식을 완성시킨 다음이라도, 철학자는 결코 그 사색의 첫 동기였던 '지배적dominant 지식에 대한 위화감'을 내던져서는 안 된다는 것이다.

그리고 이 또한 너무나도 레비나스다운 일이지만, 철학자에게 요구되는 가장 중요한 지적 자질이란 '자기가 확신하지 못하는 것을 명확한 언어로 말하는 것'이라고 젊은 레비나스는 생각했다는 것이다.

사람은 '자기가 확신할 수 있는 것'은 명확히 말할 수 있지만, '자기가 확신하지 못하는 것'에 대해서는 잘 말할 수 없다고 우리는 생각하기 쉽다. 그러나 레비나스는 그렇게 생각하지 않는다. 지성이란 '나는 ……를 알고 있다'고 하는 지적 달성의 누적이 아니라, '나는 ……에 대해 아는 것이 불충분하다'고 하는 불능의 어법을 통해 연마된다, 레비나스는 그렇게 생각하는 것이다.

> 후설은 진리를 유일한 범형과 그 여러 가지 근사태라는 형태로는 구상하지 않고, 모종의 인식에 동반되는 불확실성이란 것을 그 대상들이 개시되는 적극적이고도 고유한 양태로 간주하는 것이다. 후설은 확실성이라는 이상과의 관계에서 그 양태들을 고려하는 것이 아니라, 그 양태들의 진리에서 적극적인 의미작용을 탐구하는 것이다. 왜냐하면 그 의미작용이야말로 그것들이 지향하는 바로 그 존재의 의미를 규정하기 때문이다.(*EE*, p.8.)

'불확실하고 불충분한 대상개시'라 하더라도, 그 나름의 방식으로 '존재의 의미'를 겨냥하고 있다. 그렇다면 그 '적극적이고도 고유한 양태'의 의미작용을 풀어 밝히는 일은 (있을 수 없는 '유일의 범형'을 공상하는 것보다) '존재의 의미'에 접근할 가능성이 높을 것이다. 인간의 지성 활동이 어떻게 '불확실하며 불충분한지'를 '확실하고 충분한' 어법으로 말할 수 있다면, 그것은 인간지성의 굳건한 기초가 될 수 있을 것이다. 레비나스는 현상학을 무엇보다도 우선 그러한 '지의 불능에 대한 엄밀한 기술', 결코 회의론에 빠지지 않는 그런 방식으로 지성의 불능에 대해 성찰하는 것을 가능케 하는 방법이라고 간주한 것이다.

레비나스는 1929년에 프랑스로 귀국하자 곧바로 최초의 후설론 「에드문트 후설 씨의 『이덴』에 대하여」를 발표한다. 이것은 40쪽 정도의 간결한 『이덴』 제1권의 소개이다. 이 요약에서 우리는 현상학에 대한 젊은 레비나스의 뜨거운 기대를 엿볼 수 있다. 이 텍스트에서 레비나스가 현상학의 '새로움'으로 특별히 강조한 것이 두 가지 있다. 하나는 현상학이 '집단적으로 단련되는 지적 체계'라는 점, 하나는 그것이 '타자로 통하는 회로'를 확보하려 한다는 점이었다.

레비나스에게 현상학은 철학사적인 지의 '축적stock'이 아니라, 생성 과정에 있는 '흐름flow'의 운동성 그 자체로 비치고 있었다. 현상학은 에드문트 후설이라는 탁월한 개인에 의해 '완성'된 것이 아니라, 여러 세대에 걸친 연구자들의 협동에 의해 서서히 정밀화되어 가는 '미완의 학식'으로 구상되고 있다.

> 『이덴』을 관통하는 정신을 보다 잘 이해받기 위해서, 우리는 이것을 하나의 '철학체계'라고 사칭하지 않으며 그것을 바라지도 않는다. 우선 그 점을 분명히 지적해 두고 싶다. 『이덴』의 모든 페이지는 두 가지 사실을 보여준다. 하나는 철학적 문제들은 어떤 새로운 방법에 의해 세워질 수 있는 것이며, 그 새로운 방법이 문제에 대한 해답을 가능케 한다는 것. 또 하나는 이 해답이 정밀과학의 경우와 마찬가지로, 몇 세대에 걸친 누적 작업을 통해서만 제시된다는 것, 이것이다. (*IH*, p.46.)

레비나스에게 현상학은 무엇보다도 우선 '방법'이었다. '방법'인 이상, 그것은 '누군가'가 '사용'함으로써 비로소 의미를 갖는다.

바로 그렇기 때문에, 현상학은 여러 세대에 걸쳐 한 사람 한 사람의 현상학자가 그때그때 자기에게 고유한 철학적 난문과 씨름하기 위해 그때그때 독특한 방식으로 활용되어야 한다고 보는 것이다. 공동으로 개척해야 할 지적 자원 내지 수단resource로서의 현상학이라는 구상은 다른 장소에서도 되풀이된다.

> 진정한 참된 철학은 오직 한 사람의 사상가의 두뇌로부터 완전무장하여 출현하는 것이 아니다. 그것은 과학인 한, 철학자들의 여러 세대에 걸친 집단적 영위인 것이다.(*EE*, p.8.)

레비나스는 랍비들의 공동작업에 의한 탈무드의 성립과정과 똑같은 것이 현상학에서도 행해져야 한다고 생각한 것이다.

「『이덴』에 대하여」의 마지막 절에서 레비나스는 후설의 '상호주관적 세계'에 대해 처음으로 언급한다.『이덴 I』에서 후설은 '상호주관성Intersubjetivität'에 대해서도 '감정이입Einfühlung'에 대해서도 아직 충분한 이론전개를 하지 않지만, 레비나스는 이 단계에서 이미 이 착상에 강한 관심을 보인다. 왜 이 착상이 레비나스의 관심을 끌었을까.

후설은 상호주관성에 대해 다음과 같이 설명한다.

> '모든 현실적인 자연사물'은 '주관적 현출양식의 다양'을 통해, 동일한 것으로서 노에마적으로 구성되어 있는 셈인데, 이 대상의 노에마적 구성은 처음에는 '개별적 의식'에 관계하고 있지만, 다음에는 '공동

의식', 즉 '교류 안에 성립하는 갖가지 의식자아와 의식류의 본질상 가능한 복수성'에 결부되고 있으며, '이들 갖가지 의식자아 의식류에게 있어, 어떤 하나의 사물이 동일한 객관적으로 현실적인 존재로서, 여러 주관들이 공존하는 형태로 주어지고, 또한 동일시되지 않으면 안 된다.'(『이덴 I・II』, 272쪽.)

앞서의 예로 말하자면, 'F 연필'이 어떤 사람에게는 '교복 입은 여학생'이라는 노에마에 즉해 현출하지만, 나에게는 그렇게 보이지 않는다.(나에게는 오히려 '은색의 스바루 임프레사SUBARU IMPREZA[자동차]'로 보인다.) 그것은 그 사람과 나의 '의식자아와 의식류'가 같은 것이 아닌 이상 어쩔 수 없다. 그러나 그럼에도 불구하고, 'F 연필'이라는 '하나의 사물이 동일한 객관적으로 현실적인 존재로서' 우리에게 '여러 주관들이 공존하는 형태로' 주어져 '동일시' 되고 있다.

이 체험들은 무한에도 불구하고 조감할 수 있는 어떤 완전히 하나인 본질적 내실을 갖추고 있어서, 그것들의 세체험은 모두 '동일한 것'에 대한 의식이라는 점에서 통합되는 것이다.(『이덴 I・II』, 273쪽.)

복수의 인간이 동일한 대상을 보고 있을 때, 그 '보이는 방식'이 한 사람 한 사람 다름에도 불구하고 우리는 '동일한 대상'을 본다고 확신한다. 그것을 확신할 수 있는 것은 우리가 동일대상을 상호주관적인 방식으로 구성하기 때문이다. 이 프로세스에 대해 『이덴 I』에서 후설은 말이 적다. 그러나 레비나스는 「『이덴』에 대하여」의 마지막 절에서 다음과 같이 말한다.

진이라는 것은 누구에게나 대상적 진리의 본질에 속한다. 그러므로 이론상은 이러한 상호주관적 세계가 진리의 본질 그 자체에 전제되어 있는 셈이다.

만일에 현상학이 정말로 진리와 존재의 의미를 탐구하고자 한다면, 만일에 현상학이 그 의미를 추구하고자 한다면, 현상학은 준-유아론적 태도를 넘어서지 않으면 안 될 것이다. (……) 자아주의적인 현상학의 모든 탐구는 '상호주관적 현상학'에 종속되지 않으면 안 된다. 왜냐하면 그것만이 진리와 현실의 의미를 온전히 드러낼 수 있기 때문이다.(*IH*, p.90.)

자아의 작용에 관련된 현상학적 탐구보다도, 상호주관적 현상학적 탐구가 우선한다고 힘있게 단정한 레비나스는 그 「『이덴』에 대하여」를 다음과 같은 인상깊은 말로 매듭짓는다.

『이덴 I』에서 예고되고, 후설 씨의 아직 간행되지 않은 저작에서 논해진 '감정이입'의 이론은, 어떻게 해서 개별적 의식—즉 에고, 반성을 통해 자기 자신을 인식하는 모나드—이 자기 자신의 바깥으로 나가, 절대적으로 확실한 방식으로 자기 주변에 있는 모나드들의 상호주관적 세계를 승인하게 되는지를 우리에게 보여줄 것이다.(*IH*, p.90.)

20대 중반의 레비나스는 여기서 한평생 그의 사념을 떠나지 않았던 저 철학적 물음을 정식화한 것이다.

'사람은 어떻게 해서 자기 자신의 밖으로 나가 타자를 만날 수 있는 것인가.'

5

레비나스는 '공동으로 구성된 지', '타자를 향해 열린 지'의 가능성을 현상학의 저작 안에서 찾아내고 후설을 찾아갔다. 그러나 유감스럽게도 그는 찾았던 것을 거기에서 발견해내지 못했다. 후설에 대한 인상을 레비나스는 훗날 이렇게 회상한다.

> 지금까지 몇 번이나 했던 이야깁니다만, 후설은 그 탐구와는 대조적으로 너무나도 완성되어버린 느낌이었습니다. 그는 자기의 탐구에 대한 탐구를 끝내놓고 있었다는 편이 어쩌면 정확할지도 모르겠습니다.
> 확실히 후설의 현상학 연구는 이제 막 그 단서에 도달한 단계이며, 발견된 영역들은 앞으로의 집단적 연구에 이어질 것이라고 생각했습니다. 그러나 열린 지평들의 현상학에 대해서는 이미 의외성의 여지가 없었습니다. (……) 그의 구두口頭의 가르침에도, 뭔가 이미 완료되어버린 것이 느껴졌습니다.(*EL*, pp.78~79.)

이 후설에 대한 평은 현상학에 대한 내재적 비판이 되어 있지는 않지만, 레비나스의 입장에서 보자면 거의 치명적인 선고라고 말해도 좋다.

'자기의 탐구에 대한 탐구를 끝내버렸다Il avait fini la recherche de sa recherche'고 하는 말은 강렬하다. 레비나스는 철학자란 '영원한 초심자'가 아니면 안 된다는 확신을 갖고 프라이부르크로 갔는데, 거기서 '철학하는 것을 끝내버린 철학자'를 만났던 것이다.

앞서 말한 대로 레비나스는 현상학에 대해 정합성이나 체계성을 바랐던 것은 아니다. 그는 지금 사고하는 자기 자신의 사고의 양상 그 자체를 소급적으로 기술하고자 하는 강인하고도 유연한 지성의 운동, 대화 안에서 단련되어가는 공동적인 학지의 가능성을 바랐던 것이다. 이 운동에 '완성'이나 '끝'은 원리적으로 있을 수 없다. '완성된' 현상학이라는 것은 있을 수 없다.

> 그에게 질문을 던져도 대화로 빠져들어가기는 곤란했습니다. 어느 질문에 대해서도 그는 막힘없이 대답했습니다. 마치 강연이라도 하는 듯이. 그리고 그 주제는 이미 논해져 있는 고명한 초고를 언급하는 것이었습니다.(*EL*, p.79.)

현상학의 고상에서 레비나스를 매료시킨 것은 그때그때의 독특한 접근법에 따라 그때그때 독특한 측면을 개시하는 '전적全的인 노에마'라는 착상이었다. ('전적인 노에마'를 '완전기호', '성스런 텍스트'로 바꿔 놓으면, 그것은 그대로 탈무드 해석학과 겹치기 때문이다.)

그러나 레비나스의 '독특한 물음제기'에 대해 후설은 거듭 준비된 회답으로 응대했다. 이것은 레비나스에게 현상학의 자기부정으로도 생각되었다.

아무리 올바로 물음을 이해하고, 아무리 완전한 회답을 준비했더라도, '예상문답집'을 읽어나가는 것은 '대화'가 아니다.

'대화'란 대면하는 상대의 물음제기가 본질적으로 미지의 것이며, 그 상대 이외의 누구에 의해서도 던져지는 일이 없는 절대적으로 대체 불가능한 것임을 인지하는 정황을 말한다. 요구되는 것은 '올바른 회답으로 응대하는' 것이 아니라, 지금 똑바로 이쪽을 향해 물음을 던져오는 인간의 '독특함을 승인하는' 것이다. 왜냐하면 "초학자가 학교에서 그 스승에게 던지는 아무리 시시한 질문이더라도, 그것은 시나이 산에서 청취된 '계시'의 불가결한 하나의 분절점이기 때문이다."(AV, p.164.)

이 점에서 후설은 탈무드의 박사들에게 치명적으로 뒤져 있다. 레비나스는 후설에 대해 비판적인 자세를 분명히 한「에드문트 후설의 업적」에서 새삼 그 점을 강조한다.

> 사유란 외재하는 대상을 가능한 한 충실하게 우리 안에 반영하는 것이 아니다. 대상과 사유의 관계는 대상이 사유에 반영되어 있다는 사실에 의해 성립되는 것이 아니다. 그런 게 아니라, 대상과 그 존재의 의미는 무언가에 의해 성립되는 것이다. 따라서 논해야 할 것은 대상이 의식에 충실히 반영돼 있는지를 아는 것이 아니라, 어떠한 의미에 즉해 대상이 현출하고 있는가 하는 것이다. 모든 대상은 사유의 어떤 규정된 틀型을 경유해서밖에 접근할 수 없다.(EDE, p.27.)

이것을 후설과 레비나스의 관계에 적용해보면, 우리는 현상학에 대한 레비나스의 불만을 분명하게 읽어낼 수가 있다.

> 철학하는 것이란, 어떤 기존의 철학체계를 얼마만큼 충실히 모사하는가 하는 것이 아니다. 그런 것이 아니라, 그 철학체계가 철학하는 일에서 갖는 의미에 의해 성립되는 것이다. 따라서 논해야 할 것은 내가 현상학에 충실한지를 아는 것이 아니라, '나에게 현상학이란 무엇인가'라고 하는 것이다. 모든 철학에 우리는 제가끔의 고유한 지성의 틀을 통해서밖에 접근할 수 없기 때문에.

레비나스는 바로 후설에게 '현상학은 나에게 무엇을 의미하는가'를 묻기 위해서 독일로 갔다. 그것에 대해 후설은 '현상학은 만인에게 무엇을 의미하는가'로써 답을 삼았다. 레비나스는 그것이 후설 자신이 정한 현상학의 기본적인 정의에 모순되는 행동이라고 생각했다. 만인에게 동일한 존재성격을 갖는 그런 대상은 존재하지 않는다는 것이 현상학의 기본적 발상이기 때문이다.

'누군가의 제자이다'라고 하는 것은 스승의 전지全知함 앞에 고개 숙이고 침묵하는 것도, 스승의 말씀을 그대로 되뇌는 것도 아니다. 그런 것이 아니라, 스승과의 '대화적 교류'를 통해, 지금까지도 그리고 지금부터 앞으로도 '그 이외의 누구에 의해서도 말해지는 일이 없는' 것을 말하기 위해 호출받는 일이다.

그렇다면 레비나스에게는 레비나스에게만 가능한 현상학의 이해방식이 있을 것이다. 그러한 '독특한 이해방식'을 발견하는 것이야말로 현상학자로서 그의 존재이유일 것이다. 그걸 위해서는 대화할 수밖에 없다. 레비나스는 그렇게 생각했다. 그러나 후설은 레비나스적 의미에서 대화를 추구하고 있지 않았다. 그러므로 그로부터 70년 가까이에 걸친 현상학 비판은 레비나스에 의해 인수된 그 '시작되지 않은 대화의 계속'인 것이다.

어떤 의미에서 레비나스의 현상학 비판은 후설과 만남의 순간에 이미 시작되었다고 말할 수 있다. 후설 현상학은 대화를 위한 학지는 아니었다. 레비나스가 그 이후의 저작에서 지적하는 현상학 비판은 모두이 '환멸'(*EL*, p.80)을 연원으로 한다.

6

'대화적인 지'라는 것에서 후설은 실패했다. 그러나 그것은 방법의 문제가 아니라 후설 개인의 문제에 불과한지도 모른다. 그럼 제2의 논건은 어떨까. 현상학이 '타자에의 회로'를 확보하고 있다는 것은 정말일까. 레비나스는 「에드문트 후설의 업적」에서 이 문제를 집중적으로 파고든다.

현상학 안에는 '타자'에 대한 '열림'의 계기가 확실히 존재한다. 지금까지 어떤 철학보다도 선명한 방식으로 타자와의 교통의 가능성이 검증되고 있다. '지향성Intentionalität'이라는 개념이 그것이다.

> 사유된 것은 사유의 안에 이데아적으로 현전한다. 사유가 자기와는 다른 것을 이데아적으로 함유하는 이 방식—그것이 지향성이다. 그것은 외재하는 대상이 의식과 관계를 갖는다는 것도, 의식 그 자체 안에서 완전히 서로 겹치는 두 심적 내용 사이에 관계가 성립된다는 것도 아니다. 지향성의 관계는 현실의 두 대상 사이의 관계가 전혀 아니다. 그것은 본질직으로 의미부여 행위인 것이나.(*EDE*, p.22.)

'사유가 자기와는 다른 것을 함유하는 방식'이란 어떠한 것인가. 그것이 레비나스에게 있어 평생의 주제였음을 우리는 알고 있다. 현상학은 그 기점에서는 '사유가 사유를 초월한 것을 함유하는 방식'을 탐구하는 학이었다. 그것이 왜 본질적인 곳에서 '타자'를 벗어난 것으로서 레비나스에 의해 물리쳐지는지, 이 논맥을 꼼꼼히 짚어볼 필요가 있다.

대상의 외재성은 '사유된 것'을 지향하는 사유에 대해 '사유된 것'이 외재한다고 하는 사태 그 자체를 표상한다. 그러한 방식으로 대상은 의미라고 하는 현상의 불가피한 계기가 된다. 후설의 경우, 대상이 있다는 것은 그 어떤 실재론의 표현이 아니다. 후설의 철학에서 대상은 어떤 의미를 지닌 사유의 구조 그 자체에 의해 규정된 것으로서 현출한다. 사유는 그것이 결정하는 어떤 동일성의 극을 지향하는 것이다. 후설이 초월이라는 이념을 만들어내기 위한 기점으로 삼은 것은, 대상의 실재성이 아니라 의미라는 관념이었던 것이다.(*EDE*, p.22.)

독자는 키워드인 '의미sens'가 프랑스어에서는 '방향'도 의미한다는 것을 염두에 두었으면 좋겠다. 프랑스어로 사고하는 지성에게 '그것이 의미를 갖는다'는 것과 '그 방향을 지향한다'는 것은 연상적으로 거의 불가분이다. '사유된 것'이 사유에 의해 '지향되는 것', 그것이 '의미'의 본질이다.

후설 현상학에서 가장 풍부한 통견은 '대상이라는 관념보다 의미라는 관념에 우위성을 부여한 것'(*EDE*, p.23)이라고 레비나스는 말한다. 왜냐하면 그때 현상학은 '의미를 갖는다'가 '대상으로서 충전적充全的으로(adäquat, '충실하고 온전하게'를 뜻하는 후설의 용어―역자) 파악할 수 없는 것', 즉 '타자'에 대한 엄밀한 학이 될 수 있는 가능성을 배태하기 때문이다.

욕망이나 감정이라는 지향은―욕망이나 감정인 한―독자적 의미를 갖고 있으며, 그것은 협의에서의 대상적 의미가 아니다. 사유는 하나의 의미를 가질 수 있다. 즉 무언가가 절대적으로 비규정적이며, 거의 대상의 부재와 동등한 경우조차도 그 무언가를 지향할 수 있다는 사고 방식을 철학에 도입한 것은 후설이다.(*EDE*, p.24.)

'절대적으로 비규정적'이며, '거의 대상의 부재와 동등한' 무언가에 대해 적법하게 말하는 것은 가능한가. 이 물음을 후일 레비나스는 『관념에 도래하는 신에 대하여』에서 집중적으로 논했다. 그 책의 서두에 레비나스는 이렇게 쓰고 있다.

'신'이라는 말이 의미할 절대성을 훼손하는 일 없이, '신'에 대해 적법하게 말하는 것은 가능할까. '신'에 대해 의식을 갖는다는 것은 대상을 동화흡수하는 지의 안에, 즉 학습이나 파악이라는 경험의 양태들 안에 '신'을 포섭하는 것이 되지 않을까. (……) 미지의 것인 절대적인 것을 '기지'에 환원하는 일이 없는 '다른 사유pensée autre'란, 동화흡수도 통합도 아닌 사유란, 어떠한 것일 수 있을까.(*DDQV*, p.8.)

'신'은 특히나 의식이 포섭힐 수 없는 것이다. 그것이 '무엇'인지를 우리는 충실하게 그리고 명증하게 말할 수 없다. 그럼에도 불구하고 '신'은 의미를 지니고 있다.

'신'이라는 말이 무언가를 의미할 수 있다, 혹은 실지로 의미하고 있다. 그런 현상학적인 구체적 양상이 존재한다는 것, 이것은 확실하다.(*DDQV*, p.5.)

무언가가 의미를 갖는 한, 그 의미가 나타나는 방식의 구체적 양상에 대한 고찰은 현상학으로서 성립된다. 그러므로 레비나스는 『관념에 도래하는 신에 대하여』의 구상을 이렇게 요약한다.

> 우리가 이하에서 시도하는 것은 이와 같은 '신의 존재 모습'의 현상학적 '사황' 및 그러한 사황의 실정實定적 연관을 기술하는 것, 즉 추상적으로 말해져온 것을 구체적으로 '무대에서의 연출'로 기술하는 것, 이것이다.(*DDQV*, p.5.)

우리는 여기서 다시금 '무대'의 비유를 만났다. '신과의 만남'은 하나의 극적 사황이다. 그것은 일상적인 경험적 현실의 장에서는 일어나지 않는다. 그것은 '무대' 위에서밖에 일어나지 않는다. 그렇다고 해서 회의론자처럼 '신과의 만남 같은 건 합판으로 만든 무대장치 앞에서의, 꾸며낸 대사 같은 데밖에 없다'고 물리치는 것도 잘못이다. 왜냐하면 '무대'를 보는 관객에게는 '신이라는 말이 실지로 무언가를 의미하고 있'기 때문이다. 어떤 말이 '무대 위'에서 생생한 의미를 갖는 이상, 그 의미가 어떤 방식으로 주어졌는가를 '연출가'가 음미해보려는 것은 당연한 일이다.

하여간 그 시도의 성공여부에 대해 레비나스는 '신의 현상학'이 있을 수 있으며, 있어야 한다고 생각했다. '미지인 절대적인 것'을 기지로 환원하는 일이 없는 '다른 사유', '동화흡수도 통합도 아닌 사유', 그런 것이 있을 수 있다고 생각한 것이다.

이때 후설은 '절대적으로 비규정적'이며 '거의 대상의 부재와 동등한' 무언가를 '지향하는' 작용을, '본다' 및 '잡는다'고 하는 동사에 의탁했다. 레비나스는 '의미는 있지만, 볼 수도 잡을 수도 없는 것'을 여전히 '지향하는' 일이 현상학의 진면목이라고 생각한 것이다. 이 동사 선택에서의 근소한 차이가 이윽고 양자를 결정적으로 갈라놓는다.

7

대상을 설정하는 행위—대상화작용—는 동일화에 의한 종합작용이다. 이 종합작용에 의해 모든 정신활동은 표상성을 띤다. 혹은 이렇게 바꿔 말하자. 후설은 종합작용이라는 것으로, 궁극적으로는 표상이라는 개념 그 자체를 규정하는 것이다. 표상은 행동이나 감정에 대치되는 개념이 아니다. 표상은 그것들에 선행한다.(*EDE*, p.22.)

'표상' 혹은 '재현전화représentation'의 선행성, 이것이 후설에게 고유한 경향이라고 레비나스는 생각했다. 좀 서둘러 말하자면, '표상의 선행성'이란 '시각의 우위성'이라는 뜻이다. '표상'이라는 개념은 아무리 엄밀한 정의를 시도하더라도 '관조theoria'라는 '광학적 함의'에서 벗어날 수 없다. 그러나 현상학의 본래 내상은 결코 '표상적인 것'에 한정되지 않을 거라고 레비나스는 생각한다.

지향성은 어떤 표상적 사유의 전유물은 아니다. 모든 감각은 감각된 것에 대한 감각이며, 모든 욕망은 욕망된 것에 대한 욕망이다. 이러한 경우, 지향되는 것은 관조된 대상은 아니다. 감각된 것, 희구된 것, 욕망된 것, 그것들은 사물이 아니다.(*EDE*, p.22)

의식이 지향하는 것은 '관조된 대상objet contemplé'만이 아니다. 지향성이라는 작용은 단순히 '표상하는 사유'와 '관조된 대상' 사이에만 생기는 사황이 아니다. '표상하지 않는 사유'와 '비-관조적 대상' 사이에 생기하는 지향성의 경험도 있는 것이다. 그러나 후설은 그러한 가능성을 충분하게 음미하지 않는 것이 아닌가 하고 레비나스는 묻는다.

> 그런데 후설에 있어서는, 우리가 지금 정의한 것 같은 의미에서의 표상이 언제나 지향의 기초에, 비-관조적 지향의 기초에조차, 위치하는 것이다. (······) 어쨌든 표상이 지향성에서 어떤 우월적 역할을 하는 것은 사실이다.(*EDE*, p.22.)

표상의 우월성은 '명증'이라는 개념에 뚜렷이 나타난다.

> 동일시의 과정은 무한할 수 있다. 그러나 그 과정은 명증을 통해, 즉 대상 그 자체가 의식에 현전하는 것을 통해 완료된다. 명증은 어떤 의미에서 동일시의 동경憧憬을 실현하고 있다. 명증에서 사유의 의미는 이해=포함compris되는 것이다.(*EDE*, p.24.)

대상은 그때그때의 '노에마적' 양태에 따라서 우리에게 주어지지만, 그럼에도 불구하고 그것이 동일한 대상이라는 것은 직관되고 있다. 이 직관은 '대상 그 자체가 의식에 현전함' 즉 명증évidence으로서 성취된다고 후설은 말한다.

> 다른 의식양식이 아프리오리하게 공허하며, 예기豫期적, 간접적, 비

본래적일 수 있는 데 비해, 명증은 거기에 있어서 사물, 사태, 보편성, 가치 등이 그 자신 거기에 있으며, 직접적으로 직관되고 있으며, 근원적으로 주어져 있다고 하는 궁극적 양태에서 자기를 나타내고, 자기 자신을 제시하고, 자기 자신을 부여하는 완전히 탁월한 의식양식인 것이다. (『데카르트적 성찰』, 239쪽.)

대상이 그 궁극적 양태에서 의식에 현전하는 양식, 그것이 명증이다. 그런 한에서는 흠잡을 수 없는 정의인 것처럼 생각되지만, 레비나스는 후설의 명증 관념이 일관되게 빛의 비유를 가지고 말해지는 것에 갑갑함을 느낀다.

> 모든 지향의 기초에는—정동적 지향이든 관계적 지향이든—표상이 있다. 이 말은 정신활동의 전체를 빛을 모델로 해서 구상한다는 것이다. (……) 밝음의 기적이야말로 사유의 기적 그 자체이다. 대상과 주체의 관계는 단순히 주체에 대한 대상의 현전이 아니라, 주체에 의한 대상의 이해=포함compréhension, 즉 지견intellection이다. 그리고 이 시선이야말로 명증인 것이다. 후설의 지향성 이론은 그의 명증이론과 깊이 결부되어 있으며, 궁극적으로는 정신과 지견을 동일시하는 것, 지견과 빛을 동일시하는 것에 존재하고 있다.(*EDE*, p.24.)

레비나스는 다그치듯이 후설 현상학에서의 '빛의 우위성'을 추궁한다. '표상'과 '명증'과 '지견', 그것들 모두 '빛 속에서 대상을 빠짐없이 간파'하는 것을 진리체험의 모델로 삼는다. 하지만 '빛 속에서 대상을 빠짐없이 간파'하는 것이 유일한 진리체험이라는 것은 그만큼 자명한 일인 것일까. 레비나스는 이 '광학적 편향'에 강한 위화감을 느낀다. 그러나 왜 레비나스는 '명증'이라는 개념에 그렇게까지 위화감을 느끼는가. 레비나스는 그 이유를 이렇게 설명한다.

> 사물은 결코 모조리 다 알아낼 수 없다. 사물지각의 특징은 그것이 본질적으로 충전하게 상응하지 않는다(inadéquad)는 데에 있다.(PH, p.45.)

주체가 대상을 향하는 것은 반드시 그 의미를 완벽히 간파하기 위한 것은 아니다. 그것을 완전한 명증 안에 남김없이 간파하기 위한 것은 아니다. 그런 게 아니라, '완벽히 간파할 수 없는' 대상을 주체가 여전히 '지향하고 있다'고 하는 사황 그 자체가 주체를 주체이게 하고, 대상을 대상이게 한다고 레비나스는 생각한다. 왜 후설은 '완취된다'는 것을 (성취 불능임을 알고 있었음에도) 여전히 '이상'으로서, '궁극의 모델'로서 제시하는가.

> 대상이라는 이념 그 자체의 기원은 주체의 구체적인 생 안에 있다. 주체란 대상에 다다르기 위해 인식이라는 다리를 걸치는 일을 의무로 하는 실체를 말하는 것이 아니다. 대상에 얼굴을 마주 향하고 있다는 것 présence en face de l'objet 안에 주체성의 비밀은 존재하는 것이다. 그러므로 사물의 나타남의 양태들은 인식이라는 과정을 거쳐 사후적으로 존재하는 사물에 부여된 특성이 아니라, 그 양태들이 사물 그 자체를 구성하는 것이다.(PH, pp.49~50.)

보통 우리는 '대상'과 '사물'을 간단히 동일시해버린다. '지향되는 것' 그것이 '사물'이라고. 바로 그렇기 때문에 '명증'에서의 충전적·일망부감적인 대상파악, 빛 안에서 빠짐없이 대상을 인식한다'는 식의 표현에 그다지 저항을 느끼지 않는 것이다.

그렇지만 레비나스는 그러한 발상에 강한 위화감을 느낀다. 그것은 아마도 레비나스가 후설이 거의 상상한 적이 없는 것을 '대상'으로 상정했기 때문이다. 그것은 '사랑받는 사람'과 '책'이다. '사랑받는 사람'도 '책'도 관조적 접근에는 잘 맞지 않는 비-관조적 지향 대상이다.

'사랑한다'는 행위는 틀림없이 어떤 의미를 갖고 있다. 그렇지만 이것은 한편에 독립적으로 '사랑하는 감정'이 있고, 다른 한편에 독립적으로 '사랑하는 대상'이 있으며, 그것에 충실하게 상응해서 대응했기 때문에 성취되었다는 식의 것은 아니다. '사랑받는 대상'은 '사랑하는 감정'이라는 지향적 정서 안에만 존립하는 것이며, 그곳 이외의 어디에도 존재하지 않는다.

> 사랑받는 대상의 고유성은 바로 사랑의 지향 안에 주어진다고 하는 것에 있다. 이 지향은 순수하게 관조적인 표상으로는 환원 불가능하다.(*PH*, p.75.)

마찬가지로 '책'도 또한 일개의 대상인데, 그것이 잠재적으로 간직하는 의미를 충전적·일망부감적인 시선으로 인식한다는 것은 거의 상상할 수 없다.

예컨대 한 권의 책의 존재는 몇 가지의 물리적 특성의 완화로서,

우리의 눈앞에 여실히 존재한다는 사실로는 환원할 수 없다. 책의 존재를 특징짓는 것은 그 실천적, 사용적 성격이다. 그것은 한 개의 돌과는 전혀 다른 방식으로 우리에게 주어진다.(PH, p.75.)

'한 권의 책'을 '집'이나 '책상' 같은 '물건'으로서 파악하는 한, 그것은 관조적 대상이다. 표지는 이런 색, 뒷표지는 이런 장정, 본문의 활자조합은 이것저것 …… 그러한 표상적 수준에서는 '한 권의 책'을 명증적으로 직관하는 일이 가능할 것이다. 그러나 그것은 책을 '보는' 것이지 '읽는' 것은 아니다.

'한 권의 책'의 '의미'는 그것을 '읽음'에서 생겨난다. 책의 의미는 읽는 사람이 거기서 새로운 의미를 찾아내는 한, 그 끝이 있을 수 없다. 그것이 책의 '실천적, 사용적' 성격이다. 주체가 그 대상에 어떻게 관련하며, 어떻게 '사용하는가'에 따라 대상의 의미에 끝이 없는 거라면, 그 대상을 충전적·명증적으로 파악한다는 것은 불가능한 꿈이다.

이 '책의 표상 불능성'이라는 고상은 레비나스가 슈샤니 옹으로부터 배운 가르침 중 가장 뿌리깊은 것 중 하나이다. 레비나스는 책에 대한 스승의 가르침을 이렇게 요약한다.

의식보다도 내재성보다도 깊은 것, 그것이 책입니다.(EL, p.130.)

책의 본질은 그것이 이러이러한 표상적 외관을 가지고 있다는 데에도, 일정한 정보를 포함하고 있다는 데에도 존재하지 않는다. 책의 본질은 '그것이 포섭하는 이상으로 포섭한다고 하는 특권'(AV, p.135) 안에 있다.

후설은 그러한 것을 지향적 대상으로서 취급하려 하지는 않았다. 후설이 지향성의 대상으로 실례를 드는 것은 예컨대 '사과나무'나 '주사위'이다.

물론 우리는 일종의 지향적 정서('그리움'이나 '희망' 같은 것) 안에서 사과나무를 볼 수도 있을 것이다. 그리고 주사위는 분명 우리에게 최대한 3면밖에 보여주지 않고, 나머지 3면은 표상적으로 직접 주어지지 않는다. 그러나 그렇다고 해서 사과나무나 주사위를 '사랑받는 사람'이나 '책'과 지향적 대상으로서 같은 카테고리에 넣는 것이 가능할까.

'사과나무'는 우리가 그것에 대해 아무런 지향적 정서를 갖지 않는 경우라도, 관조적 표상으로서의 동일성에는 거의 변화가 없다. 그러나 '사랑받는 사람'은 우리가 '사랑받는 감정'을 잃은 후에는 더 이상 존재하지 않는다. 거기에 있는 것은 같은 이름, 같은 신분을 갖는 '딴사람'이다. 우리의 눈은 '주사위'를 최대한 3면밖에 볼 수 없다. 표상적으로 '주사위'는 충실하게 주어지지 않는다. 그러나 우리는 6면을 '직관'할 수 있다. 그러나 읽는 사람이 바뀔 때마다 개시하는 의미를 시시각각 바꾸어가는 '책'이 가질 수 있는 모든 독해 가능성을, 우리는 '주사위의 보이지 않는 3면'과 마찬가지 방식으로 '직관'한다고 말할 수 있을까. 어떤 텍스트에 대해, 나의 독해 이외에 다양한 미지의 독해 가능성이 있음은 예기되고 있지만, 그것을 내가 자신의 것 이외의 독해의 모든 독해 가능성을 직관한다는 식으로 말할 수 있을까.

후설은 대상이 단순히 상기적으로 사념되어 있을 뿐인 '공허한 지향'과, 대상이 생생하게 지각되는 '충실한 지향'을 구별한다. 대상의 인식은 '공허한 지향'이 직관적 지향에 의해 점차로 '충실'하게 되어, 마침내 대상이 '그 스스로 주어지는' 방식으로 충실증명에서 파악되는 상태에 이르는 일련의 과정으로서 이해되고 있다. 그러나 지금 살펴보았듯이, '공허한 지향'과 '충실한 지향' 같은 차별화는 '사랑받는' 대상이나 '읽는' 대상에 대해서는 적용이 어렵다.

우리는 사람을 사랑할 때에 '상기하는 식으로' 사랑한다든지, '충실-명증하게' 사랑한다든지 하지는 않기 때문이다. 사랑이라는 정서에는 분명 깊고 얕음의 차가 있지만, 그것은 대상을 보다 명증적으로 표상하느냐와 같은 화질의 선명도와는 아무 상관이 없다. 마찬가지로 한 권의 책이 '그 스스로 주어져오는 것 같은 방식으로' 충전-명증적으로 그 의미의 전부를 개시하는 일은 일어날 수 없다.

후설의 현상학은 '본다'는 사례에 입각해 대상인식을 논한다. 그에 비해 레비나스는 '본다'는 동작으로는 그 관계를 거의 기술할 수 없는 대상을 현상학적 고찰의 주제로 삼는다.

'타자'나 '책'은 관조적 지향대상은 아니다. 그럼에도 불구하고 우리는 그것을 '지향'할 수 있다. '지향'할 수 있는 한, 그러한 영위는 반드시 '현상학'으로서 기술할 수 있을 것이다. '사랑의 현상학', '텍스트의 현상학'이 있을 수 있다. 그것이야말로 레비나스가 제자로서 후설 현상학에 가필하고 싶었던 부분이다.

8

관조가 후설에게 아무리 특별한 위신을 가지고 있었더라도, 세계의 존재의 원천인 구체적인 생은 단순한 관조가 아니다. (*PH*, p.75.)

레비나스의 '비-관조적 현상학'은 '빛'이 아니라 '의미'에 초점을 둠으로써 현상학의 쇄신을 시도한 것이다.

구체적인 생의 의미는 관조나 표상으로는 다 퍼낼 수가 없다. 레비나스는 관조에 기운 '직관작용acte intuitif'에 '의미작용acte significatif'을 대치시킨다.

'직관작용'이란 '그 대상에 도달하는 것atteindre son objet'이지만, '의미작용'에서는 '대상이 보이지 않고, 만져지지 않고, 다만 대상은 지향될on le vise'뿐인 것이다.(PH, p.102.)

'지향한다viser'는 동사로부터 우리는 '목표를 향하고 있으나 도달해 있지 않다'고 하는 '부달성不達成', 피아彼我의 '현격懸隔'이라는 함의를 길어내지 않으면 안 된다.(레비나스의 '얼굴visage'이라는 개념은 이 '지향한다'는 동사가 명사화된 것이며, 다음 장에서 논하게 될 '애무' 또한 그 유개념이다.)

> 직관작용은 그 대상에 도달하고, 의미작용은 대상을 지향할 뿐이다. 이 차이는 단순한 밝기의 정도차는 아니며, 행위의 명시성의 차도 아니다. (……) 무언가를 지향한다는 것과 무언가에 도달한다는 것은 전혀 다른 것이다. 의미작용적인 지향은 그 대상의 아무것도 소유하지 않는다. 그것은 대상을 사유할 뿐이다.(PH, p.103.)

'지향한다'는 행위는 시각이나 촉각('본다', '파악한다')과는 다른 감각을 통해 작용한다. 그것은 특별히 무슨 별종의 지각을 말하는 것은 아니다. '지향한다'란 무엇보다도 '대화'라고 하는 양태에서 대상과 서로 마주하는 그런 경험인 것이다.

의미작용이란 일상회화conversation courante라는 것이다. 예컨대 우리가 화상이나 지각을 갖고 있지 않은 경우, 우리는 단지 대상을 지향한다는 행위에 스스로를 한정시키고 있다. 그렇지만 우리는 자신을 향해 무엇이 말해지는지, 자신이 무엇을 말하는지를 잘 분별하고 있다.(PH, p.102.)

우리는 여기서 좀 전에 후설에게 결여되어 있다고 지적했던 그 '대화'를 다시금 만나게 된다. '대화'에서는 보이지 않고, 파악되지 않고, 관조되지 않고, 빛 안에서 빠짐없이 간파될 수 없는 것이 음성의 상태로 우리의 의식에 현전한다.

말이라고 하는 지향은 반드시 영상적 성성이나 지각의 경우처럼 대상이 직접적으로 보여지는 것은 아니다. 말이 의미를 갖기 위해서는 그저 대상이 지향되는 것만으로 충분한 것이다.(PH, p.102.)

프랑스어의 동사 regarder에는 '응시한다'와 '관련한다'는 두 개의 의미가 있다. 그러므로 '얼굴을 본다는 것/관련한다는 것regarder le vasage'은 굳이 모순적 표현을 범하자면, '보는' 것이 아니라 '말을 걸고, 알아듣는 것'이다.

말해진 것, 전달된 내용은 얼굴과 얼굴을 마주하는 관련방식을 통해서만 전해진다. 이 관련에서 타자는 인식되기에 앞서 우선 대화자로서 거기에 있다. 눈길을 응시한다. 눈길을 응시한다는 것은 몸을 포기하지 않는 것, 몸을 맡기지 않는 것, 그럼에도 불구하고 이쪽을 지향하는 것을 응시하는 것regarder ce qui vous vise이다. 이것이 '얼굴을 보는 것'이다.(*DL*, p.21.)

'얼굴'이란 '지향되는 것le visé'이며 또한 '이쪽을 돌아보는 것ce qui vou vise'이다. '얼굴'은 시각적·관조적인 능동작용의 대상은 아니다. 그것은 무엇보다도 우선 청각적 경험, 즉 '말을 걸고, 알아듣는' 일이다.

얼굴은 포섭되는 것을 거부하는 것 안에 현전한다. 그런 의미에서 얼굴은 이해 불능, 포섭 불능이다. 얼굴은 보여지는 일도, 만져지는 일도 없다. 왜냐하면 시각적 혹은 감각적 기관을 통해서는 자아의 동일성이 대상의 타자성을 감싸안고, 그야말로 자아의 동일성에 포섭되어버리기 때문이다.(*TI*, p.168.)

'시선은 죽이고, 노래는 살린다.' 이것은 모리스 블랑쇼가 사랑한 오르페우스 이야기의 주제이다. 관조적 지향삭용의 근본적 난점은 그것이 무언가를 '죽인다'고 하는 점에 존재한다.

후설은 진리와 이성의 1차적 현상을 탐구하고, 직관에서 그것을 찾아냈다. 직관이란 존재자에 도달하는 지향성을 말한다. 즉 그는 모든 이성적 언명의 최종적 원천인 '보는 것'에서 그것을 찾아낸 것이다.(*PH*, pp.134~135.)

후설의 주지주의, 그것은 현실과 직면했을 때 최초의 근원적 태도란 아무것에도 얽매이지 않는 태도, 즉 순수한 관조, 사물을 '단순히 사물'로서 응시하는 관조라는 입장을 가리킨다.(*PH*, p.184.)

'본다'는 것, '파악한다'는 것, 그것이 '빛'의 비유로 진리의 현현을 말하는 철학에서의 의식에 대한 근원적 태도이다. 그러한 태도에 대해 『전체성과 무한』에서 레비나스는 '권력'이라는 격렬한 표현을 사용한다.

> 존재자들로의 접근은 그것이 시각을 참조틀로 삼는 것인 한, 이 존재자들을 지배하고 그 위에 권력을 휘두르게 된다.(*TI*, p.168.)

'보는 일'이 곧바로 주체의 권력에 결부되는 발상은 좀 당돌한 감이 없지 않지만, 이 연상은 레비나스에게는 강한 필요성이 있는 것이다. 주체가 대상을 '본다'고 하는 관조적 태도로 임하는 것만으로는 구체적인 생의 두께를 놓치게 된다고 레비나스는 생각한다.

> 후설에게 있는 것은 생에 대한 반성이다. 물론 생은 그 충일성, 구체성에서 고찰되지만, 그러나 이 생은 고찰되는 것이지 이미 살게 되는 것은 아니다. 이 반성은 생 그 자체와 너무나 괴리되어 있으며, 생이 인간의 운명이나 그 형이상학적 본질과 어떻게 관련하고 있는지는 보이지 않는다.(*PH*, p.203.)

9

비분절적인 대상, 포섭할 수 없는 대상과의 생생한 교통은 '보기'가 아니라 '듣기', '말하기'에 의해 비로소 성취된다. 이 확신을 기초지우는 것은 의심할 것 없이 유대교이다.

우리는 앞에서 지향성의 경험에서 레비나스가 '사랑받는 사람'과 '책'을 지향적 대상의 예로 들었음을 지적했다. 여기서 종교적 연상을 찾아내는 것은 어려운 일이 아니다. 마찬가지로 '보기에 대한 듣기의 우선성'도 또한 지극히 유대교적인 발상이다. 유대교에서는 '보이지 않는, 그러나 들리는' 것이 최고의 타자인 주主의 나타남의 양태를 특징짓기 때문이다.

『성서』에서 주는 족장들이나 예언자들에게 거듭 현전한다. 그러나 그 현전은 거의 항상 '들리지만 보이지는 않는다'는 양태를 취한다. 그들에게 현전하는 것은 '주의 말씀'이지, '모습'은 아니다. 사람에게 신의 모습은 결코 직접적으로 시각적으로 현전하는 일이 없다. 왜냐하면 '그대는 나의 얼굴을 볼 수 없다. 사람은 나의 얼굴을 보고 여전히 살아 있을 수 없기 때문이다.' (『출애굽기』 33장 20절.)

나타남의 양태는 '무지개'이며, '구름'이며, '환영 속'이며, '꿈 속'이며, '하늘의 천사를 매개로'이며, 혹은 야곱처럼 밤의 어둠 속에서이다. 모세에게 임재할 때 신은 '불타는 섶'에서 말을 거는데, '모세는 신을 우러러보기를 두려워하여 얼굴을 숨겼'(『출애굽기』 3장 6절)고, 요나는 '신의 얼굴을 피해 달아났'으며, 에제키엘은 주의 영광을 보고 엎드렸고, 엘리야는 주의 음성을 듣자 '곧바로 외투로 얼굴을 덮었다.'

유대의 백성은 신을 보는 것이 금지되었을 뿐 아니라, 신의 상을 만드는 것도 금지되고 있다. 신이 모세에게 '그대는 자신을 위해 우상을 만들어서는 안 된다'는 계율을 주었기 때문이다.

신을 표상해서는 안 된다. '자신을 위해' 우상을 만든다는 것은 시각을 중심으로 해서 세계를 질서지우는 것이다. 초월자를 눈으로 보고 손으로 만질 수 있는 것으로 왜소화해서는 안 된다. 이것이 유대교가 금기로 삼은 것이다.

신을 시각적으로 표상하는 것은 이토록 엄한 금기가 되는 데 비해, 신을 청각적으로 표상하는 것에 대해서는 훨씬 더 관용적이다. '주의 이름'인 테트라그람tetragram(네글자 말)YHVH을 유대교에서는 '아도나이Adonai', '엘로힘Elohim', '하솀Hashem'과 같은 비성음非聖音으로 바꾸어 말해, 신을 직접 지칭하는 것을 삼간다. 그러나 테트라그람은 제2신전이 붕괴되기 전까지는 해마다 한 번 대속죄일에 신전 안에서 대제사장大祭司에 의해서만, 조건부로 똑바로 발성되고 있었다.

신의 모습을 조형적으로 본뜨는 것은 신의 타자성을 크게 손상시킬 것이다. 그러나 신을 향해 그 이름으로 말거는 일은 '신이라는 말이 의미할 절대성을 훼손하는 일'이 없는 것이다. 왜냐하면 '신의 이름'은 신 '에 대해서' 말하기 위한 도구가 아니라, 신 '을 향해서à-Dieu' 말걸기 위한 커뮤니케이션의 통로이기 때문이다.

음성은 무한의 타자성을 향해 열리고, 표상은 타자를 하나의 전체성 안에 가둔다. 음성은 무한을 향해 확장되고, 표상은 전체성에 수렴된다. 유대교적 사고는 그러한 청각/시각의 근원적인 지향적 차이를 날카롭게 자각한다.

율법(토라)은 본래 '구전'된 것이며, 필기하는 것이 허용되지 않았다. 구전의 산실을 두려워해 미쉬나가 편찬된 후에도 탈무드의 해석은 구전으로 전승되는 것이 원칙이었다. 레비나스의 스승인 슈샤니는 결코 텍스트를 '보지 않음'으로써 제자의 숭경을 얻어냈다.

히브리어 알파벳의 제1자모 알레프aleph는 성문聲門을 급격하게 닫았을 때 발음되는 소리다. 알레프는 지금부터 발성하고자 하는 발성기관의 긴장 그 자체이며, 특수한 음성학적 훈련을 받지 않은 사람에게는 발음할 수도 청취할 수도 없다. 즉 알레프는 '음의 예조豫兆', 개념뿐 아니라 물리적 음성에서조차 선행하는 '순수음'인 것이다. 우리는 눈을 감으면 눈앞의 상을 보지 않을 수 있다. 그러나 음성조차도 아닌 음성, 음성이 도래하는 조짐은 거부할 수 없다. 알레프라는 음은 아마도 '타자의 도래' 그 자체의 비유인 것이다.

생각나는 대로 열거해도, 우리는 유대교에서 음성을 표상보다 근원적인 지향적 차원으로 간주하는 예증을 얼마든지 들 수 있다. 그렇지만 그러한 예거는 우선 계통적인 것이 되지는 못한다. 따라서 마지막으로 하나만 성서에서 상징적 성구를 인용하고 매듭지어 두기로 하자.

그때 신이 '빛이 있으라' 하고 말씀하셨다. 그러자 빛이 생겨났다.(『창세기』 1장 3절.)

빛보다 먼저 소리가 있다. 소리야말로 빛의 기원이다. 이런 고상은 성서의 가장 오래된 가르침 중 하나였던 것이다.

10

인간들은 신을 규정하고, 포섭하고, 파악하고, 소유할 수 없으며, 해서도 안 된다. 그럼에도 불구하고, 신은 인간들에게 의미를 갖고 인간은 '신을 지향할' 수 있다. 신에 대한 인간의 이러한 자세를 레비나스는 '신의 품으로à-Dieu'라는 말로 표현하려 한다.

신과 내가 대면하고 있고, 그 사이에 성립 가능한 관계로서 몇 가지의 선택지가 있으며, 그중에서 내가 '신을 지향하는 것'을 결단한 다든지, '신을 두려워하는' 의식을 택한다든지 하는 그런 나의 능동성을 이 술어가 의미하는 것은 아니다. '신으로부터의 말걸음'은 아브라함이 그러했듯이, 기피할 수 없는 방식으로 나를 소환하기 때문이다.

> 절대적으로 이타異他적인 것, 타인 자, 표상 불능인 것, 파악 불능인 것, 즉 '무한'―그것에 대해 나는 무관심으로 있을 수 없다―그것이 나를, 인간이라는 존재자가 나타나는 표상형식을 찢어놓으면서 소환한다. 그리고 타자의 얼굴을 통해, 어떤 달아날 구멍도 허용하지 않고 나를 유일무이한 선택받은 자로 지명하는 것이다.(*DDQV*, p.264.)

이것이 '신의 품으로'라는 사항이다. 신의 임재는 표상되지 않는다. 그러나 그것은 인간의 무능의 징표는 아니다. 신의 명령은 저항할 수 없기 때문에, 인간들은 두려워하며 그것에 따라야만 한다, 그렇게 계율이 가르치는 것은 아니다. 그게 아니라, 표상할 수 없는 것의 말을 청취할 수 있다는 가능성 안에 인간의 인간성은 존재한다, 이렇게 가르치는 것이다.

> '모든 것은 신의 손 안에 있다. 신을 두려워하는 마음을 제외하고는'이라고 라브 하나나는 말했다고 탈무드의 오래된 한 절은 전하고 있다.(「베라콧트편」 33B) 왜냐하면 신을 두려워하는 것은 인간의 일이기 때

문이다.(*DDQV*, p.265.)

전능이어야 할 신에게도 안 되는 일이 있다. 하나는 '신을 두려워하는 일'이며, 하나는 '인간이 범한 죄를 취소하는 것'이다. 이 두 가지는 인간만이 짊어질 수 있는 책무이다. 바로 그 책무를 감당하기 위해서, 인간은 신의 소환에 대해 '나는 여기에 있습니다Me voici'라고 응답하는 것이다.

인간이 할 일은 신의 모습을 충분하게 표상하는 것도, 신에 대한 지향을 충실케 하는 것도, 신의 말의 완전한 뜻을 해명하는 것도 아니다. 그런 게 아니라, 인간이 할 일은 신으로부터 도래하는 말의 '의미'를 자신의 유일무이성에서 받아들이는 것이다.

> 그것은 그 지를 사신使信으로서 전하는 사람이 동시에 사신 그 자체인 그런 지입니다. 그러니까 걸려오는 말을 듣는다는 것은 사실상 말하는 자에 대한 책무를 받아들인다는 것입니다.(*QLT*, pp.104~105.)

신의 부름은 '나'를 곧바로 '다른 사람'에게로 향하게 한다. '신의 소리를 듣는다'는 것은 신비주의자가 생각하는 그런 법열法悅적, 환각적 경험이 아니다. 그것은 나를 인간의 세계에, 나 이외의 누구에 의해서도 대체할 수 없는 자로서, 구체적으로 위치지운다.

마치 스승에게 모든 제자가 그 학지의 완성에서 필요한 '둘도 없는 자'인 것처럼, 신에게 나는 인간들 중의 둘도 없는 자로서 지명되는 것이다. 그러므로 신의 소환은 나를 곧바로 '다른 사람'에게로 향하게 한다.

신의 부름을 통해 나는 다른 사람에게로, 이웃에게로 향하게 된다. 왜냐하면 이 호소는 다른 사람을 매개로 해서만 의미를 갖기 때문이다. 내가 두려워하지 않으면 안 되는 것은 이웃을 위함이기 때문이다.(*QLT*, p.265.)

'신의 소환에 응하는 것', '신을 두려워하는 것', '신의 품으로 향하는 것', 그것은 인간에게 표상하는 힘의 한계를 인식하고 파악하는 능력의 부족을 가르친다. 그러나 그것은 인간에게 자신의 불능을 절감케 하고, 무력감 속에 빠트리기 위한 것은 아니다. 그런 게 아니라, 그 수동성이야말로 '의미'를 추구하는 인간의 주체성을 기초지우는 것이다. 나만이 담당할 수 있고 나 이외의 누구도 나를 대신해 받아들일 수 없는 그런 책무를 담당한다는 방식으로, 나의 유일무이성, 나의 자기동일성은 기초지워진다.

나의 주체성은 '내가 나라는 것의 자명성'도, '내가 존재하는 것을 충전적이고 명증적으로 경험하는 것'도 아니며, '다른 사람에 대한, 대체 불능한 책무의 인수'에 의해 기초지워진다. 그때 비로소 '죽음보다도 정의가 행해지지 않음을 두려워하고, 부정의를 범하기보다는 부정의의 희생자가 되기를 선택하고, 존재를 확실히 하기보다도 존재를 정당한 것으로 만들기를 선택하는 사람의 가능성'(*QLT*, p.265)이 우리들 앞에 열리는 것이다.

11

어느 사이엔가 우리는 현상학이 '타자에로의 회로'를 어떻게 확보하고자 했는가, 그리고 그 어디에서 레비나스는 한계를 보았는가라는 제2의 논건에 상당히 깊이 들어와버렸다.

이미 살펴본 대로 현상학은 그 출발점에서는 '타자의 미지성'의 양태에 대해 엄밀한 기술을 꿈꾼 학지였다. 레비나스도 그 점을 인정한다. 레비나스가 후설에 대해서 쓴 아마도 마지막 글 「바깥의 주체」(1987)에서도 레비나스는 그 점을 강조한다.

> 분명히 모든 의식은 바로 그 의식 자체에 대한 의식이지만, 그와 동시에 그 의식이란 타(他)인 어떤 것, 의식의 지향적 상관자, 사유된 것에 대한 의식이기도 하다. 어떤 사유된 것을 의식하는 사유에서 사유된 것, 즉 대상은 그 사유에 고유한 것이기는 하지만, '같은 재질로' 되어 있는 것은 아니다. 사유가 사유에 현전하는 무언가, 이 사유의 살아진 경험과는 전혀 다른 무언가에 대해 열려 있다는 것. 후설은 이 지향성의 환원 불가능성을 강조한 것이다. (*HS*, p.226.)

'사유가 사유에 현전하는 타인 자에 열려 있다는 것'을 레비나스는 지향성이라는 개념이 포함하는 가장 알찬 고상이라고 평가했다. 현상학은 타인 자로 통하는 회로를 분명히 확보했다. 그럼에도 불구하고 현상학은 무언가를 결여하고 있었다.

> 타자의 미지성—그 '나' 에게로의 환원 불가능성, 즉, 나의 사고, 나의 소유에로의 환원 불가능성—은, 바로 나의 자발성의 심문으로서, 즉 윤리로서 성취된다. (*TI*, p.13.)

현상학은 분명 '타자의 미지성'을 인정하고, 그것을 향한 회로에 대해 탐구한 학이었다. 그럼에도 불구하고 그것이 '윤리로서' 성취되지 않았던 것은 왜인가. 그 이유를 레비나스는 다음과 같이 말한다.

> 가치라고 하는 성격은 일종의 지의 변환조작에 의해 사후적으로 존재자들에게 부여되는 그런 것이 아닙니다. 그런 게 아니라, 의식의 어떤 고유한 태도로부터 유래하는 것입니다. 인식으로는 환원될 수 없는 비-관조적인 지향성으로부터 유래하는 것입니다. 거기에 후설의 가능성이 있었습니다. 그것을 후설 자신이 윤리문제나 타자문제에 대해 말한 것을 넘어서 전개하는 일은 가능했습니다. 왜냐하면 타자가 후설에게는 표상적인 것에 머물러 있었기 때문입니다.(EI, p.22.)

가능성은 있었으나 탐구는 되지 않았다. 그것이 후설의 타자문제, 윤리문제에 대한 레비나스의 평가이다. 그리고 타자라고 하는 문제가 후설에 있어서 전면에 드러나지 않은 이유를 레비나스는 무엇보다도, '타자가 후설에 있어서는 표상적인 것에 머물러 있었기 때문'이라고 말한다.

왜 관조나 표상은 타자를 향한 접근 회로로서 불충분한가. 왜 타자의 미지성은 '나의 자발성의 심문'에 연접하게 되는 건가. 이제 이 마지막 물음에 착수하기로 하자.

지금까지 말해온 대로, 무반성적인 존재 인정을 '괄호 속에 넣음'으로써 자아의 첫 발판은 확보된다. 이렇게 해서 확보된 자아는 '선험적 자아'(혹은 '초월적 자아')Ego transcendental라 불린다. 선험적 자아는 무엇보다도 우선 '끊임없는 명증 속에서, 자기 자신에 대해 존재하는' 자아이며, '체험하는 자아', 즉 '이런저런 의식작용을 동일한 것으로서 살아나가는 자아'이다.(『데카르트적 성찰』, 248쪽.)

예컨대 나는 그때까지의 인격이 일변하는 충격적 경험을 하기도 하며, 의식의 극적 변용을 경험하기도 한다. 그렇지만 내가 어떤 가치관을 포기한다든지, 다른 세계관을 채용한다든지 하더라도, 그것들을 '포기'한다든지 '채용'한다든지 하는 주체인 나의 동일성은 조금도 흔들리지 않는다. 어떠한 변화를 통해서도 나는 스스로를 '지속적 개성의 동일적 기체'로서 견지한다.

그러면 이 자아는 어떻게 해서 '의식의 섬'(같은 책, 268쪽)으로부터 탈출해 타자와 교통할 수 있을까. 나에게 명증적으로 경험되는 세계는 동시에 나 이외의 자아, '타아alter ego'에 의해서도 동일한 것으로서 경험되고 있다는 것은 어떻게 해서 확증되는 것일까.

자아가 어떤 대상을 '자신의 외부에 실재하는 것'이라고 '인식하는' 것만으로는 그 대상이 '실재한다'는 충분한 근거가 되지 못한다. 나의 지각은 잘못될 수 있으며, 내가 꿈이나 환각을 볼 가능성도 있기 때문이다. '자아의 외부에 있는 것'과 인식되는 대상의 노에마적인 '존재성격'은 노에마적인 '신념성격'과 짝을 이루고 있으며, 이 디까지나 '자아의 내부에서 구성되는 내재적인 존재성격'이지, 외계에 자존하는 것은 아니다. 대상과 의식, 사유되는 것과 사유작용은 두 개의 세계가 아니라 본질적으로 연관된 구체적인 '하나'이다. '선험적 주관성의 유일하고 절대적인 구체성 안에서 하나이다.' (같은 책, 269쪽.)

선험적 주관성이야말로 우리의 모든 경험의 제1차적인 장이며, "선험적 주관성의 외부라는 것은 애당초 무의미하다. 모든 무의미조차도 의미의 한 양상이며, 따라서 그 무의미성도 자아에 의한 통찰

가능한 영역에 포함되어 있는 것이다."(같은 책, 269쪽.)

후설은 여기서 '책상의 비유'를 사용해 설명한다. 우리도 그것을 모방하자.

지금 여기에 책상이 있다. 나는 책상을 경험적 사실로서 지각하고 있다. 그런데 나는 상상에 의해 이 책상을 여러 가지로 변용시킬 수 있다. 색을 바꾸어본다, 재질을 바꾸어본다, 모양을 바꾸어본다. (······) 이때 나는 책상의 사실성의 수준을 떠나 '상상에 의한 완전히 자유로운 상정 가능성'의 영역에 나아간 것이 된다. 이때 나는 '책상의 일반적 유형'에 기초해서 상상을 전개하는 셈인데, 이 유형은 '절대적으로 순수한 상정 가능성의 허공'(같은 책, 254쪽)에 뜬 '지각의 형상'이다. 우리가 현실로 지각하는 책상은 이 '형상'이 취할 수 있는 무한한 사례 중 몇 가지에 불과하다. 여기서 말하는 '형상'이란 '그것에 고유한 직관적 의미에 따라 간파된, 혹은 간파될 수 있는 보편적인 것, 순수한 무제약적인 것'(같은 책, 254쪽)을 말한다.

> 형상은 그 말의 의미상 모든 개념에 선행하는 것이며, 오히려 모든 개념은 순수한 개념인 한 형상에 적합하도록 형성되지 않으면 안 된다.(같은 책, 254쪽.)

우리가 현실로 경험하는 사실적 지각은 그때그때 '지각의 형상'에 따르면서 참조되어, 그것에 적합한 것으로 신원보증되고 있다. 즉 우리는 '사실적인 자아 안에서가 아니라 형상으로서의 자아 안에서, 형상적으로 순수한 제가끔의 유형과 관계하는 것이다.'(같은 책, 254쪽.)

여기서 우리는 '타아'라고 하는 주제로 들어가게 된다. 후설은 선험적 자아라는 발판을 확보한 후, 이렇게 자문한다.

> 타아는 어떠할까. 타아는 분명 나의 내부의 단순한 표상도 아니며, 표상된 것도 아니다. 즉 타아는 (……) 그야말로 타자인 것이다.(같은 책, 274쪽.)

자아와 타자 사이의 격리는 결코 과소평가되어서는 안 된다고 후설은 경고한다. '자아의 내재로부터 타자의 초월에 이르는 길'은 험하다. 왜냐하면 우리는 타자에게도 나와 마찬가지로 '내면'이 있다는 것, 타자의 관점에서도 세계는 나와 다른 방식으로, 그러나 틀림없는 동일물로서 경험되고 있다는 것을 경험적으로는 '알고 있'지만, 그것을 엄밀히 증명하는 것은 쉽지 않기 때문이다.

나는 직접 타자의 마음속을 들여다볼 수 없고, 타자가 경험하는 것을 근원적인 방식으로 경험할 수 없다. 타자는 '타자인 한, 아무리 해도 현실로 내 안에 있는 것이 아니라, 나의 안에서 단지 의식되는 데 지나지 않는다.'(같은 책, 274쪽.)

> 왜냐하면 만일에 타아 그 자신이 근원적으로 주어진다면, 즉 타아 자신의 본질이 직접 파악된다면, 타아 자신의 본질은 나 자신의 본질의 단순한 한 요소에 불과할 것이고, 결국 타아 자신과 나 자신은 같은 것이 되기 때문이다.(같은 책, 296쪽.)

그러나 그럼에도 불구하고, 우리는 타아가 나와 똑같은 자격으로, '다른 주관으로서' 동일한 객관적 세계를 경험했음을 의심할 수 없다.

> 우리는 타아를, 이 세계 즉 나 자신이 경험하는 것과 동일한 이 세계를 경험하고 그때 나도 경험하는, 즉 세계를 경험하고 그 세계 안에서 타아를 경험하는 자로서의 나도 또한 경험하는 그런 자로서 경험한다.(같은 책, 276쪽.)

왜 그것이 가능한가. 타아는 나와는 다른 방식으로 세계를 경험하고 있다. 타아가 경험하는 세계현상은 나에게는 근원적인 방식으로 주어지지 않는다. 그러나 타아에게는 근원적인 방식으로 세계가 주어진다는 것을 나는 숙지하고 있다.

다시 한 번 '집'의 예로 생각해보자. 예컨대 나는 지금 그 집을 앞쪽에서 바라보고 있다. '집의 뒤쪽'이나 '옆쪽'은 일단 나에게 비주제적인 것으로 머물러 있다. 그러나 '집의 앞쪽'을 보는 나는 그것 이외의 상相이 있음을 '알고 있다.' 오히려 '이 집에는 뒤쪽도 옆쪽도 있다'고 하는 것을 '알고 있기' 때문에, 지금 지각에 직접적으로 주어지는 상을 '집의 앞쪽'으로서 인식할 수 있는 것이다.

역으로 말하자면, 가령 영화의 오픈 세트에서 나의 지각에 '집의 앞면' 같은 것이 보이고 있었다 하더라도, 나는 아마 그것을 제대로 '페인트를 칠한 얄팍한 베니어판'이라고 인식할 것이다. 왜냐하면 그때의 나의 지각에는 베니어판에 버팀목을 댔을 뿐인 '집의 뒷면'이 간접적으로 현전하기 때문이다.

나의 지각에 직접적으로 주어져 있는 '집의 앞면'이라는 그림은 어떤 경우에나 동일하다. 그럼에도 불구하고, 한편에서는 '집의 앞면'으로서 인식되고, 한편에서는 '베니어판'으로서 인식된다. 그것은 우리의 지각으로의 직접적 현전이라는 것은, 그때그때 비주제적인 지평을 간접적으로 관여시키면서 하는 것이어야 성립되기 때문이다.

공간적 대상의 인식을 성립시키기 위해서는 '내가 보고 있지 않은 것'이 동시적으로 공존하는 일이 불가결하다. '내가 지금 보고 있지 않는 것을 보는 시선', '나의 지각에 직접적으로는 현전하지 않는 것을 충실히 부여받는 지각', 그것이 정의상 '타아'라고 불린다. 즉 '내'가 무언가 공간적인 대상을 지각할 때, 나는 이미 암묵 중에 '나와는 다른 방식으로 지각하는 자', 즉 타아를 상정하는 것이다.

그러므로 나의 지각에 '직접적으로 현전하는 것', '근원적 제시 Präsentation'와 '간접적으로 현전하는 것', '간접적 제시 Appräsentation'를 구별하는 것 자체가 사실 별로 의미 없는 일이다. 이 두 가지를 다른 것으로 상정하기 때문에, 바로 그래서 우리는 '왜 나는 타아의 주관성에 가교架橋할 수 있는가' 하는 근원적 아포리아에 마주치게 되는 것이다. 그것들은 실은 합쳐서 하나인 그런 것이다.

> 간접적 제시와 근원적 제시는, 서로 융합해서 그것들 양자의 기능을 겸비하는 다음과 같은 하나의 지각을 형성한다. 그 하나의 지각이라는 것은 그것 자체에서 대상을 근원적으로 제시하는 동시에 간접적으로 제시하고, 더욱이 그 대상의 전체가 그 자신 현존한다고 하는 의식을 만들어내는 그런 지각이다.(같은 책, 312쪽.)

타자문제를 해결하기 위해 후설은 '어떻게 해서 자아는 타아에게 도달하는가' 하는 식으로 묻는 일을 하지 않았다. 그러지 않고, 자아에서 근원적으로 주관적인 경험이라는 것 자체가 이미 상호주관성의 경험에 기초해서만 있을 수 있다는 식으로 이 아포리아를 멋지게 피해나간 것이다.

상호주관성은 자아와 타아의 주관성의 산술적 총화가 아니다. 내가 '지금, 여기'와는 다른 관점에 상상적 '감정이입'적으로 이동해서, 거기에서 보이는 광경을 '타아가 본 광경'으로서 데이터화하고, 그 데이터가 360도 상하좌우로 집적되면 대상에 대한 데이터가 충실해졌다는 방식으로 우리는 상호주관성을 구성하지 않는다.

앞서 말한 오픈세트의 '집의 앞면'의 경우처럼, 어떤 상은 그것 이외의 무수한 상('베니어판을 지탱하는 봉'이나 '집의 뒤에 펼쳐지는 아무것도 없는 공간')을 비주제적으로 전제했을 때에만, '집의 앞면'이 아니라 '페인트를 칠한 베니어판'으로서 내게 현전한다. 비주제적이고 익명적인 타아 기능을 뺀, 순수한 개인적인 지각, 순수하게 고유한 상이 독립적으로 존재한다는 것은 있을 수 없다.

그것은 전 세계 화폐의 산술적 총화가 '화폐'인 것이 아니라 '여기에 있는 천 엔과 거기의 10달러를 더하면…' 하는 '덧셈이 가능하다'고 하는 것 자체가 '화폐'라는 비주제적, 익명적인 기능을 전제로 한다는 방식과 유사하다.

상호주관성이란 개개의 주관성을 가산한 것이 아니라, 그러한 가산을 가능케 하는 기본틀 그 자체를 말하는 것이다. 주관성은 말하자면 그때그때 이미 상호주관적인 것이다.

따라서 후설의 탁월한 비유를 빌리자면, 페스트로 전 세계의 인간이 사멸하고 나 혼자만 남겨졌다 하더라도, 그것에 의해 '세계가 존재한다'는 나의 확증은 흔들리지 않는다. 사실의 수준에서 '나와는 다른 방식으로 세계를 경험하는 타아'가 있든 없든, 원리의 수준에서 내가 상호주관적 방식으로 세계를 경험하고 있음에 변함은 없기 때문이다.

이렇게 해서 나와 타아를 포함하는 이 세계는 '상호주관적 세계, 즉 모든 사람에 대해 현존하고 있고, 그 안에 있는 대상을 통해 모든 사람이 그것을 접할 수 있는 세계'(같은 책, 276쪽)로서 경험된다.

> 타아는 고립적으로 존재하는 것이 아니라, 오히려 나 자신도 포함해서, 자아가 거기에서 공동적 및 상호교섭적으로 존재하는 자아의 공동체가, 그리고 궁극적으로는 모나드의 공동체가 (물론 나 자신의 고유한 영역 안에서) 구성된다. (……) 더욱이 그 모나드의 공동체는 (그것의 공동화된 구성적 지향성에 의해) 하나의 공통의 세계를 구성한다.(같은 책, 294쪽.)

12

자아는 '형상으로서의 자아 안에서' 타아를 경험한다. 그렇다면 자아의 이해도 공감도 단절하고, 모든 '감정이입'도 거부하고, '간접적 현존'조차 불가능한 절대적으로 이방적, 몰의미적, 무분절적인 '타자'라는 것은 후설의 현상학에 구상되어 있지 않다는 말이 된다. 아마도 그것이 후설과 레비나스를 결정적으로 갈라놓는 현격이다.

분명히 『데카르트적 성찰』에서 후설은 자아와 타아를 갈라놓는 '심연'에 대해 말했다. 그러나 후설은 '나와 타아는 다른 방식으로 세계를 경험한다'고 하는 언명 그 자체 안에서 곧바로 구원을 찾아내고 만다. 왜냐하면 '타아에게 직접적으로 현전하는 것'이 '자아에게는 간접적으로만 현전한다'고 단정할 수 있다는 것은, 다름아닌 '어떤 대상이 직접적으로 현전하는' 것이 타아에게 있어 어떤 경험인지를 나는 '이미 알고 있다'는 것을 전제로 하기 때문이다.

이것은 '너의 슬픔의 깊이를 나는 상상도 할 수 없다'는 말이 '너의 슬픔의 깊이'에 대한 상당히 정확도가 높은 상상을 포함하지 않는 한 입에 올릴 수 없다는 것과 유사하다.

우리는 A와 B 양쪽을 다 '알고 있는' 경우에만 'A와 B는 다르다'고 말할 수 있다. A와 B가 '다르다'고 잘라 말할 수 있다는 것은 양자의 '다름'을 '계량'할 수 있는 공통의 도량형이 존재하고 있음을, 양자가 어떤 전체성 안에 포함되어 있음을 의미한다. 타아는 단적으로 말해 '나의 유사자'이다. 후설은 그 점을 인정한다.

> 따라서 타아는 나 자신의 유사자로서만 생각될 수 있는 것이다. 타아는 (……) 필연적으로 나의 객관화된 최초의 자아의, 혹은 나의 제1차 세계의 지향적 변양變樣으로서 나타난다. 즉 타아는 현상학적으로는 나의 자아의 변양으로서 나타난다. (……) 다시 말해, 타아의 모나드는 나의 모나드를 통해서 간접적으로 제시되고, 구성되는 것이다.(『데카르트적 성찰』, 304쪽.)

후설에게 타아와 자아의 '심연'이라는 것은 예컨대 '과거의 나'와 '지금의 나' 사이의 '변양'과 유사하다.

나의 과거의 의식은 '지금, 여기서, 나에 의해' 생생히 경험되는 것은 아니다. '과거의 나'에게 직접적으로 현전한 것은 '지금의 나'

에게는 상기적-간접적으로만 현전한다. 그렇지만 '지금의 나'는 '과거의 나'를 상기적으로 추체험할 수 있다. 어디서 살았는가. 어떤 일을 하고 있었는가. 어떤 것을 먹고, 어떤 옷을 입고, 누구와 사귀고 있었는가. 어떤 책을 읽고, 어떤 말을 했는가. 이런 외형적 데이터들이 (회상이나 증언에 의해) 충실해져감에 따라, 과거의 어떤 시점에서 '나의 의식'이 점차 되살아난다. 데이터의 회수가 충분하다면 그 시점의 '나의 기분'을 또렷이 추체험하는 것도 가능할지 모른다. 이렇게 해서 회복된 '과거의 나'는 후설에 의하면 '지금의 나'의 '지향적 변양'이라는 점에 대해서는 '타아'와 조금도 다를 게 없다.

> 상기에 의해 주어지는 나의 과거가 현재의 변양으로서 나의 생생한 현재를 초월해 있는 것과 마찬가지로, 나를 통해서 간접적으로 제시된 타아의 존재는 나 자신의 존재를 초월해 있다.(같은 책, 304쪽.)

타아의 초월성, 이방성, 미지성을 후설은 '지금의 나'와 '과거의 나' 사이의 다름과 유사한 것이라고 생각한다. 이것은 물론 ('주사위'의 예와 마찬가지로) 논술 속에서 살짝 새어나온 한 사례에 불과하지만, 그래도 후설이 자아와 타아의 '심연'이라 칭하는 것에 대해 우리를 다소간 김빠지게 하기에는 충분할 것이다.

타아를 자아의 변양으로 간주함으로써, 후설 현상학은 단지 자아의 차이를 기능적으로 무해화할 뿐 아니라, 결과적으로 '주체'의 오름세를 거들게도 된다. 왜냐하면 자아가 모든 타아의 원형prototype이며, 자아가 자신 안에서 생기하는 것을 하나하나 자세히 관찰·기술할 수 있다면, 그때 자아는 타아 안에 생기하는 것을 원리적으로는 모조리 상기적으로 경험할 수 있게 되기 때문이다. 세계를 알고자 한다면 굳이 바깥으로 나갈 필요가 없다. 자신의 마음속을 들여다보면 된다.

> 자아, 즉 성찰적으로 자기를 해명하는 자로서의 나는 그 자기해명에 의해, 즉 내가 나 자신 안에서 찾아내는 것을 해명함으로써 모든 초월적인 것, 더욱이 소박한 실증적 태도에서 내가 수취한 것이 아니라 내가 선험적으로 구성한 것으로서의 모든 초월적인 것을 획득한다.(같은 책, 345쪽.)

이와 같이 자아와 타아들이 상호주관적인 기층을 매개로 '근원적인 상대관계'(같은 책, 300쪽)로 친밀하게 결부되어 있다면, 자아와 타아는 기능적으로는 레비나스가 '동일자 le Même'라는 이름으로 부른 것을 구성하게 된다.

> 자아란 항상 동일한 존재자를 말하는 것은 아니다. 그런 게 아니라, 그 존재함의 본의가 자기결정한다는 것, 그 몸에 생기하는 모든 일들을 통해 자신의 자기동일성을 거듭 찾아내는 것에 있는, 그러한 존재자를 말한다. 자아란 자기동일성의 최고전형이며, 자기결정이라는 기원적인 영위 그 자체를 말한다. '자아'는 아무리 변양을 수행하더라도 동일적이다.(TI, p.6.)

후설적인 타아가 자아의 지향적 변양태라면, 그것은 바로 '동일자' 그 자체이며, 레비나스적인 의미에서의 '타자 Autrui'라고 불리지는 않을 것이다.

> '동일자'를 규정하는 것인 한, '타인 자'는 엄밀한 의미에서 타가 아니다. 경계선을 공유하는 것이라면 '타인 자'는 시스템의 내부에 있는 것이며, 여전히 '동일자'이다.(TI, p.9.)

'근원적인 상대관계'로 결부되어 있는 자아와 타아는 '경계선을 공유하고', '그룹을 이루고, 또한 다수를 형성하고'(『데카르트적 성찰』, 300쪽) 있는 것인 이상, '여전히 동일자'라는 말이 된다.

앞장에서 살펴보았듯이, 비-자기이지만 엄밀한 의미에서 '타'는 아닌 것을 레비나스는 '타인 자autre'라고 술어화했다. 그것은 단지 '지금, 여기, 나'와는 다르다는 의미에서의 비-자기, 비-나이다. 타아가 그러한 것처럼 '타인 자'도 나와는 다르긴 하지만 나와 같은 시스템에 귀속한다. 그러한 '타인 자'와 나와의 관계를 레비나스는 '향유jouissance'라고 부른다. 그것은 '……로 산다vivere de…'는 그런 관계의 방식을 말한다.

13

레비나스적 타자와 후설적 타아의 차이에 대해 '향유'라는 개념을 실마리로 삼아 좀 더 자세히 살펴보기로 하자.

'……로 산다'고 하는 동사의 사용법에 대해 레비나스는 다음과 같이 말한다.

> 우리는 '맛있는 스프'나 공기나 빛이나 풍경이나 노동이나 이념이

나 수면 등에 의해 살고 있다. 이것들은 표상의 대상이 아니다. 우리는 그것으로 살고 있는 것이다.(*TI*, p.82.)

우리는 그것들을 표상하는 것도, 이용하는 것도, 탐구하는 것도 아니다. 우리는 단적으로 '그것으로 살고 있는' 것이다. 우리의 생을 기르고, 우리의 욕구를 채우고, 우리를 행복하게 하는 모든 것, 그것이 '양식_nourriture'이라고 불린다.

우리는 양식을 추구한다. 양식 없이는 살아갈 수 없다. 그렇지만 양식에 대한 사활적인 욕구는 단순한 결여와는 다르다. 왜냐하면 '인간존재는 그 욕구 안에서 즐거움을 찾고, 자신의 욕구에 의해 행복을 느끼기 때문이다'(*TI*, p.87.)

그것이 '무언가로 산다는 것'의 역설이다. '생은 그것이 의존하는 것에 애착을 느끼는' 것이다. 인간은 욕구가 있기 때문에 행복한 것이다.

> 행복이란 스스로의 욕구에 자족하는 것이며, 욕구를 소멸시키는 것이 아니다. 행복은 욕구의 '채워지지 않음'에 의해 채워지는 것이다.(*TI*, pp.90~91.)

채워지지 않음에 의해 채워지고, 의존함으로써 자립을 이룬다. 자아는 그렇게 구조화되어 있다. 이때 자아의 욕구를 부추기고, 자아를 채우고, 자아에게 향유되는 것, 그것이 '내가 그것으로 살고 있는 것'인 '나 아닌 것', 즉 '타인 자'인 것이다.

인간존재의 독자성은 '나는 나이다'라는 동어반복에 의해서가 아니라, '나는 ……로 살고 있다'고 하는 '타인 자'에의 의존, 타인 자의 향유라는 방식으로 확보된다. '나'는 '비-나'를 향유한다고 하는 기능에서 비로소 '나'인 것이다.

다시 말하면, 나는 양식이라고 하는 '나 아닌 것'을 향유하고, 탐하고, 착취하는 방식으로 '타인 자' 안에 서식한다. 예컨대 내가 먹을 것을 섭취하는 것은 '나 아닌 것'이 갖는 에너지를 나 자신의 에너지로 전환시키는 것인데, 그와 같이 '나 아닌 것'에 의존하는 것은 조금도 나의 자기동일성을 흔들지 않는다. '나 아닌 것'을 끊임없이 자기 안에 투입해나가는 운동성이야말로 나의 본질을 이루는 것이다.

이 '나 아닌 것'이 사실적으로는 '모르는 낯선 것'으로 비쳐온다 하더라도, 그것이 이타異他적이라는 것은 조금도 내가 그것을 향유하는 일을 방해하지 않는다. 오디세우스가 이형異形의 것들과 만남으로써 '나'의 자원을 부유하게 한 것처럼.

> 이타성이 극복되어야 할 위협이 아니라 경험해야 할 즐거움인 그런 환경 안에 있기 때문에, 주체가 자신의 집에 있는 것처럼 안서하는 세계 경험의 방식, 그것이 '향유'이다.(Davis, p.43.)

그러나 이와 같이 '타인 자'를 향유하는 자는 결정적인 방식으로 '타인 자'로부터 격리되어 있다.

> '자아'의 유일무이성은 격리되어 있다는 사실을 나타내는 것이다.(TI, p.91.)

'나'는 고독하다. 그것은 단지 사실로서 '내'가 고립해 있다는 의미가 아니라, '내'가 항상 '나 아닌 것'을 향유하고 그것을 '동일자' 안으로 흡수해버리기 때문이다. 나의 고독이란 미지의 것을 갖지 않는다는 방식으로서의 고독이다. 자기 주변의 모든 것이 이미 자기의 소유물로서 각인을 받는, '나의 것'으로 가득 채워진 세계에서 살고 있는 자의 고독이다. 이러한 사태를 레비나스는 '격리되어 있다'는 말로 형용하는 것이다.

> 자아는 에펠탑이나 조콘다 la Gioconda 가 유일무이唯一無二하다는 것과는 다른 방식으로 유일무이하다. 자아의 유일무이성의 근거는 단지 개체로서 그때그때 항상 독특하다고 하는 것뿐만 아니라, 속해야 할 종속도 갖지 않고, 어떤 유개념이 개체화된 것도 아니라는 방식으로 존재한다는 점에 있다. 자아의 자체성은 개별적인 것과 일반적인 것의 구별 바깥에 있는 것이다.(TI, p.90.)

레비나스가 구상하는 고독한 자아는 후설적 자아와는 상당히 다른 모습이다. 자아는 타아의 범형 같은 것이 아니며, 양자를 함께 포섭하는 '유개념' 중 하나도 아니다. 그리고 그와 같이 고립해 있다는 것, 그와 같이 닫혀져 있다는 것은 자아의 한 속성이 아니라 자아의 본질인 것이다.

> 유개념類概念을 거부하는 것, 그것은 여기서 자아라고 하는 존재자의 몇 가지 측면의 하나가 아니라 그 내용의 전부인 것이다. 자아란 내재성을 말한다. (……) 자아는 내 집에 있다.(TI, p.90.)

향유한다는 것은 외부로의 진출과 비슷하게, 실은 내부에로의 자폐이며, 오로지 고립하는 일인 것이다.

> 향유하는 나는 절대적으로 나를 위해 존재하고 있다. 에고이스트이며, 타자에 대한 어떠한 참조도 하지 않고, 나는 혼자이다. (……) 나는 완전히 타자에게 귀를 막고 있으며, 모든 커뮤니케이션과 커뮤니케이션의 거절 저편에 있다.(TI, p.107.)

이것은 모든 비-자기를 그저 향유의 대상으로밖에 인식할 수 없는, 철저하게 에고이스트인 나이다. 그리고 레비나스적 '타자'—절대적으로 타인 자인 타자—는 바로 이 괴물적일 만큼 무구한 나를 근원적인 방식으로 흔들기 위해 다가오는 것이다.

> 절대적으로 '타인 자', 그것이 '타자' 이다.(l'absolument Autre, c'est Autrui.) 그것은 자아와 똑같은 도량형으로써는 계량할 수 없는 것이다. 내가 '당신은' 혹은 '우리는' 이라고 말할 때의 집단성은 '나'의 목수형이 아니다. 나, 당신, 그것은 어떤 공통개념이 개체화된 것이 아니다. 소유도, 도량형의 일치도, 개념의 일치도 나를 타자에 결부시키는 것이 아니다. 공통된 조국의 부재, 그것이 '타인 자'를 '이방인' 이게 한다. '이방인' 은 내 집에 혼란을 가져온다. 하지만 '이방인' 은 또한 자유로운 자도 의미한다. 왜냐하면 나는 그에게 권력을 휘두를 수 없기 때문이다. 그는 내가 그를 멋대로 하고 있을 때조차 어떤 본질적인 측면에서 나의 파악을 벗어나 있다.(TI, p.9.)

자아와 통하는 상호주관적인 기층을 공유하지 않는 '타자', '절대적으로 타인 자'를 '완전히 타자에게 귀를 막는 자아'의 면전에 세움으로써, 레비나스는 여기에 후설이 상호주관성의 이설로 그려낸 것과는 상당히 이질적인, 거의 생소한 긴장관계를 만들어낸다. 그리고 자아가 외부와의 커뮤니케이션의 화로를 차단한 이 대면관계에서 어떻게 해서 '외부에 있는 것'이 자폐한 자아에게 '현현'할 수 있는가 하는 곤란한 물음을 향해가는 것이다.

그것은 외부에 있는 자가 폭력적으로 자아의 껍질을 깨부수는 침입의 형태를 취하는 것일까. 자아의 공감능력, 이해능력을 기적적으로 높이는 비책이 있는 것일까. 아니면, 그때까지 보이지 않았던 '커뮤니케이션의 지하수맥'이 어딘가에 숨어 흘렀던 것일까.

답은 모두 다 '아니'이다.

'절대적으로 자폐된 존재자'인 레비나스적 자아는 '타자'에 대해 대립관계에 있는 방식으로 닫혀 있는 것이 아니다. '대립관계에 있다'는 식으로 말하면, 거기에는 이미 '관계'가 있는 것이 된다. 그러나 자아와 '타자'는 절대적으로 격리되어 있으며, 거기에는 '대립관계'라는 관계조차도 없다. 그러면 어떠한 방식으로 '타자'는 자아에게 현현하는가. 레비나스는 이렇게 말한다.

> 그러나 이 폐쇄성은 내재성으로부터 출구를 금하는 것은 아니다. 바로 출구가 있기 때문에, 외재성이 어떤 예견 불능의 운동을 통해 내재성을 향해 말걸고, 그것을 향해 자기를 현현하는 것이 가능해지는 것이다. (……) 그러므로 격리된 존재에서 외부로의 문은 열려 있는 동시에

닫혀 있는 것이 된다. (*TI*, p.122.)

수수께끼 같은 문장이다. 도대체 레비나스는 무엇을 말하려는 것일까.

레비나스는 자아의 내재성의 '폐쇄성'은 양의적이라고 말한다. 완전히 자폐하고 자율적인 체제일 자아 안에, 모종의 통제 불능인 영역이 생성하는 것이다 라고. 자아의 내부에 발생하지만 '자아가 통제할 수 없는 것', 그것은 무엇인가.

> 향유가 파고드는 내재성 그 자체 안에, 모종의 타율성une hétéronomie이 생기지 않으면 안 된다. 그 타율성이 자기 내부에서의 동물적인 자족과는 다른 운명으로 향하는 것이다.(*TI*, pp.122~123.)

'타율성hétéronomie'이란 무엇을 말하는가. 말뜻 그대로 '자아와는 다른 것의 지배권'을 말한다고 한다면, 자아가 새로운 자족을 좇아 '욕망이 기우는 대로'(*TI*, p.123), 안쪽으로 안쪽으로 말려들어가는 그 운동 속에서 자아는 '이질적 요소로 이루어지는 차원un élément hétérogène'에 부딪히게 된다. 그때 '내재성 안에서 내재성이 초월의 현현을 기대하고, 환대하는 어떤 차원이 열린다'(*TI*, p.124)고 레비나스는 말한다. 자아의 깊은 내면에는, 자아에 귀속되지 않는 '초영지성超領地性, extrateritorialité'이 존재한다는 것이다.

이 논의는 앞뒤가 안 맞는 당착撞着어법으로 말해지고 있다. '격리된 존재에 뚫린 외부로의 문은 열려 있는 동시에 닫혀 있지 않으면 안 된다'라고 느닷없이 단정짓더라도, 우리는 그저 눈을 동그랗게 뜰 수밖에 없다. 그것이 '타율성'이며 '초영지성'이라고 들어도 우리는 무슨 말인지 짐작도 가지 않는다. 순진무구無垢할 정도로 에고이스트적인 자아에게 어떻게 해서 '외부로의 문'이 (닫히면서 라고는 하지만) 열려 있는 일이 있을 수 있는가. 레비나스는 설명해주지 않는다.

그러나 이 혼란을 해결해줄 단서가 그다음의 문장에 포함되어 있다. 자아의 외부에 도사린 '초영지성', '초월의 현현을 기대하고 환대하는 차원'을 레비나스는 '집Maison'이라고 명명하기 때문이다.

> 격리된 존재자는 스스로를 어딘가에 응집하고, 표상을 가질 필요가 있다. 자기집중과 표상은 구체적으로는 주거 혹은 '집'에서의 정주로서 성취된다. 그런데 집의 내재성은 어떤 초영지성에 의해 형성된다. 그리고 이 초영지성은 생이 그것으로써 내 몸을 기르는 향유의 차원 한가운데에 존재한다. 이 초영지성에는 하나의 적극적인 상이 있다. 그것은 친밀성의 상냥함 혹은 따뜻함la douceur ou la chaleur de l'intimité 안에 생성한다는 것이다.(TI, p.124.)

이렇게 해서 우리는 현기증이 날 것 같은 논리의 험로로 끌려와 단숨에 에로스론의 입구에까지 납치되어온 셈이다. 그러나 그 말은 거의 절망적으로 난해하다.

자아의 외부에 '자아의 통제를 따르지 않는 것', 일종의 초영지성이 있다. 그것이 '집'을 구성하며, 그 적극적인 국면이 '친밀성의 상냥함과 열정'이다. 레비나스는 이렇게 말한다. '집'이란 (보통 말하는) 저 '집'을 말하는 것일까. '산다'란 저 '산다'를 말하는 것일까. '친밀성'이란 저 '친밀성'을 말하는 것일까.

이 난문에 대해서는 장을 바꾸어서 논하기로 한다.

지금까지 우리는 레비나스가 후설 현상학의 어떤 점을 비판했는가 하는 문제를 둘러싸고 고찰을 진행해왔다.

우리가 일단 이해할 수 있었던 것은, 레비나스의 후설 비판은 '타자'의 절대적 이타성에 대한 평가의 차이로 거의 모아진다는 것이다. 절대적으로 타인 자인 그런 타자는 관조적인 ―빛 안에서 남김없이 간파하는― 방식으로는 접근할 수 없다.

그 비판은 지향적 대상으로서 후설이 '사과나무'나 '주사위'처럼 시각적으로 충실하게 상응하는 파악이 가능한 사례를 드는 것에 비해, 레비나스는 '사랑받는 사람'과 '책'이라는 비-관조적인 사례를 들고 있다는 것, '시각에 대한 청각의 근원성'이라는 아마도 종교적 연원을 갖는 고상에도 나타나 있을 것이다. 그러나 무엇보다 결정적 차이는 레비나스가 후설적 '타아'를 물리치고, 상호주관적 기층에서 서로 통하지 않는 그런 절대적 타자를 '자아'에 대면시켰다는 것이다.

레비나스적 타자는 물론 관조적 대상은 아니며, 상호주관성을 매개로 해서 간접적으로 주어지는 타아도 아니다. 그것은 상상도 공감도 초월한 '낯선 사람'이다. 그러나 그러한 타자와 나 사이에도 한 줄기 커뮤니케이션의 험로가 있다고 레비나스는 말한다. 그것은 어떤 것일까. 타자와의 비-관조적인 만남이란 어떤 형태로 가능해지는 것일까. 우리는 다음 장에서 그 문제를 논해보기로 한다.

3장
사랑의 현상학

사랑은 아무것도 파악하지 않는다.
사랑은 개념에 도달하지 않는다.
사랑은 아무것에도 도달하지 않는다.
사랑은 주체-대상, 나-당신이라는 구조를 갖지 않는다.

레비나스, 『전체성과 무한』

Ⅰ. 집과 여성

1

『전체성과 무한』이라는 난해한 책 안에서도 제2부 「내면성과 가정interiorité et économie」은 아마도 가장 알기 어려운 부분이다. 알기 어렵다고 하는 것은 문언이 난삽하다는 것뿐만 아니라 (충분히 어렵지만) 애당초 무엇을 위한 논의가 거기서 전개되는지 알 수 없기 때문이다.

'주거'와 '여성적인 것'을 둘러싼 여기서의 고찰에 대해 지금 현재 우세한 것은, 이것이 구태의연한 부권제적 여성론에 불과하다는 해석이다. 이 저술에서 후설의 관조적 현상학에 대한 비판을 바탕으로 타자와의 커뮤니케이션의 아슬아슬한 가능성에 대해 음미를 막 시작한 참인데, 느닷없이 부권제적 여성론이 개진된다는 것은 그야말로 아닌 밤중에 홍두깨 같은 일로 생각된다. 하지만 페미니스트들은 문맥 같은 건 그다지 신경을 쓰지 않는 것 같다.

그러나 성구의 해석은 그것이 어떤 문맥에서 출현했는가에 기반해서 행해져야 한다고 레비나스 자신이 탈무드 해석에서 거듭 말해왔다. 그렇다면 레비나스의 경우도 거기에 나오는 말을 '말뜻 그대로' 취해서 이야기를 해나가도 좋을지, 조금 경계할 필요가 있다고 생각된다. 실제로 탈무드에서 랍비들의 쟁론에 대해 레비나스는 분명히 이렇게 말했다.

> '제례의 날에 태어난 계란'을 먹을 권리에 관한 쟁론이나 '미쳐 날뛰는 소'에 의해 초래된 피해의 배상에 관한 쟁론에서 탈무드의 현자들은 계란이나 소에 대해 말하는 것이 아니다. 그런 게 아니라, 그런 낌새를 눈곱만큼도 보이지 않은 채로 근본적인 개념을 검토에 부치는 것이다.(*QTL*, p.12.)

그렇다면 '집'이나 '여성'이나 '에로스'를 주제로 하는 것처럼 보이는 논의에서, 레비나스는 '그런 낌새를 눈곱만큼도 보이지 않은 채로 근본적 개념을 검토에 부치고 있'을 가능성이 높다. 그렇다면 레비나스가 '집'이라고 할 때, 그것은 지붕이 있고, 벽이 있고, 사람이 깃들어 살고 있는 저 '집'을 말하는 동시에, 그것과는 완전히 차원을 달리하는 추상적 어의도 포함했을 것이다. 그 양의성을 잃으면 우리는 아마 어디에도 도달할 수 없다.

그러면 '집'이란 무엇을 말하는 걸까. 그것은 '격리된 존재자' 즉 '무구할 만큼 에고이스트적인 자아'가 '타인자'라는 '양식'을 '향유'하기 위해 만들어낸 '피난처'라고 레비나스는 말한다.

> 집의 역할은 악천후로부터 인간을 지키고, 천적이나 재앙으로부터 인간을 숨겨주는 것이다.(*TI*, p.125.)

사실적 수준에서 '집'은 바로 그런 것이다. 그러나 우리가 논하고자 하는 현상학적 수준에서는 그러한 이해에 머물러 있을 수 없다. '악천후'는 단순한 비바람을 말하는 것이 아니라, '인간의 통제가 미치지 않는 외재성 일반' 혹은 '초월 일반'을 의미하게 된다.

> 집의 특권적 역할은 인간적 활동의 목적이 아니라 그 조건이라는 것, 그리고 그런 의미에서 인간적 활동의 시점이라는 것이다. 자연이 표상되고 가공되기 위해, 자연이 다만 세계로서 그려질 수 있기 위해, 그것에 필요한 수용은 집으로 성취되는 것이다. 인간이 세계의 내부에 위치하게 되는 것은 사적 영역으로부터, 자신의 집으로부터 출발해서 세계에 도래함으로써이다. 그리고 그 사적 영역, 자신의 집에 인간은 저 좋을 때에 돌아올 수 있는 것이다.(TI, p.125.)

이 알기 힘든 문장에서 우리는 '집'의 현상학적 의미를 읽어내야 한다. 우리는 앞장에서 후설 현상학을 해설했을 때, '타아경험'에 대해 꽤 자세한 설명을 시도했다. 같은 이야기를 재탕하는 셈이지만, 후설에 의하면 우리가 공산석인 표상을 행할 수 있는 것은 '나의 운동감각을 자유로이 바꿈으로써 나의 위치를 바꾸고, 모든 그곳을 이곳으로 바꿀 수 있다고 하는 가능성, 즉 나는 모든 공간적 장소에 신체를 둘 수 있다는 가능성'에 의한다.(『데카르트적 성찰』, 306쪽.) 즉 나는 (자아의 시점인) '이곳'에서 어떤 대상을 지각하는데, 그때 (타아의 시점인) '그곳'에서도 똑같은 대상이 다른 방식으로 지각된다는 것을 '알고 있다.'

'이곳'에서 보는 것과 '그곳'에서 보는 것은 대상이 다른 방식으로 현출함에도 불구하고 동일시가 가능하다. 그것은 내가 '이곳'에 있으면서 '그곳'에서 세계가 어떻게 보이는지를 '상기적으로 경험하고 있'기 때문이다.

> 모든 물체의 구성에는, 우리가 현재의 이곳에서 보는 경우 그 물체의 나타남의 체계뿐만 아니라, 내가 그곳에 몸을 옮기는 위치의 변경에 대응해서 완전히 규정된 나타남의 체계도 또한 참가한다.(『데카르트적 성찰』, 306쪽.)

레비나스가 '집'이라 부르는 것은 '자연의 표상을 성취하는' 장, 세계가 '종합적인 방식으로 현전하는' 장이다. 또한 레비나스는 '집'이란 '저 좋을 때에 그곳에 돌아올 수 있는' 장소라고도 말한다. 이 인상적 표현은 우리에게 후설의 『데카르트적 성찰』의 다음 한 절을 연상시킨다.

> 원체험은 이미 지나가버렸지만, 우리는 반복되는 상기적 제시에 의해 그 원체험으로 되돌아가며, 더욱이 나는 반복해서 그와 같이 되돌아갈 수 있다고 하는 명증 속에서 되돌아가는 것이다.(같은 책, 318쪽.)

'현재의 나'를 원점으로 해서, 나는 '과거의 나'나 '다른 사람들'이나 혹은 '다른 문화적 세계'를 상기적 제시에 의해, 종합적으로 통각通覺한다. 나는 재-현전화=표상작용이 행해지는 바로 그 장인 이 '생생한 현재'에 '저 좋을 때에 거기로 되돌아올 수 있는' 것이며, 그러한 것으로서 자아는 정의되고 있다. 여기에서 우리는 레비나스의 '집'이 후설의 '초월론적 자아'와 거의 같은 뜻의 개념이라고 짐작할 수 있다.

'집'에로의 틀어박힘이라는 방식으로 세계와 거리를 둠으로써, 자아는 세계 안에 말려드는 일 없이 세계를 관조하는 고정점定點을 손에 넣는다. 그리고 '취하든 버리든, 자아의 뜻대로'(TI, p.130) 사태들을 바라보고, 이름하고, 지배할—향유할—수 있다.

이 근원적 파악, 노동이라고 하는 지배가 사물들을 생기게 하고 자연을 세계로 변용하는 셈인데, 그것은 시선에 의한 관조와 꼭 마찬가지로 자아가 그 사는 곳으로 수축하는 것을 전제로 한다.(TI, p.130.)

'집에로의 틀어박힘'이 자아의 존립을 가능케 하고, 세계의 존립도 가능케 한다.

세계는 사는 곳을 기점으로 해서 은밀히 탄생하는 것이다.(TI, p.130.)

레비나스의 '주거론'을 우리는 그대로 '자아론'으로서 읽기로 한다. 그렇다면 '집' 안에서 지금부터 일어나는 일은 후설이 그것에 대해 쓰지 않고 끝난 일, 즉 '타자가 후설에 있어서는 표상적인 것에 머물러 있었'기 때문에 주제화되지 못했던 그런 일임이 틀림없다. 왜냐하면 레비나스는 후설을 다음과 같은 표현으로 비판하기 때문이다.

후설에게 있는 것은 생에 대한 반성이다. 물론 생은 그 충일성, 구체성에서 고찰된다. 그러나 이 생은 고찰되는 것이지 이미 살게 되는 것은 아니다. 이 반성은 생 그 자체와 너무나 괴리되어 있으며, 생이 인간의 운명과 그 형이상학적 본질과 어떻게 관련하고 있는지는 제시되지 않는다.(PH, p.203.)

후설이 못 다하고 남긴 문제를 레비나스는 선택한다. 레비나스는 '집'의 비유를 사용하여 '생이 인간의 운명과 그 형이상학적 본질과 어떻게 관련하고 있는지'를 새롭게 말하려는 것이다.

2

모든 것은 '정주하는 것habiter'으로부터 시작한다.

구체적으로 주거는 대상적 세계의 내부에 위치하게 된다. 대상적 세계가 나의 주거와의 관계를 통해 위치지어지는 것이다.(TI, p.126.)

'주거demeure'란 상호주관적 세계를 구성할 때의 기점이다. 이 기점 없이는 '세계를 그려내는' 일이 불가능하다. 레비나스는 이 '정주한다'는 동작에 어떠한 지나 사유에도 회수할 수 없는, 전-기원적인 혹은 오히려 '기원의 기원'인 그런 특수한 의미를 할당한다. 자아가 우선 독자적으로 존재하고 있고, 그것이 어딘가에 '집'을 만들어 거기에 정주하는 것이 아니라, '자아이다'라는 사실 그 자체가 '정주했다는 것'에 의해 기초지어지는 것이다.

세계를 관조하는 주체는, 따라서 정주한다고 하는 사실을, (……)

집의 친밀성 안으로의 수축을 전제로 삼고 있다.(TI, p.127.)

이 한 문장 안에 레비나스의 '주거'론이 집약되어 있다. 그러나 물론 이것만으로는 무슨 말인지 알 수가 없다. 차근차근 해설을 시도해보자.

'세계를 관조하는 주체'는 '자신의 대상도, 자신이 있는 장소조차도 선험적으로 구성한다고 했다. 그러나 엄밀히 말하면 선험적으로가 아니라 사후적으로, 즉 구체적 존재자로서 자신의 장소에 정주한 다음에 구성하는 것이다.'(TI, p.126.)

'주체가 정주한다'는 사실은 기지既知의 관념을 가지고 말할 수가 없다. '왜냐하면 정주한다는 사실은 지와는 공통의 척도를 갖지 않기 때문이다.'(TI, p.126.)

'자아이다'란 '정주하는 것'이다. '자아가 정주하는' 것이 아니라, '정주함으로써 자아는 자아가 되는' 것이다. 자아는 어떤 한 점에 분응分凝 집중함으로써, 그것 이외의 것으로부터 격리되고 '내'가 된다. 그것이 경험적 차원에서는 '집 안에 틀어박힌다'는 식으로 말해지는 것이다. 그러나 '나'와 '집'의 관계는 경험적인 그것과는 상당히 다르다. 왜냐하면 '나'는 미리 거기에 있는 것도 아니며, '집'도 또한 미리 거기에 있는 것이 아니기 때문이다. 카오스적이고 미정형적인 것이, 응축하고, 분리되고, 윤곽을 갖고, 벽을 만들고, '내면'을 만들어낸다. 그때 공간이 늘어져 생긴 '내면'에 정주한 것이 '나'를 칭하는 것이다.

이 자아발생의 과정에 대한 레비나스의 설명을 읽으면, 유대교에 다소 정통한 독자는 아마 곧바로 '침츔Tsimtsum'을 연상할 것이다.

사랑의 현상학 173

'침츔'(히브리어의 원뜻은 '수축')이라는 것은 중세의 루리아파Lurian 카발라Kabbalah의 중심적인 이설 중 하나이다. 신비주의자 이츠하크 루리아Yitzhak Ben Sh'lomo Lurya Ashkenazi에 의하면 천지창조는 신의 자기 수축에서 시작된다. 그것에 대한 게르숌 숄렘의 해설은 다음과 같다.

루리아에 의하면 신은 세계를 위해 어쩔 수 없이 공간을 만들어냈다. 그것은 말하자면 신 자신의 내부의 한 영역을 포기함으로써 이루어진 것이다. 그것은 신이 거기서부터 물러섬으로써 생긴 일종의 신비적, 원초적인 틈새이며, 신은 창조와 계시를 위해 거기에 다시금 회기하게 된다. En-Sof 즉 '무한한 자'의 최초의 행위는 바깥으로 내딛는 일보가 아니라, 안으로 틀어박히는 일보, 물러나는 운동, 자기 자신으로의 퇴각, 자기 자신 안으로의 틀어박힘이었던 것이다.(Gershom Scholem, *Major Trends in Jewish Mysticism*, Robert Alter, 1997, p.261.)

창조를 위해 신이 행한 최초의 행위는 '자기 자신의 내부로의 철수'이다. 그리고 그 수축에 의해 수축 이전에는 신 안에 혼연히 뒤섞여 있던 요소(사랑과 정의)가 '결정화되고, 명확히 분리 가능해지는'(Scholem, p.263) 것이다. 이 '기원설화'는 루리아 이후 유대인 사회에 널리 스며들었다. 유대인이 '사물의 기원'에 대해 생각할 때, '침츔'이라는 설이 정형의 하나를 제공한다는 것은 틀림없다.

더욱 탈선하지만, 세계를 창조하기 위해 우선 조물주가 '물러섰다'고 하는 이 고상에는 '기원을 기원이게 하는 그런 기원', '여성태에서의 신'이라는 개념에 통하는 것이 있다. '여성태에서의 신'은 '셰키나Shekhinah'라고 불린다. 그 히브리어 원뜻은 '주거'이다.『신명기申命記』에 '그대의 신, 주가 그 이름을 두기 위해 고르는 장소'(12장 21절)라고 표현되는 것이 그것이다.

세계에서 신의 영광이 임재하는 것 혹은 주거를 의미하는 '셰키나'는, 때로는 성역을 의미하고, 때로는 영광으로서 예언자에게 임하고, 때로는 '아내'라고도 불린다.

레비나스의 '주거'는 다음에 보겠지만 '여성원리에 지원받은 창조'를 의미하는데, '주거'와 '여성'과 '신'을 연상적으로 결부시키는 '셰키나'라는 개념이 유대교에는 있다. 이것은 기억에 새겨두어도 좋을 것이다.

레비나스의 주거론은 '수축recueillement'이라는 키워드를 축으로 전개된다. '기원의 기원'은 '안으로의 물러남'이며, 그것과 함께 세계의 분절도 개시된다. 우리에게는 소화하기 힘든 이 고상은, 그러나 '창조'는 조물주에 의한 능동적인 자기전개가 아니라, 자기수축, '영역의 포기abendoning a region'에서 시작된다는 '침츰'의 설이나, '주거'는 '신의 여성태'라고 하는 '셰키나'의 설에 비추어보면 그다지 기묘한 것도 아니다.

유대교가 어떠한 우주관, 인간관을 지니고 있으며, 어떠한 방식으로 전수되었는지에 대해 극히 초보적인 것만 알고 있어도 레비나스의 몇 가지 개념에 대해서는 상당히 이해가 진척된다. 철학 전문가가 쓰는 레비나스론은 '전공이 다르니까'라는 이유로 격식을 차리듯 유대교에 대한 언급을 우회하지만, 그렇게까지 틀에 갇히지 않아도 좋지 않을까 생각한다. 레비나스가 사용하는 개념의 몇 가지는 서양철학에서 빌린 것이며, 몇 가지는 유럽문학에서 함양된 것이며, 몇 가지는 유대교에서 유래한 것이다. 그 모든 것이 레비나스 사상의 형성에 깊이 관련되어 있다. 마르크-알랭 우아크냉처럼 유대교와의 관련에 너무 깊이 들어가면 지나치게 전문적이어서 독자는 곤란에 처하지만, 반대로 종교적 연원에 대한 언급만을 선택적으로 우회하는 것도 독자에게는 다소 불친절한 일이다.

3

이야기를 되돌리자.

'주체가 집에 틀어박힌다'는 식으로 말하면 미리 '집'과 '주체'가 각각 독립적으로 존재하는 것이 되지만, 레비나스가 말하는 '자기수축'이란, '집의 바깥'에 있는 '주체'가 문을 열고 '집의 안'에 들어오는 방식을 가리키는 것이 아니다. 그런 게 아니라, '집'에 틀어박히는 일과 '주체성의 성립'은 동시적으로 일어난다. '집'이란 그러한 생성적인 사황을 가리킨다.

> 분리의 행위인 수축은 주거 안에 있는 실존으로서, 가정적 실존 existence économique으로서 구체화된다.(TI, p.127.)

'주체가 집에 피난하는' 것은 아니다. '자아가 자기수축하는 것을 통해 실존할' 때에 비로소 그 자기수축의 장인 '집'도 또한 성립하는 것이다. '타자와 나'의 경우와 마찬가지로, 여기서도 주체와 '주체의 존립을 가능케 하는 것'은 동시적으로 생성한다. '자기수축'이 (고무풍선이 수축하듯이) '뭔가가 수축한다'고 할 뿐인 의미라면, 그것에 의해 '뭔가 새로운 것'이 생겨나는 일은 없을 것이다. 그러나 마치 평평한 지면이 습곡褶曲해서 '주름'이 잡히면 거기에 산맥이 형성되듯이, 자기수축에 의해 생겨난 '주름'인 '집'에는 '내재성 intériorité'이라는 '그제껏 존재하지 않았던 것'이 새로 생성된다.

> 집에 의해 구체적으로 성취된 내內존재, 주거라고 하는 형태를 통한 수축의 현세現勢화—에네르게이아—는, 수축의 잠세潛勢 가능성에는 요소로서 포함되어 있지 않았던 새로운 가능성을 연다.(TI, p.127.)

'수축'하기 이전에는 요소로서 포함되지 않고, '수축 후'에 비로소 드러나게 되는 가능성이 있다. 그것이 내재성이다. 내재성이란 동질적인 것을 단순히 '안-밖'으로 잘라 나눈 것만은 아니다. '침춤'에서 신의 '수축'이 창조를 위한 공간을 만들어내었듯이, 응축된 공간에 외부에는 없었던 '무언가' 새로운 것이 생성돼 있다.

'집의 내재성은 어떤 초영지성에 의해 생성된다'(TI, p.124)고 레비나스는 말한다. '집 안'은 경험적으로는 '나의 영지'이다. 그러나 레비나스에 의하면 '나의 영지'가 생성되는 때에야말로, 나에게 요소로서 귀속되지 않는 것이 이미 거기에 살고 있는 것이다. 그리고 이 초영지성은 '친밀성의 상냥함 혹은 따뜻함 안에 생성된다.'

'수축'으로 형성된 '집'에 넘치는 것은 '친밀성intimité'과 뜨거움 chaleur과 '상냥함douceur'이다. 여기서 우리는 다시금 '구체적인 집'의 개념에 접하게 된다. '집에 넘치는 뜨거움과 상냥함'이란 경험적으로는 농밀하게 에로스적인 것을 연상시킨다.

분명 우리는 경험적 수준에서는, 에로스적인 것이 넘치는 '집'의 친밀성에 기초해서, '노동'하고, 집의 시점視點에서 세계를 '표상하고', '집 안'과 '집 밖'의 결정적인 분리를 성취한다. 자기수축에 의해 생성된 자아는 혼자가 아니다. 집 안에는 에로스적인 친근함을 서로 나누는 '파트너'가 있다. 그것이 '여성적인 것 le féminin'이다.

4

여기서 우리는 레비나스의 에로스론의 입구에 도달한 셈이다. 『전체성과 무한』에 전개된 레비나스의 에로스론에는 페미니스트의 맹렬한 비판이 집중되었다. 그 때문에 레비나스는 '남성중심주의자' 혹은 '가부장제주의자'라는 평가가 정착되었음을 많은 독자들은 아시리라 생각한다. 레비나스에 대해 애써 '중립적'이고자 하는 콜린 데이비스도 그 점에서는 레비나스의 비非를 분명히 인정한다.

> 여성적인 것에 대한 레비나스의 개념조작이 철학적, 윤리적으로 아무리 복잡하다 해도, 그것이 유난히 뿌리깊은, 인습적인, 문제화되지 않은 일련의 견해의 초점으로 작용했음을 나는 굳이 강조해 두고 싶다. (……) 레비나스는 한 번도 타자성과 여성성의 결부를 문제삼지 않았다. '타자'와 대조를 이루는 자기는 항상 비밀스럽게 남성형인 것이다. (……) 여성적인 것에 대한 레비나스의 분석 저편에는 부권제적인 태도가 비치어 보인다. 여성적 '타자'는 최종적으로는 남성적 '동일자'의 한 소유물이나 다름 없는 것으로 기술된다.(Davis, pp.60~61.)

레비나스의 '남성중심주의'를 지적하는 사람은 그 밖에도 많다. 『폭력과 형이상학』이라는 장대한 『전체성과 무한』 비판을 쓴 자크 데리다는 그 서평의 마지막을 다음과 같은 각주로 매듭지었다.

이 건에 대해 우선 다음 사실만은 지적해두자. 그것은 『전체성과 무한』은 남녀의 비대칭성에 철저하게 매달리는 탓에, 이 책이 여성에 의해 쓰이는 일은 본질적으로 불가능하다고 나는 생각한다는 것이다. 이 책의 철학적 주체는 남성인 것이다. (……) 어떤 책이 여성에 의해 쓰이는 일이 원리적으로 불가능하다는 것은 형이상학적 에크리튀르의 역사에서 전대미문의 사실이 아니던가.(Derrida, p.228.)

페미니스트들은 레비나스의 남성중심주의적 경향이 데리다에 의해 결정적으로 비판되었다고 생각했다. 물론 데리다는 레비나스의 『전체성과 무한』이 여성에 의해서는 결코 쓰일 수 없는 것임을 지적하고 있다. 이 지적은 지금부터 읽어나가면 금방 알게 되겠지만 이론의 여지없이 옳다. 그러나 문제는 그다음이다.

이 극도로 성화有性化된 에크리튀르의 선택은 무의식적이었는가, 의식적이었는가.

데리다는 이 선택이 의식적인 것이며, 거기에 레비나스의 전략이 숨어 있음을 감지했다. 그러나 레비나스가 '형이상학의 역사에서 처음으로' 남성이 철학적 주체임을 의식적으로 드러낸 텍스트를 쓴 의도를 헤아리지 못하고 판단을 유보한 것이다.

데리다의 이러한 태도와 그 후 레비나스를 '성차별자'라고 통렬한 비판을 가하게 되는 뤼스 이리가라이의 태도 사이에는 상당히 깊은 간격이 있다.

인간(=남자)은 이론적, 도덕적, 정치적인 언설의 주체였습니다. 더욱이 모든 주체와 모든 언설의 수호자인 신의 (문법상의) 성은, 서구에서는 항상 남성적-아버지적인 것입니다.(『성적 차이의 에티카』, 하마나 유미浜名優美 역, 産業圖書, 1986, 5쪽.)

형이상학적 에크리튀르는 '서구에서는 항상' 남성적 주체에 의해 쓰여왔다는 것이 이리가라이의 기본적인 주장이다. 레비나스도 또한 예외 없이 남성중심주의적인 사상가이다. 레비나스라고 하는 남자에게 여성은 성적 욕망의 대상이며, 자신의 복제(아들)를 생산하고, 자아를 영원히 연장하기 위한 매개물에 지나지 않는다.

레비나스에게 있어 여성적인 것은 단지 욕망을 환기하는 것, 쾌락에 불을 붙이는 것을 표상하고 있는 데 지나지 않는다.(Questions to Emmanuel Levinas, in *Rereading Levinas*, ed. by Bobert Bernasconi, & Simon Critchley, Indiana University Press, 1991, p.110. 이하 *QEL*로 약기.)

레비나스의 애무의 현상학은 결국은 남성적 주체의 철학적 구축물에 의해 확정된 경계선의 안쪽으로 되돌아온다. 그것은 타자에게도 향하지 않으며, 신에게도 향하지 않는다. (……) 이성(그것이야말로 나에게 말하라면 타자 그 자체인 것이다)에로의 접근에서, 타자의 신비로부터 이것만큼 멀어져간—혹은 접근한—후, 레비나스는 다시금 성애가 영위되는 바로 그 장소에서 부권제의 바위에 매달리는 것이다. (……) 여성적 타자는 그 고유의 얼굴을 빼앗긴 채 버려진다. 그 점에서 레비나스의 철학은 결정적으로 윤리성을 결여한 것이다.(*QEL*, pp.112~113.)

문맥을 뺀 짧은 인용이므로 뜻은 다 드러낼 수 없지만, 이것만으로도 독자에게 레비나스가 '부권제에 매달리는' 시대착오적 부권주의자라는 인상을 주려 하는 이리가라이의 비판의 방향은 충분히 엿볼 수 있다. 이 논란의 적부는 밀쳐두기로 하고, 우선의 문제는 데리다와 이리가라이 사이의 엇갈린 평가이다.

데리다는 '레비나스처럼 쓴 사람은 지금까지 없다'고 말하고 있으며, 이리가라이는 '남자는 모두 이런 식으로 쓴다'고 말한다. 결론만 보고 말하자면 분명히 양쪽 다 『전체성과 무한』의 작자는 남성적 주체이다'라고 하는 점에서는 일치한다. 다만 데리다는 이것을 '전대미문의 사건'이라 생각하고, 이리가라이는 '흔히 있는 이야기'라 생각하고 있다. 이 평가의 엇갈림은 간과할 수 없다.

이리가라이의 평가에 동조한다는 것은 '내가 나라는 것'의 자명성을, 거의 그것만을 평생에 걸쳐 철저하게 비판해온 철학자가 특히 젠더 문제에 대해서만은 '내가 남자라는 것'의 자명성을 되묻지 못했다는 판단에 동조한다는 것을 의미한다.

만일 레비나스가 젠더 문제가 거의 부각되지 않았던 시대의 철학자였다면, 그러한 산파도 어서면 있을 수 있을지도 모른다. 그러나 레비나스가 그 에로스론을 전개한 것이, 중성적 언설은 위장된 남성중심주의적인 어법이라고 보는 페미니즘의 사조가 그야말로 '지배적인 것'이 되어가는 한가운데서의 일이라고 한다면, 그만큼이나 주의력을 결여한 사상가가 동시대에 저만큼이나 지적 위신을 획득한 것은 거의 기적이라고밖에 말할 수 없다.

레비나스는 이리가라이가 우리에게 믿게 하려는 그런 '소홀한 사상가'인 것일까. 레비나스는 정말로 페미니즘으로부터의 반론을 전혀 예기치 않고 『전체성과 무한』의 에로스론을 집필했던 것일까.

1972년의 '프랑스어권 유대 지식인 회의'의 테마는 '남과 여, 현저히 타인 자'였다. '여성이란 현저히 타인 자이다'라고 하는 공통 테마 하에 시작되어, 많은 발언자가 바로 레비나스 본인의 술어를 구사하여 여성의 '타자성'에 대해 열변을 토한 대회의 마지막 탈무드 강화에서, 레비나스는 대회 전체의 친페미니즘적 논조에 찬물을 끼얹듯이 '그리고 신은 여자를 만드셨다'로 그 지론을 전개해 보였다. 아마 대회장은 이 도발적인 강화에 시끌시끌해졌을 것이다.

성차별sexism에는 두 가지 종류가 있다. 하나는 '남자와 여자는 다른 생물이며, 남자 쪽이 잘났다'고 하는 인습적 성규범을 확신범적으로 되풀이하는 '사악한 성차별.' 또 하나는 '나는 인간일반으로서 말하고 있다'고 하는 전제를 조금도 의심하지 않고, 자신의 의식과 언어가 어떻게 성적으로 규정되는지를 음미하는 회로를 갖지 않는 '순진한 성차별'이다.(두 경우 다. 여성인 사실은 그녀가 성차별자임을 조금도 방해하지 않는다.)

레비나스는 '나란 남성이다'라는 고상에서 출발한다. '나란 남성이다'라고 말하는 철학자가 '자신이 성화된 존재인 가능성을 음미하고 있지 않다'는 일은 있을 수 없다. 그렇다면 소거법에 의해 레비나스의 '남성중심주의'는 첫 번째의 '사악한 성차별'이라는 것이 된다. 즉 레비나스는 '나는 남자다, 나는 잘났다'고 하는(아마도 어린 시절에 주입된) 인습적인 성역할에 대한 신빙을, 그 철학적 생명을 걸고 말해 왔다는 이야기가 된다.

거듭 말하지만, 레비나스가 그 정도로 무반성적인 사상가라고 하는 것이 정말이라면, 그가 지금 시대에서 지적 위신을 획득한 것은 거의 기적이라고 말할 수밖에 없을 것이다.

경험적으로, 나는 기적을 믿지 않는다. 그러므로 나는 이리가라이를 배척하고 데리다의 판단에 동조하는 것이다. 즉 레비나스가 성에 대해 말할 때, 그는 '남자라면 누구라도 말할 그런 것을 되풀이하는' 것이 아니라, '전대미문의 것'을 말하려 한다는 가능성 쪽에 무게를 두는 것이다. 레비나스가 '남성', '여성'이라는 말을 사용할 때, 거기에는 경험적 수준에서의 '남성', '여성' 이외에 우리가 모르는 '전대미문의 의미'가 포함되어 있다. 우리는 이 가설에 매달려보기로 한다.

5

'자기수축'에 의해 만들어진 '내면'에서 자아가 경험하는 '친밀성과 접근성'은 '사물'이 아니다. 그것은 굶주림이나 목마름 같은 자연스런 '욕구'를 충족시키는 '양식'과는 별종의 것이다. 왜냐하면 나의 굶주림을 충족시키는 먹을거리는, 먹을거리 쪽에서 '나는 양식이 되고 싶다'는 의사를 갖고 내 입에 뛰어드는 것이 아니기 때문이다. 아무리 맛이 있어도 우리는 '이 빵은 나에게 친밀성을 지니고 있다'고 느끼지는 않는다. '친함과 가까움'이란 자아에 대해, 스스로의 의사로, '우애의 정'을 갖고 접근해오는 무언가가 만들어내는 것이다.

친밀성이 전제가 되는 접근성이란, 누군가와의 사이의 근접성이다. 수축에 의해 생겨난 내면성이란 어떤 세계 안에서 혼자 있는 것인데, 그 세계는 이미 사람의 온기를 띠는 것이다. 자기수축은 거기서 누군가가 환대하고 있음을 예기하고서 수행되는 것이다. (77, p.128.)

'주체이다'란 세계를 관조하는—세계로부터 분리된—시좌에 서는 것을 의미하는 셈인데, 앞서 살펴보았듯이 그 주체의 성립은 '집에 정주한다'는 사건에 기초지워져 있다. 이 '정주한다'는 행위는 이 말이 상기시키는 것처럼 능동적인 것은 아니다. '침츰'은 신의 '철수'에 의해 '비게 된 공간'에 세계가 창조되는 과정을 의미한다. 그와 마찬가지로 무언가가 '집 안에 나를 맞아들이는' 것으로 '내'가 기초지워진다는 것이다. 즉 자아가 '혼자'가 되기 위해서는 우선 '누군가'가 거기에 있어야 하는 것이다. 알기 어려운 사황이다. 레비나스는 우리의 곤혹을 헤아려 안듯이, 그것을 물음의 형태로 내보여준다.

> 그러나 단독화라는 분리와, 친밀성이 '타자'의 전면에 생기하는 일이 어떻게 가능하겠는가?(TI, p.128.)

'타자'와 만남의 경험이란, 지금까지 이해로는 나를 초월하면서 나에게 직접 말을 거는 무언가와 직면하는 것이었다. 그러나 '집'에서 나를 기다리는 타자는 단지 초월을 고지하기만 하는 것이 아니다. 그것은 무엇보다도 우선 나를 '환대'하는 것이다. 거기에 '나를 위한 장소'를 마련하도록 '장소를 비워주는' 것이다.

> 수축의 친밀성이 존재자의 정주를 통해 나타나기 위해서는 '타자'의 현전이 단지 그 조형적 이미지를 무너뜨리는 얼굴로서 현현할 뿐 아니라, 현현과 동시에 그 철퇴撤退와 그 부재를 통해 현현하는 일이 필요하다.(TI, p.128.)

'집'에 나를 맞이하는 '타자'는 '집'의 안으로 물러서고, 모습을 감춤으로써 그 존재를 드러낸다.

'모습을 감춤으로써 현현하는 것.' 이 레토릭을 우리는 이미 한 번 만났다. 그것을 레비나스는 '현상(페노멘)'에 대한 것으로서 '수수께끼(에니굼)'라 불렀다.

> 자신을 현시하는 일 없이 현시하는 이 방식을, 우리는 '현상'이라는 삼감 없고 거만한 현현과 대립하는 것으로서, 그 그리스어 어원에 거슬러가서 '에니굼(수수께끼)'이라 부르기로 한다.(EDE, pp.208~209.)

모습을 감춤으로써 그것을 탐구하는 무궁한 운동을 기동시키는 것. 남의 눈을 피해 어둠으로 퇴거하는 '조심스러움'을 본질로 하는 그런 '타자', '어떠한 거주자보다도 더 일찍부터 거주자'이며, '최고의 환대', '환대 그 자체'(TI, p.131)인 '타자', 그것을 레비나스는 '여성'이라고 부른다.

> 현현하는 일이 조심스럽게 몸을 숨기는 일이며, 친밀성의 영역을 확정하는 두드러지게 따뜻한 환대의 성취를 기초지우는 그러한 '타자', 그것이 '여성 즉 아내 la Femme'이다. 여성은 수축과 집의 내면성과 정주의 조건인 것이다.(TI, p.128.)

'여성'이라는 이 말을 레비나스는 경험적 의미가 아니라 현상학적 '차원'을 지칭하기 위해 사용한다.

여성적인 것은 본 논고에서는 내면적 생이 위치지워지는 지평의 중요한 고정점定點의 하나로서 고찰된다. 그러므로 어떤 주거에 '성적으로 여성인' 어떤 인간존재가 경험적 수준에서 부재하더라도, 주거에 여성적인 것의 차원이 있다고 하는 사실에는 아무런 변화가 없다. 여성적 차원은 주거에서 환대 그 자체로서, 항상 열려 있는 것이다.(*TI*, p.130.)

이와 똑같은 입론방식을 우리는 후설에게서도 보았다. 후설은 페스트로 전 세계의 인간이 사멸하고 나 한 사람만 남겨졌다 하더라도, 그것으로 '세계가 존재한다'는 나의 확증이 흔들리는 일은 없다, 사실로서 '나와는 다른 방식으로 세계를 경험하는 타아'가 있든 없든, 원리로서 내가 상호주관적 방식으로 세계를 경험한다는 사실에 변함은 없다고 말해 상호주관성이라는 현상학적 차원을 확보했다. 레비나스가 여기서 말하고자 하는 것은 그와 유사한 것이 아닐까. 사실로서 '여성'이 부재하더라도, 혹은 그것이 경험적인 '여성'이 아니더라도 '환대 그 자체'인 여성적 차원은 존재하며, 존재하지 않으면 안 된다, 레비나스는 그렇게 말하는 것이 아닐까.

레비나스가 논하는 것은 '생물학적 여성'이 아니라 '현상학적으로 여성적인 차원'이다. 레비나스의 고찰에 잠시 아무 말 말고 따라가보자.

'여성'은 특이한 '타자'이다. 왜냐하면 나와 '여성'의 사이를 잇는 것은 나와 '타자'를 연결하는 특권적 회로인 '언어'가 아니기 때문이다. 거기에 오가는 것은 '교화적인 것을 포함하지 않는 언어, 무언의 이해, 비밀스런 표현'(*TI*, p.129)이다.

여성적 타자성altérité féminine의 언어와는 다른 차원에 위치하고 있다.'(*TI*, p.129.)

그것은 '여성'과의 커뮤니케이션이 '불완전한 언어, 불명확한 언어, 초보적인 언어'를 경유한다는 뜻은 아니다. 그런 게 아니라, 여성적 타자성이 띠는, '이 현전의 조신함이야말로 타자와의 초월적 관계의 모든 가능성을 포함하는 것이다.' (*TI*, p.129.)

'타자'와의 교통의 회로는 언어이다. 레비나스는 분명히 그렇게 말했다. 그러나 여기서 레비나스는 '언어와는 다른 차원', '타자와의 초월적 관계의 모든 가능성을 포함하는' 것으로서 '조신함', '수줍음pudeur'이라는 불가사의한 말을 끄집어낸다. 그리고 이 '조신함'이야말로 주체의 성립을 가능케 하는 것이라고 말한다. 소화하기 어려운 고상이다.

우리가 일단 알게 된 것은 자아 혹은 관조적 주체라는 것이 '여성적 타자성'의 '환대'로 마중을 받아 비로소 '집'에 살 곳을 찾고, 그 분리를 성취하고, 노동과 표상의 고성점定點을 얻는다는 구도이다. 그 구도는 분명 우리가 알고 있는 고전적인 '혼인'의 구도와 유사하다. 그러나 정말 레비나스는 경험적인 혼인에 대해 말하는 것일까.

6

'집'을 얻은 자아(굳이 경험적 비유를 사용하자면 '배우자를 얻은 자아')는 '집' 없는 자아('단독자인 자아')와는 세계에 대한 관련방식을 달리 한다. '집 없는 자아'의 세계와의 관련은, 이미 말했듯이 '향유'라는 방식으로 행해진다. 자아는 갖가지 '원소élément'를 '양식'으로 해서, 그 안에 깊숙이 몸을 담그고 그것을 향유하며 살고 있다. 이에 반해 '집을 얻은 자아'는 이 무정형amorphous하고 바닥없는 원소를 단지 향유할 뿐만 아니라, 그것을 수확하고, 손질하고, 가공하고, 제품화해서 '집' 안에 저장한다.

> 원소적인 것에 대해 행해지는 이러한 파악, 그것이 노동이다. 노동에 의해 달성되는, 집에 기초하는 사물의 소유는 향유에서 비-자아와의 직접적인 교제와는 명백히 다른 것이다.(TI, p.131.)

'향유'에서 '단독자적 자아'는 사물을 '소유한다posséder'고 하기보다는 사물에 '빙의되어 있으며être possédé', 원소적인 것의 '측정 불가능한 깊이'(TI, p.132)에 맡겨져 있다.

그러한 원소의 '야생'을 길들여 가축화-가재화하는 일, '존재자의 자존성, 원소적 비-자아의 질료성을 일시정지 하는 일', '질료의 측정 불가능한 어둠 속에 들어가는 일'(TI, p.132), 그것이 '노동'이다.

무정형하고 혼돈한 '원소' 안에 집어넣어진 '손'이 잡아낸 것, 그것이 '사물'이다. '사물'을 내 집 안에 가져오는 일, 그것이 '노동'이다. 사물은 그렇게 해서 자아중심적인 질서 안에 정돈된다. 그것을 위해 자아는 노동의 성과를 갖고 돌아올 '집'에 정주하는 '가정적 실존'의 위격에 도달해 있어야 한다.

> 원소적인 것을 욕구의 합목적성으로 가져오는 손이 사물을 구성하는 것은, 손에 의한 획득물을 직접적 향유로부터 구별하고, 그것을 주거 안에 저장하고, 그것에 재산이라는 지위를 부여함으로써이다. (……)

그 때문에 주거 없는 존재자에게 노동은 불가능한 것이다.(*TI*, p.132.)

노동에서 여성이 이뤄내는 역할에 대해, 레비나스는 『곤란한 자유』에서 좀 더 회화적인 표현을 한다.

> 남자는 보리를 집에 가지고 돌아온다. 그는 보리를 날것인 채로 삼킬 수 있을까. 남자는 아마亞麻를 가지고 돌아온다. 남자는 그것을 그대로 몸에 걸칠 수 있을까.(*DL*, p.54.)

남성이 원소적인 자연으로부터 끄집어내는 것은 그것만으로는 '날것'에 불과하다. 그것은 너무나 거칠고 냉랭한 사물이며, 그것은 '삼킬' 수도 몸에 '걸칠' 수도 없다. 그것이 사람의 허기를 채우고 비바람을 막는 것이 되기 위해서는, '집'으로 가지고 돌아오는 일이 필요한 것이다.

> 이 세계는 사람을 만족시킬 수 없는 상품—빌거벗은 사람에 설쳐 입힐 수도 굶주린 사람에게 먹일 수도 없는 것—이 사장된 창고처럼 냉랭하다.(*DL*, p.54.)

그것이 '집 없는 자아'들이 있는 세계의 풍경이다. 거기서 남성은 원소를 직접적으로 향유하고, 거칠게 비인간적인 '날것'과 대치하고 있다.

그 남성적 본질에서의 정신이란 이것이다. 정신은 외기에 노출되어서 살고 있다. 눈을 찌르는 폭력적인 햇빛을 쬐고, 쓰러뜨릴 것 같은 맞바람을 맞고, 몸을 숨길 기복 하나 없는 땅을, 고향을 떠나 홀로 떠돌고 있다.(*DL*, p.55.)

세계를 날것인 채로 향유하는 남성은 '자신의 몸을 지켜주었을지도 모를 그늘을 물리친다.' 그렇게 해서 스스로 추구한 빛 안에 전신을 노출시키고, 햇빛의 아픔을 견디지 못하고 있다. 그는 '보편적인 것 안에서 여전히 고독하다.' 그는 어떤 의미에서는 세계를 지배하지만, 손닿는 모든 것이 황금으로 변해버렸기 때문에 굶어죽게 되는 전설의 왕처럼, 모든 것에 소유의 각인을 찍어두면서 치유하기 힘든 '자기상실감'에 빠져 있다. 그것이 '남성성virilité'이라는 사황이다.

이 아프리만치 노출된 세계를 '거주 가능'한 것으로 만들기 위해서는 정복적 몸짓과 무관한 것, '정복하지 않는 것'의 출현이 요청된다. 비바람을 피하기 위해 '집'이 있듯이, 햇빛을 피하기 위해 '그늘'이 있듯이, 세계의 표면이 휘어 '주름'과 같은 것, '안쪽'이 생기지 않으면 안 된다. '무한하고도 냉엄한 공간' 속에 일종의 '온유함douceur'이 출현해야 한다. 이 세계를 '거주 가능'케 하는 또 하나의 '노동', 그것이 '여성적' 노동이며, '여성적인 것'의 관여를 기다려 비로소 '노동'은 완성된다.

여자는 보리를 빵으로 바꾸고, 아마亞麻를 옷으로 바꾼다.(*DL*, p.55.)

'여성적인 것', 그것은 남성이 가지고 돌아온 '보리'를 빻고, '아마를 짜고, 그것들이 식용, 착용에 적합하도록 가공하는 기능이다. 물론 그것은 '정복자의 약탈품'을 '노비가 가공한다'는 것을 의미하는 것은 아니며, '남자는 임금노동을 하고 여자는 가내노동을 한다'는 제도적, 경험적인 사실을 말하는 것도 아니다. 레비나스가 '여성적인 것'이라 부르는 것은 가혹한 것을 부드럽게 하고, 보편화라는 힘의 강함이 세계를 너무 황량한 것으로 만들지 않도록 만류하는 '온유'의 기능을 말하는 것이다.

> 여성적인 것은 상냥함, 선의와 같은 미덕의 시원적인 표출이며, 그것 자체로서 유약한 것이며, 지상의 모든 온유함의 근원인 것이다.(DL, p.55.)

인간이 인간으로서 살아가기 위해서는 이 '강함'과 '상냥함', '가혹함'과 '온유함'의 두 원리가 절대적으로 등근원적으로 협동하는 것이 필요하다. 모든 것을 정복하고, 모든 것을 비추어내는 거친 '남성'은 빛을 차단하고, 안쪽에 섭어들이고, 무기석無機적인 세계를 따뜻하고 느낌이 좋은 '집'으로 바꾸는 '여성'을 만나 비로소 '정주'를 달성한다. 여기서 '여성적 존재'는 '남성적 존재'가 그 세계지배를 성취하기 위한 휴식의 장을 제공하는 보완적 기능을 수행하는 것은 아니다. 여성은 남성의 결여를 보충하기 위해 존재하는 것은 아니다. 이 두 가지는 독립된 전체성인 것이다.

여자가 남자를 완전하게 만드는 것은 어떤 전체의 안內인 부분이 다른 부분의 결락을 보완하듯이 그렇게 하는 것이 아니다. 말하자면 두 개의 전체성이 서로 상보해서 완전한 존재가 되는 것이다.(*DL*, p.58.)

'성차'를 미리, 자연적 경험적으로 차이 나게 존재하는 두 이성 사이에 상정하는 한, 레비나스의 여성론은 이해할 수 없다. 이미 살펴보았듯이, 레비나스에 의하면 'A와 B가 다르다'는 것은 A와 B를 동시에 비교해 헤아릴 수 있는 포괄적인 시점이 있다는 것, 즉 '전체성'에 양자가 포함되어 있다는 것을 의미한다. 그러나 남성과 여성은 '하나의 전체성'의 상보적인 상대편인 것이 아니라, '두 개의 전체성'이다. 남녀는 협동적으로 기능하지만, 양자를 동시에 비교해 헤아릴 수 있는 공통의 도량형은 존재하지 않는다.

> 성차란 두 개의 상보적인 항의 양극성을 말하는 것이 아니다. 왜냐하면 상보적인 이항이라는 것은 그것에 앞선 하나의 전체성을 예기하기 때문이다. (……) 여성적인 것이라는 관념에서 중요한 것은 그것이 인식 불가능하다는 점이 아니라, 빛을 피한다고 하는 그 고유한 존재양태이다. 여성적인 것은 실존에서의 한 사건이며, 그것은 빛으로 향하는 공간적 기능이나 표현이라는 사건과는 다른 것이다. 그것은 빛으로부터의 도망이다.(*TA*, pp.78~79.)

이 문맥에서 '여성', '남성'이라 불리는 것은 경험적인 존재자가 아니며, 애당초 성적 타자로서 만나기 전에는 독립적으로 존재하고 있지 않다. '남성'의 '남성성'이라는 속성은 '여성'이라는 카테고리에 의해 '환대받음'으로써 비로소 생겨난다. '혼자 있는 자아'라는 것이 개념화할 수 있는 것은 그것이 '이제 혼자가 아니게 된' 이후이다. '환대하는 자'가 거기에 있다는 것은 '집에 정주한' 사실을 통해 비로소 알려지는 것이다.

자아는 내존재를 획득함으로써 '세계 안에서 혼자 있는 것'이 가능해진다. 그러나 그 내재성은 이미 '사람의 온기'를 띤다. 자기가 분리된 주체로서 일어나는 것은 '누군가'가 환대했기 때문이다. 자아가 '혼자'가 되기 위해서는, '누군가'가 거기에 있어야 한다. 나를 위해 '물러서고', '장소를 비워주는' 일이 없으면, '나'라고 말하는 주체 그 자체가 출현하지 않는 것이다.

성차란 실체가 아니라 이러한 사황 그 자체를 말한다.

'누군가'가 '타자'를 위해 '장소를 비우고, 조신하게 모습을 숨길' 때, '장소를 비우는 기능'을 '여성', 그 수축에 의해 만들어진 '빈 틈을 채우는 기능'을 '남성'이라고 부른다. 굳이 말하자면 그것이 성차에 대한 레비나스의 정의이다.

'물러선다'는 것은 여성의 근원적 추향성趣向性이라고 하는데, 지금 인용한 '빛이 비치는 장소로부터 멀어진다'는 표현은 레비나스가 거듭 인용하는 파스칼의 말에서 가져왔다.

'그 빛이 비치는 장소는 나의 것이다 C'est là ma place au soleil.' 이 말이 지상의 모든 찬탈의 시점이며, 그림이다.

레비나스는 파스칼의 이 말을 '빛이 비치는 장소를 요구한다는 단 하나의 사실에 의해, 나는 이미 대지를 찬탈한다'(*EL*, p.115)고 해석한다. 그렇다면 대지의 찬탈에 동조하지 않는 자는 '빛이 비치는 장소에서 멀어지게' 될 것이다. 세계의 기원에 있는 것은 이 창조적 증여이다.

　앞서 언급한 루리아파의 '침츰'은 우리에게 '장소를 비움'으로써 신이 세계를 창조했다는 설화원형이 존재한다는 것을 가르쳐주었다. 파스칼과 루리아를 합쳐서 읽으면 '빛으로부터 몸을 감추는 조신함'에 의탁된 존재론적 기능은 능동성에 대한 단순한 수동성이나, 권위에 대한 예종을 의미하는 것이 아니라, 오히려 신의 창조행위, 윤리의 기점표지起點標識를 의미하게 된다. 세계를 창시하기 위해서는, 대지의 찬탈이 정지되기 위해서는, 누군가가 '빛으로부터 벗어나' 장소를 비워야 한다. 그 창조적 증여자를 레비나스는 경험적인 성별과는 다른 차원에서 '여성'이라 부르는 것이다.

Ⅱ. 여성과 주체

1

나와 '타자'는 등기원적·동시적 그리고 일회적으로 생기한다. 내가 미리 존재하고 있어서 '타자'를 환대한다든지 배제한다든지 하는 것이 아니며, 그 반대로 '타자'가 미리 존재하고 있어서 나를 눈뜨게 한다든지 나를 응답책임 안에 끌어들이는 것도 아니다. 어느 한쪽이든 쌍방이든, 한쪽이 미리 다른 쪽에 의한 기초지움 없이 자율적으로 존재하고 있는 것이라면, 그 만남은 '생성적'이라고 할 수 없을 것이다.

우선 '만남의 경험'이 있다. 그리고 그 경험에 힘입어 눈뜬 내가, 말하자면 회상적 방식으로 '도대체 여기서 나는 누구와 만난 것인가?'라는 소급적 물음을 묻고, 그러한 물음이 물어졌다는 사실을 기초로 해서, '타자'도 또한 마치 거기에 이전부터 실재했던 것 같은 '이력'을 획득한다. 그런 방식으로 '만남'은 구조화된다.

레비나스의 에로스론에서도 이 순서의 뒤집힘이 관철되어 있음을 잊어서는 안 된다. 우선 남성이나 여성이나가 근원적인 방식으로 주어져 있고, 처음에는 소원하고 관계가 없던 양자 사이에, 어떤 계기로 충전적인 상호이해나 의사소통이 성립된다는 방식으로 에로스가 구조화되는 것은 아니다.

'만남의 경험'이 나와 '타자'를 항화項化(연관된 하나 속의 여러 상관자인 '항'으로 만듦―역자)하듯이, 에로스의 경험이 남성과 여성을 항화한다. '양성의 만남'이라는 사건은 말하자면 전-기원적이며, 그 사건을 매개로 해서 비로소 성차가 의미를 갖는 것이지, 미리 존재하는 두 개의 성 사이의 차이가 만남의 장에서 먼지 가까운지 헤아려지는 것은 아니다.

그 만남의 찰나에 한 걸음 나아가서, '물러서고', '빛으로부터 달아나고', 내면이라는 '초영지성'을 만들어내는 창조적 증여자를 레비나스는 '여성'이라고 부르고, 이 사건을 '빛 안에서' 기술하는 바로 그 '나 ― 여성'에게 환대받아 내면으로의 정주를 이룬 초월적 자아―를 '남성'이라고 부른다.

이것이 일단 레비나스 에로스론의 출발점이며 우리의 수중에 있는 재료이다. 이것은 성차에 대한 하나의 설명으로는 일단 앞뒤가 들어맞는다. 맞고 틀리고의 판단은 차치해두고, '그러한 사고방식도 있다'는 것이다. 그러나 이빨에 뭔가 낀 것 같은 찜찜함이 몇 가지 남는다. 그것은 왜 그 '창조적 증여자'라는 존재론적 카테고리를 지칭할 때에 레비나스는 굳이 '여성=아내femme'라는, 경험적 함의가 농밀하게 들러붙은 말을 골랐는가 하는 수수께끼다. 어째서 먼저 물러서는 것이 '여성'이고 환대받는 것이 '남성'이라는, 페미니스트로부터 집중포화를 받을 그런 용어법을 레비나스는 채용한 것일까.

이미 살펴본 대로, 우리는 이것을 레비나스의 무의식적인 착오가 아니라 전략적 선택이라고 가정하는 입장이다. 그것이 무엇을 의

도한 전략인지, 왜 레비나스는 나와 '타자'의 만남의 경험을 논할 때에 '집'이나 '여성'과 같은 구체어를 술어로 취해 우리를 혼란으로 이끄는 건지, 우리는 다음으로 이 물음에 답해보기로 한다.

단 이것은 정면에서 논하기가 어려운 주제이다. 따라서 우리는 잠깐 사상사적인 우회를 시도해보기로 한다. 우리는 레비나스가 이 위험한 용어법을 채택하는 '위험'을 무릅쓴 것이 '여성적 본질 같은 것은 존재하지 않는다'고 주장하는 사상이 일세를 풍미하는 한가운데서의 일이었다는 역사적 사실에 주목해볼 필요가 있다.

레비나스가 선행하는 사상을 공략할 때의 기본적 전략에 대해, 이미 우리는 어느 정도 꿰뚫고 있다. 그것은 선행하는 사상의 기본틀이나 술어를 그대로 빌려서 그것을 미묘하게 비튼다든지, 역용逆用해 보이는 것이다. 레비나스는 그렇게 해서 '관조적 주체'를 기점으로 하는 후설의 현상학을 전도시켜 '비-관조적 주체'에 기초하는 현상학을 구상해 보였으며, 하이데거의 '있다es gibt'를 역전시켜서 '있다il y a'라는 새로운 개념을 만들어냈다. '전언철회'는 레비나스의 '사고의 지문'이라고도 할 고유의 텍스트 퍼포먼스이다. 그렇다면 우리는 다음과 같은 물음을 던져봐도 좋을 것이다.

'그러면 레비나스는 에로스론에서 도대체 누구의 사고를 전언철회하고자 한 것일까?'

물음을 이렇게 뒤바꿔보면 이야기는 얼마간 알기 쉬워진다. 왜냐하면 레비나스가 이 에로스론을 쓰던 1950년대, 성차의 문제에 대해 논단을 주도했던 것은 이론의 여지없이 시몬 드 보봐르와 페미니즘의 빛나는 매니페스토인 『제2의 성』(1949)이었기 때문이다.

2

'사람은 여자로 태어나지 않는다, 여자로 되는 것이다On ne nait pas femme: on le devent' (Simone de Beauvoir, le Deuxième sexe I, Galimard, 1949, p.285. 이하 *DS*로 약기)라는 말은 성차에 대해 20세기에 말해진 것 중 아마 가장 널리 알려진 일절일 것이다.

생물학적 섹슈얼리티와는 다른 수준에서 성립하는 문화적 성차라는 것이 존재한다는 것을 이 만큼 명료하게 정리한 말을 우리는 달리 알지 못한다. 우리는 그것을 '젠더'라 부른다. 그것은 자연발생적으로 '있는 것'이 아니라, 사회관계 안에서 '구축된 것'이다.

내가 보기에 레비나스의 에로스론은 보봐르의 여성론을 '전언철회'한 것이다. 구조주의의 반-주체주의가 절정일 때 '주체성의 복권'을 논한 것과 꼭 마찬가지로, 레비나스는 '여성적 본질이라는 것은 존재하지 않는다'는 보봐르의 여성론이 절정일 때 '여성적인 것의 복권'을 논했다. 두 개의 몸짓은 구도적으로는 동일하다. 레비나스의 구조주의 비판은 '주체' 개념의 근본적인 재구축을 지향한 것이었다. 그렇다면 레비나스가 여기서 하고자 하는 것은 '전-보봐르적 풍토'로의 회귀가 아니라, 보봐르의 여성론을 넘은, 완전히 새로운 '여성' 개념의 제시가 아닌가 하고 추리하는 것이 우리에게는 허용되는 것이다.

이 추리의 타당성을 검증하기 위해 우리는 이하에서 우선 보봐르의 이설을 살펴보기로 한다.

보봐르의 젠더론의 취지는 '여성적 본질'의 부정에 있다.

보봐르에 의하면, 어떠한 인간에게도 타고난 '성적 특질' 따위는 존재하지 않는다. 계급이나 인종으로 귀착되는 그 밖의 모든 인간적 특성이 그러하듯이, 성적 본질, '여자다움'이나 '여자다운 조신함' 따위로 칭해지는 것도 모두 다 역사적, 상황적 가설에 불과하다. '실존은 본질에 선행한다.' 그런 의미에서 여성의 존재방식은 본질적으로 '프롤레타리아'나 '미국 흑인'이나 '유대인'과 동질적인 것이라고 보봐르는 단언한다.

> 사안이 인종이든, 카스트이든, 계급이든, 성차이든, 그것들이 열등적 조건에 억눌려 있는 한, 그것을 정당화하는 방식은 동일하다. '영원히 여성적인 것', 그것은 '흑인의 영혼soul'이나 '유대적 성격'과 동의어이다.(DS, p.26.)

어떤 계급에 생득적인 의식 따위는 없다. 어떤 인종에게 고유한 영혼 따위는 없다. 어떤 민족에게 내재하는 심성 따위는 없다. 그와 마찬가지로 여성에게 내재하는 '영원히 여성적인 것éternel féminin' 따위는 없다. '여성'을 '여성'이게 하는 것은 그 생물학적 '사실'이 아니라, 그러한 특성을 징표화함으로써 이익을 얻는 자가 있다는 정치적 '상황'인 것이다.

> 우리는 인간에게 '본성'이 있다는 것을 믿지 않는다. (……) 인간은 무엇보다도 우선 '상황 속에 있는 존재'이다.(Jean-Paul Sartre, *Réflexions sur la question juive*, Galimard, 1954, p.72.)

이 사르트르의 정식을 보봐르는 젠더론에 적용한다.

여성의 눈에 남성은 '타자'로 비친다. 그것은 남성의 눈에 여성이 '타자'로 비치는 것과 마찬가지다. 그러나 남성적 '타자'는 여성의 눈에 본질적인 것으로 보이는 데 비해, 남성의 시선 앞에 있는 여성은 자신을 비본질적인 것으로서 파악한다. 여성은 부모의 가정과 어머니의 지배로부터 벗어나 미래를 향해 몸을 던진다. 그러나 그녀가 미래로 몸을 던지는 것은 능동적인 정복에 의해서가 아니라, 새로운 주인의 팔 안에서 수동적으로 길들여진 자가 됨으로써인 것이다.

여성이 이런 식으로 포기하고서 임무방기를 하는 것은 신체적 정신적으로 동년대의 남성에 비해 열등하기 때문에, 경합할 수가 없기 때문이라는 사람들이 있다. 헛된 경쟁을 포기하고 상위 카스트에 속한 멤버의 아내가 되어 자신의 행복을 확보하려는 것이라고. 그러나 사실은 여성이 이런 식으로 물러서는 것은 타고난 열등성 때문이 아니다. 역으로 물러서는 일에서 여성의 모든 불충분성이 생기는 것이다. 이 물러선다고 하는 경향은 그녀의 소녀시절의 과거 안에, 그녀를 둘러싼 사회 안에, 그리고 바로 그녀를 기다리는 미래 안에 그 연원을 가지고 있다.(*DS*, p.373.)

보봐르의 이 말 속에는 '타자', '역사', '본질', '물러선다'와 같은 중요한 말이 이미 다 나와 있다. 다만 이 술어들의 보봐르적 의미는 레비나스의 그것과는 미묘하게 '어긋나 있다.' 그것이 어떠한 결과를 가져오는지는 나중에 밝혀질 것이다.

아무튼 맨 먼저 지적해 두어야 할 것은, 보봐르의 이 사고방식에 한 가지 치명적인 난점이 있다는 것이다.

모든 피억압자가 역사적 상황이 만들어낸 것이라면, 이야기는 보봐르가 말하는 대로다. 물론 '유대인'이나 '흑인'을 차별과 배제의 대상으로 하는 사회적 태도는 특정한 역사적 요인이 갖추어지지 않으면 생기지 않으며, '프롤레타리아'는 경제가 어떤 발전단계에 달하지 않는 한 등장하지 않는다. 그러나 여성은 그것과 동일하게 논할 수 없다. 왜냐하면 '여성' 개념은 특정한 정치적·경제적·문화적 조건이 갖추어져서 출현한 것이 아니기 때문이다. 분명히 여성이 어떠한 사회적 역할을 수행해야 할 것인가에 대해서는 시대에 따라, 지역에 따라 차이가 있지만, 여성과 남성을 구별하지 않는 그러한 사회집단은 존재하지 않는다.

여성은—가령 '여성이라는 사실' 때문에 사회적 '불이익'을 당하는 경우가 있더라도—역사적 상황이 만들어낸 카테고리는 아니다. 그 점에서 여성은 '프롤레타리아'나 '흑인'이나 '유대인'과는 결정적으로 다르다. '흑인'이나 '유대인'은 일정한 역사적 상황 하에서는 거의 그 생존 자체까지 부정되는 일이 있다. 그러나 여성의 경우에 그러한 일은 일어나지 않는다. '흑인'이나 '유대인'은 그들을 압박하는 자에게 격한 증오를 느끼고 그 섬멸을 바라는 일도 있겠지만, 여성의 경우는 그러한 일이 일어나지 않는다.

> 프롤레타리아는 지배자계급을 섬멸하는 가능성을 음미할 수도 있을 것이다. 광신적인fanatique 유대인이나 흑인 중에는 원폭의 제조비법을 독점해서, 세계를 유대인 혹은 흑인만의 세계로 만드는 것을 몽상할 수도 있을 것이다. 그러나 여성은 꿈속에서조차 남성을 학살할 수가 없다. 여성을 그 억압자에 결부시키는 끈은 다른 것과는 판이한 것이다.(DS, p.21.)

'흑인'이나 '유대인'은 실지로 대량 및 조직적으로 학살된 역사적 경험을 갖고 있다. 그러나 여성을 '여성이다'라는 이유만으로 집단에서 배제하고 학살한 사회집단은 역사상 존재하지 않는다. 가령 있었다 하더라도, 1세대 후에는 소멸했을 것이다. 여성과 남성의 관계는 그것 이외의 억압자/피억압자, 수탈자/피수탈자의 관계와는 분명 종류를 달리하고 있다. 그러므로 보봐르의 말을 뒤집는 듯하지만, '영원히 여성적인 것, 그것은 흑인의 영혼이나 유대적 성격과 동의어'는 아닌 것이다.

여성의 '본질'은 '역사적 조건지움'에 의해 완전히 규정할 수가 없다.

앞의 인용에서 보봐르는 여성이 '물러서는' 것은 '타고난 열등성 때문'이 아니라, 반대로 '물러섬으로부터 여성의 모든 불충분성이 생겨난다'고 논했다. 여성이 남성과의 경합에 참가하지 않고 남자들과는 가치관을 달리하는 곳으로 '물러서는' 것은, 여성이 자라온 가정환경이나 사회적 조건에 '그 연원을 갖고 있다.' 역사적 조건지움이 여성들에게 그와 같은 행동을 강제해온 것이라고, '여성적 본질(같은 것)'을 형성하는 것은 그녀들을 둘러싼 역사적 조건지움이라고 보봐르는 주장한다.

그러나 만일 그렇다고 한다면, 여기서 역사에 대한 보봐르의 발언은 하나의 심각한 모순을 안게 된다. 왜냐하면 그녀는 모든 것은 역사가 정한다고 말하는 한편, 여성을 둘러싼 역사적 상황은 '초역사적으로 동일'하다—'여성을 기다리는 미래'에서조차도 사정은 변하지 않을 것이다—고 주장하기 때문이다.

'여성적 본질이라는 것'이 존재한다는 것을 보봐르는 인정하지 않는다. 그럼에도 불구하고 '여성적 본질이라 불리는 그런 것'을 만들어내는 상황이 항상 동일하게 반복된다는 것을 인정한다.

> 두 개의 성은 한 번도 세계를 균등하게 분배한 일이 없다. 오늘날도 여전히, 여성의 조건이 향상되고는 있지만, 여성에게는 무거운 장애가 과해져 있다. 여성과 남성의 법적 권리가 동등한 나라는 거의 존재하지 않는다. (……) 경제적으로도 남성과 여성은 두 개의 카스트를 형성하고 있다. 다른 조건이 동일하다면 남성 쪽이 신참의 경쟁상대보다도 높은 지위, 높은 급료, 높은 성공 기회의 혜택을 받고 있다. (……) 남성은 구체적으로 권력을 보유했을 뿐 아니라, 일종의 위신을 몸에 두르고 있으며, 교육은 그 위신의 전통을 유지하고 있다. 현재는 과거를 끌고 있으며, 과거에 있어서 역사는 남성에 의해 만들어져 온 것이다. (……) 이 세계는 아직도 남성의 것이다. (……) '타자'가 되는 것을 거부하는 일, 남성과의 공범관계를 거절하는 일, 그것은 여성에게 있어 이 상위 카스트와의 동맹이 그녀들에게 제공하는 모든 이득을 단념하는 일인 것이다 (DS, pp.22~23.)

보봐르의 분석에 의하면, 이러한 불평등이 버젓이 통하는 가장 큰 이유는 많은 여성이 '남성과 공범관계'를 맺는 일로부터 이득을 얻고 있다는 데서 찾을 수 있다. 이 이득이 너무나 크기 때문에 비록 '타자가 되는 일', '남성과의 공범관계'를 거절할 기회가 주어진 경우조차도, 많은 여성들은 그 기회를 활용하지 않는 것이다.

> 남성=군주는 여성=가신을 물질적으로 보호하고, 그 존재에 정통

성을 부여하는 임무를 받아들일 것이다. 경제적 리스크를 짊어지는 대신에 여성은 자유라는 형이상학적 리스크를 회피한다. 자유는 누구의 도움도 빌리지 않고 수행해야 할 자기 자신의 사는 목적을 여성에게 과하게 되기 때문이다. 그러므로 모든 개인은 주체로서 자기정위해야 한다는 그야말로 윤리적 주장의 한편으로, 여성 안에는 이 자유를 벗어나 자기를 물상화하려는 유혹도 또한 존재한다. (……) 이것은 안일의 길이다. 이쪽 길을 걸으면, 자기의 실존을 정통적인 방식으로 받아들인 경우의 고뇌와 긴장을 벗어날 수 있기 때문이다. 이때에 여성을 '타자'로 간주하는 남성은 여성 자신 안에서 친밀한 공범성을 찾아내게 된다.(DS, p.23.)

남성의 '공범'이 되는 일은 물론 보봐르가 말하듯이 '안일의 길'일지도 모른다. 그것은 '형이상학적 리스크'와 '고뇌와 긴장'으로부터 벗어나고자 하는 비열한 처신인지도 모른다. 그러나 여기서 우리가 보봐르 자신의 입으로부터 들은 말로 기억해두고 싶은 것은, 어떤 여성들은 '자유'나 '주체성'을 궁극적인 가치로 간주하고 있지 않다는 '사실'이다.

보봐르는 그것이 '비정통적' 선택이라고 물리친다. 그러나 자유나 주체성의 진정한 가치를 모르는 것은 『제2의 성』의 저자가 주장하듯이, 그녀들이 몇 세대에 걸쳐 계속 주입받아온 남성중심주의 이데올로기에 세뇌 당해버린 탓인 걸까. '모든 개인은 주체로서 자기정위해야 한다'는 보봐르의 공리는 그녀가 생각하는 만큼 '자명'한 것일까. 자기의 자유의지에 기초해서 '물러서고', '타자'와의 친밀한 공범성 안에 나아가는 사람의 안에는 자유나 주체성과는 '다른' 가치가 움직이고 있다는 그런 가능성은 없는 것일까.

3

자유나 주체성의 획득이야말로 중차대한 요구여야 할 바로 그 여성들 자신 중에, 자유나 주체성과는 '다른' 가치에, 예컨대 '물러섬humilité'이라는 행위를 통해 동의를 해버리는 이가 있다는 '사실'은 실존주의에서 더 한층 심각한 아포리아를 구성한다. 보봐르로서는 그것이 '자유'로운 정신에 의해 선택된 결론이라고 인정할 수 없다. 그것은 여성이 자유의사에 따라 주체적으로 선택한 삶의 방식이 아니라 어디까지나 역사적 조건지움에 의해 '강요'된 것이다. 이것은 보봐르의 양보할 수 없는 최종방위선이다.

우리가 채용하는 것은 실존주의의 입장이다. 모든 주체는 기투를 통해 초월로서 자기설정한다. 주체는 타의 자유들을 향한 부단한 극복에 의해서만 자신의 자유를 성취한다. 지금 여기에 실존하는 일은 무한히 개방되어 있는 미래로 자기를 확대함으로써만 기초지울 수 있다. 초월이 내재로 실추될 때마다, 실존으로부터 '즉자'로의 타락이 생긴다. (……) 실추는 절대악이다. 자기의 실존을 정당화하는 일을 마음 쓰는 모든 주체는, 실존을 자기초월로의 무한한 욕구로서 경험한다. 그런데 여성의 상황을 특이한 방식으로 규정하는 것은 전적인 인간적 존재이며, 자율적 자유이면서, 여성들은 자신을 '타자'로서 받아들이는 일을 남성들이 강요하는 세계 안에서, 자기발견·자기선택을 한다는 것이다. 여성은 대상으로서 응고되는 것, 내재에 몸을 바치는 것을 당연한 듯이 요구받는다. 왜냐하면 여성의 초월은 또 하나의 의식, 본질적이고 군주적인 의식에 의해 끊임없이 초월되지 않으면 안 되기 때문이다. 여성의 드라마란 항상 본질적인 것으로서 자기설정하는 모든 주체의 근본적인 권리요구와, 여성을 비본질적인 것으로서 구성하고자 하는 상황의 요청, 그 사이의 확고한 고집인 것이다.(*DS*, p.34.)

보봐르는 여성을 둘러싼 상황을 '본질적인 것으로서 자기설정하고자 하는 주체의 근본적인 권리요구'와 '여성을 비본질적인 것으로서 구성하고자 하는 상황의 요청' 사이의 확집確執으로서 파악한다.

보봐르는 인간의 정통적인 존재방식을 하나밖에 인정하지 않는다. 그것은 무한한 미래로의 부단한 자기초월이다. 초월의 시도를 정지한 자는 '사물'의 수준, '노예'의 지위로 퇴락하게 된다. 그것은 '절대악'인 것이다. 그러나 이 자기초월의 운동은, 당연하지만, 끊임없이 타자의 자기초월 운동과 충돌할 수밖에 없다.

한 사람의 인간을 그 내재로부터 떼어내 그 존재의 진리를 성취하는 것, 즉 초월로서, 대상에서 벗어남으로써, 기투로써 성취하는 것을 가능케 하는 것은 다른 인간들의 실존이다. 그러나 나의 자유를 확증하는 이 타자의 자유는 나의 자유와 확집을 빚어낸다. (……) 개개의 의식은 자기 한 사람을 군주적 주체로서 자기설정하고자 하기 때문이다. 개개의 의식은 타자를 노예화함으로써 자기성취하고자 하는 것이다. 그러나 노예는 노동과 공포를 통해 자신도 또한 본질적인 것이라는 것을 스스로 경험한다. 그리고 변증법적 전환에 의해, 이번에는 비본질적인 것으로 보여져오는 것이다.(*DS*, p.188.)

보봐르는 '본질적인 것으로서 자기설정하고자 하는 주체의 근본적인 권리요구'를 여성에게도 인정하라고 요구한다. 여성은 노예의 지위에 영원히 만족하는 일 없이, 그녀도 또한 주인으로서 노예를 부리는 입장으로 상승step up을 지향해야 한다고. 이 투쟁에 내걸려 있는 것은, 보봐르의 말을 그대로 빌리자면, 일단 '높은 지위, 높은 급료, 높은 성공의 기회'나 '권력', '위신', '이득', '상위 카스트' 등이다.

더욱 큰 자유, 더욱 큰 영역, 더욱 높은 위계를 좇아 실존의 자기 초극은 이루어진다. 그러나 자유나 영토나 위계는 애당초 그 희소성 때문에 쟁탈이 되며, 그 경합 과정에 남녀를 불문하고 모든 주체가 몸을 던져야 한다면 그 영위는 자연히 '생존전'의 양상을 드러내게 된다.

그러나 우리는 여기서 또 멈추어 서게 된다. 자신을 본질적 주체이게끔 하고자 '싸우는' 일은 애당초 그렇게 '좋은 일'인 것일까. '남성이 점유하는 사회적 자원을 여성에게도 배분하라'고 주장하는 것은 물론 정당한 요구지만, 그것은 동시에 '인간은 사회적 자원을 이기적으로 쟁탈해야 한다'는 전제에 동의하는 것은 아닐까. '주체적이다'라는 것 안에 '타인을 노예로 삼을 권리'도 포함시키는 것은 이치에 맞는 일일까.

이 도덕율상의 난문이야말로 실존주의가 마지막까지 고뇌한 부분이다. 보봐르는 이 난문을 흥미로운 솜씨로 처리한다. 훗날 보봐르는 사르트르를 상대로 '출세와 평등'의 모순에 대해 논하는 가운데 이렇게 말한다.

한편으로, 우리는 인간에 의한 인간의 수탈도, 위계도, 특권도 없는 평등주의적인 사회를 지향해왔습니다. 다른 한편으로, 우리는 남성과 동일한 자격, 동일한 채용조건, 동일한 급여, 동일한 승진기회, 위계의 정점에 달할 동일한 기회를 손에 넣으려 하고 있습니다. 여기에 하나의 모순이 있는 것입니다.(Simone de Beauvoir interroge Jean-Paul Sartre, in *Situations* X, Galimard, 1976, p.127.)

여성 엘리트의 사회진출이 실현되는 것은 여성에게 남성에 준하는 능력이 있음을 나타내는 이상, '좋은 일'이라고 보봐르는 생각하고 있다. 그러나 여성 엘리트의 사회진출이 이루어진다는 것은 현재의 사회 시스템이 충분히 합리적으로 기능하고 있다는 알리바이로 이용되는 것은 아닌가 하고 우려하는 페미니스트도 있다. 나는 이 우려에 충분한 근거가 있다고 생각한다.

우리 사회가 남성중심주의적으로 편성되어 있다는 전제에 서면, 그 사회에서 여성이 성공해 높은 지위나 권력, 위신을 손에 넣을 수 있다는 사실을 설명할 방법은 두 가지밖에 없다. 하나는 그 사회가 이미 남성중심주의적이 아니게 되었다는 설명이다.(이 설명은 전제와 모순된다.) 하나는 여성이 기존의 남성중심주의적 원리를 내면화하고, 나아가 '남성화되었다'는 설명이다. 설명으로는 이쪽이 훨씬 납득하기 쉽다. 그러나 그렇다고 한다면, 요컨대 보봐르의 사상은 여성에 대해 '남성화'할 것을 장려한다는 것으로 귀착되는 것일까. 보봐르는 이 어려운 문제 앞에 멈추어 선다.

여성은 이 남성적 세계를 통째로 기각해야 하는 것일까? 아니면 거기서 마땅한 지위를 점해야 하는 것일까? 도구를 훔쳐야 하는 것일까? 아니면 도구를 개량해야 하는 것일까? 내가 도구라고 말하는 것에는 학술이나 언어나 예술도 포함된다. 모든 가치에는 남성성의 도장이 새겨져 있다. 그렇다고 해서 그것들을 모두 다 기각해야 할 것인가? 제로부터 시작해서 모든 것을 다시 만들어야 하는 것일까? (*DS*, p.130.)

이 곤란한 물음은 거의 그대로의 형태로 뤼스 이리가라이나 쇼샤나 펠망Shoshana Felman에 의해서도 반복되었다. 그러나 내가 아는 한, '남성적 세계를 통째로 기각' 한, '여성만을 위한 학술'이나 '여성만을 위한 언어' 같은 것은 없다.

보봐르는 '제로부터 시작할 일은 아니다' 라는 온당한 입장을 취한다. 만일 사회혁명투쟁이 성공해서 사회적 위계 그 자체가 폐기된다면, 그때에는 더 이상 출세나 권력의 쟁탈은 없어진다. 그러니까 사회혁명이 성취되기까지의 과도기에서는 '엘리트주의적 여성'이 기존의 위계질서 안에서 승진하고, 그 사회능력의 높이를 과시하는 것이 우선은 여성 전체의 이익이라고 생각해도 좋다. 그러한 논법에 의해 보봐르는 여성의 '일시적인 남성화'를 정당화한다.

그러나 성차에 의해서도, 인종에 의해서도, 종교에 의해서도, 능력에 의해서도 차별받지 않는 완전한 평등사회를 만들어낼 사회혁명은 보봐르나 사르트르의 생전에는 성취되지 않았으며, 불행하게도 지금 우리가 조망할 수 있는 범위의 미래에도 없다. 이 말은 언젠가 이상사회가 도래하기까지 (언제 끝날지도 모를) 과도기 중에는, 위계를 치올라가는 '엘리트주의적 여성une catégorie élitiste' 과 저층에 머무는 '여성대중la masse des femmes' 사이에 남성의 경우와 똑같은 계층차와 자원 분배의 불평등이 유지되게 된다. 그것은 요컨대 사회 전체가 남성중심주의적 가치관에 일원적으로 지배된다는 것은 아닐까.

4

물론 보봐르가 고전적인 약육강식의 리얼리즘을 창도하는 것은 아니다. 보봐르는 '싸움'의 비정함을 완화하기 위해 두 가지 '도덕적'인 해결책을 제안한다.

하나는 '역사의 법정'을 불러내는 것이다. 가령 세계가 '개개의 의식은 타자를 노예화함으로써 자기성취하고자 하는' 상극의 장이라 하더라도, 거기에는 어떤 옳고 그름의 기준이 없어서는 안 된다. '자유의 제동'이 필요하다. 실존주의자는 '역사의 법정'에 그것을 기대했다. 그들은 '역사'의 심판력을 믿음으로써 이 난문을 헤쳐나가려 했던 것이다.

'역사의 법정'이 '양지바른 곳'을 청구할 권리가 있는 '주체'와 청구권이 없는 '주체'를 확연히 구별해준다. 그들은 그렇게 생각했다. 예컨대 '제3세계'의 프롤레타리아는 '양지바른 곳'에 대한 청구권이 있지만, 프랑스의 부르주아에게는 없다. 억압된 여성에게는 그 청구권이 있지만, 억압하는 남성에게는 없다. 이렇게 해서 역사적 의미에서의 '유죄자'에게는 자유와 주체성의 청구권을 제한함으로써, 사회적 자원resource의 경합은 회피된다. 실존주의는 그렇게 생각한 것이다.

그러나 우리가 매일매일의 생활에서 조우하는 이해관계의 대립은 자리의 쟁탈에서 중동문제까지 그 정사선악正邪善惡이 역사적으로 곧바로 밝혀지는 형태로 경험되지는 않는다. 가령 역사적 비리가 분명했다고 하더라도 잠자코 '역사적 유죄성'의 선고에 복종해 권리청구를 포기할 사람은 많지 않을 것이다. 실제로 실존주의자가 창도한 '제3세계의 프롤레타리아에게는 정의의 폭력을 행사할 권리가 있다'고 하는 단순한 결의론決疑論(중세 스콜라 철학에서, 보편적인 도덕법칙과 개인의 행위나 양심이 어긋나는 경우에 적용하는 윤리학의 한 분야—역자)은 그 후의 역사에 의해 무효를 선고받고 말았다.('제3세계의 프롤레타리아'는 정치권력을 장악한 후, 많은 경우 식민주의자 이상으로 반체제운동가와 여성에 대해 억압적이라는 것이 분명해진 것이다.) '역사의 심판력'이란 것이 그다지 도움이 안 된다는 것을 바로 그 '역사적 경험'이 우리에게 가르쳐준 셈이다.

보봐르도 그것을 몰랐던 것은 아니다. 그렇기 때문에 또 하나의 '자유의 제동'으로서 보봐르는 '미덕'을 들고 있는 것이다. 그녀는 이 미덕을 '상호성réciprocité' 위에 구축하고자 했다. 주인과 노예의 상극을 넘어서는 가능성에 대해 보봐르는 이렇게 말한다.

> 이 드라마는 한 사람 한 사람이, 타자를 자발적으로 인지함으로써 해결될 것이다. 즉 한 사람 한 사람이 어떤 상호적 운동 속에서, 자신과 타자를 동시에 대상으로서 또는 주체로서 설정하는 것이다. 우정과 아량이 이 자유들 사이의 상호승인을 실현한다. 그러나 이것은 용이한 미덕은 아니다. 이 미덕은 틀림없이 인간이 달성할 수 있는 최고의 것이다. 그리고 이 미덕을 통해 인간은 스스로의 진리 안에 몸을 두게 되는 것이다. 이 진리는 끊임없이 시도되고, 끊임없이 폐기되는 싸움의 진리이다. 이 진리는 인간이 부단히 자기초극할 것을 요구한다. 다른 식으로 말하자면, 인간이 존재하는 것을 단념하고, 실존을 받아들일 때에 어떤

정통적으로 도덕적인 고도에 달하는 것이다. 이 회심에 의해 인간은 모든 소유 역시 단념할 것이다.(*DS*, p.188.)

한 사람 한 사람이 자신의 '존재할 권리', '대지를 점유할 권리'를 소리 높이 주장하는 일을 그만두고, '양지바른 곳'에 대한 권리청구를 자주적으로 철회하는 것, 그것 이외에 상극의 드라마를 끝낼 방도는 없다. 이 점에 대해 보봐르의 사고방식은 레비나스와 큰 차이가 없다.(혹은 누가 생각해도 그것 이외에는 선택지가 없다.)

그러나 그 '단념'을 기초지우는 것은 '우정과 아량amitié et générosité'이라는 극히 애매한 개념에 의해서 제시될 뿐이다. 이것은 실천도덕의 기초로는 너무나 불충분할 것이다. 모르는 사람에 대해 '우정'을 발휘하는 일은 어려우며, 스스로 '가난하다'고 생각하는 사람에게는 '아량'을 보여줄 기회도 찾아오지 않는다.

아무리 '정통적으로 도덕적인 고도'에 달하는 영위이더라도, 나와 '타자'가 등격이며 균형적임을 전제로 해서 도덕을 구축하고자 하는 한, (보봐르가 하고자 하는 것이 바로 그것이지만) 그 모델에는 결정적인 취약성이 있다. 그것은 자유와 자유가 상극적인 입장에서 마주하고 있을 때, 먼저 창을 거두고 '우정과 아량'을 보여주는 것이 상대가 아니라 나여야 할 이유가 내 쪽에는 없기 때문이다. 상대에 대해 '우정과 아량'을 보이지 않는다고 해서, 나의 주체로서 기초는 조금도 흔들리는 일이 없기 때문이다.

왜 '미덕'이 나에게 우선적으로 요구되고 '타자'에게는 우선적으로 요구되지 않는가, 그것을 상호성의 도덕으로는 설명할 수 없다.

상칭성 위에 윤리를 구축하는 일은 어렵다. 그렇다기보다 원리적으로 불가능하다. 이것은 레비나스가 '나와 너'의 상호성에 기초해서 그 철학을 구상한 마르틴 부버를 비판했을 때의 중심적인 논점이었다. 레비나스는 이렇게 말한다.

> 부버의 경우, 내가 말을 거는 '너'는 이미 이 말걸음에서 나를 향해 '너'라고 말걸고 있는 한 사람의 '나'로서 인지되고 있다. 그 때문에 '나'에 의한 '너'라고 하는 말걸음은 이미 '나'에게 있어서는 어떤 상칭성, 등격성, 공평성의 창설인 것이 된다. 그 때문에 '나'로서의 '나'의 이해, '나'에 대한 충전적인 주제화도 가능성이 되는 것이다. 통상적인 '나' 혹은 '자아'라고 하는 관념은 이 관계로부터 곧바로 파생된다. (……) 그러나 우리의 분석으로는, 타인에 대한 나의 말걸음 안에 타자가 우선 기원적으로 존재하는 것은 아니다. 타자는 타자에 대한 나의 유책성 안에 존재한다. 이것이 기원적인 윤리적 관계이다. (……) 타자에 대한 유책성. 그것은 자유의지에 기초하는 그 어떤 행위가 우선 있고, 그것에 조건지워진다든지, 그것에 규정된다든지 해서 결과적으로 구해지는 유책성은 아니다. 그것은 무상無償의 유책성이며, 인질의 유책성과 비슷해, 상호성의 요청 없이 타자의 대역에까지 다다르는 것이다.(HS, p.61.)

상호성이라는 사고방식은 평이하게 말하자면 '나와 너의 입장은 교환 가능하다'는 것이다. 그러므로 자기가 싫은 일은 남에게도 하지 않는다, 자기가 기쁜 일은 남에게도 해준다는 '합리적' 추론에 기초해서 도덕적 행동이 동기지워지는 것이다.(이것은 홉스나 로크의 도덕관이다.)

그러나 상호성의 도덕으로부터는, 아무리 해도, '나는 당신보다 더 많은 책무가 있으며, 당신은 나보다 더 많은 권리가 있다'는 말이 도출되지 않는다. 그런데 레비나스가 구하는 것은 바로 그 말인 것이다. 그 점에서 레비나스는 그때까지의 어떤 도덕철학자보다도 과격하다.

레비나스가 거듭 인용하는 『카라마조프가의 형제들』의 1절. "우리는 전원이 모든 것에 대해, 서로에 대해 죄를 짓고 있습니다. 그리고 나는 다른 누구보다도 죄가 깊습니다.(Nou sommes tous coupables de tout et de tous envers tous et moi plus que tous les autres.)"

보봐르가 말하는 균형성의 도덕은 알료샤가 한 이 말의 전반 부분에만 기초하고 있다. 우리는 '동등하게' 유죄이다, 보봐르는 그렇게 주장한다. 그러나 '나는 다른 사람들 이상으로 유죄이다'라는 말은 이어지지 않는다. 오히려 보봐르는 페미니스트의 입장에서 '다른 사람들(남성 및 그 공범자인 여성)은 나 이상으로 유죄이다'라는 주장을 되풀이하게 된다.

양자의 차이는 단지 젠더의 문제에서 우연적으로 드러난 것이 아니라, 더욱 근원적인 사상적 입장의 차이에서 유래하는 것으로 생각된다.

5

보봐르와 레비나스의 결정적 차이는 사실 '여성적 본질'을 둘러싼 것이 아니라, '주체'란 무엇인가, '타자'란 무엇인가 하는 더욱 근원적인 문제에 대해 양자가 가지는 자세의 차이에서 유래하는 것이다. 한마디로 말해 양자의 차이는, 인간에게는 오직 하나의 범례적인 '존재의 방식'이 있다는 입장과 '존재한다와는 다른 방식'의 가능성을 탐구하고자 하는 입장의 차이이다.

보봐르에 의하면 '여성적 본질'이란 것은 존재하지 않는다. 존재하는 것은 주체와 대상 뿐이다. 실존주의가 지향하는 것은 모든 인간이 대상적 차원을 뛰어넘어 '주체로서 자기설정하는 일'이다.

이때 '타자'는 나와 마찬가지로 자기설정하고자 하는 '또 하나의 주체', 즉 '타아'로서 관념되고 있다.

'한 사람 한 사람이 어떤 상호적 운동 안에서, 자신과 타자를 동시에 대상으로서 또는 주체로서 설정한다'고 하는 것은, 환언하자면 감정이입에 의해, 혹은 상호주관적 영역을 서로 나눔에 의해, 나는 '타아'의 내면에서 생기하고 있음을 상상적으로 추체험할 수 있다는 것이다. 그러니까 '타자'가 나에게 이해 가능하다는 것, '타자'가 나와 호환 가능하다는 것, '타자'가 나의 동류라는 것, 그것이 보봐르의 윤리를 기초지우는 것이다. 앞장에서 살펴본 대로, 이러한 타자이해야말로 레비나스가 혼신의 힘을 다해 뒤집으려는 비로 그 지견이라는 사실은 두말할 필요도 없을 것이다.

『제2의 성』과 『전체성과 무한』의 논쟁은 훗날 페미니스트들이 요약했듯이, 인습적인 부권주의자와 선진적인 여성해방론자의 대립을 나타내는 것은 아니다. 인습적인 '타아'론과 과격한 '타자'론을 나타내는 것이다.

그러나 '타자'에 대한 (즉 '주체'에 대한) 이 이해의 차이를 제외하면, 보봐르와 레비나스가 성차에 대해 기술할 때의 언어구사나 구도는 뜻밖에도 유사하다.

이 유사는 결코 우연적인 것은 아니다. 왜냐하면 애당초 『제2의 성』 그 자체가 에마뉘엘 레비나스의 『시간과 타자』를 딛고 있으며, 그것에 대한 반론도 의도하고 쓰인 것이기 때문이다. 동일한 논건을 둘러싸고 연속해서 세 개의 텍스트가 쓰인 이상, 거기서의 문제설정 구도가 닮아 있는 게 당연한 것이다.

『제2의 성』은 전편을 통해 '여성은 타자이다'라는 사고를 철저하게 비판했다. 여기서 '타자'라는 다소간 특수한 술어가 사용된 이유 중 하나는 틀림없이 보봐르가 레비나스의 여성론을 비판하는 일이 긴급한 전략적 과제라고 생각했기 때문이다. 『제2의 성』 서문에서 보봐르는 다음과 같이 말한다.

> 여성이란 남성에 의해 누구인가를 결정받는 자에 다름 아니다. 그래서 여성은 '섹스le sexe(성)'라고 불린다. 그것은 남자들의 눈에는 여성이 본질적으로 성화된 존재자로서만 나타난다는 것을 의미한다. (……) 여성은 남성과의 관계를 매개로 자기결정·자기규정하는 것이며, 그 역은 아니다. 여성은 본질적인 것의 전면에 있는 비본질적인 것이다. 남성은 '주체'이며, '절대'이며, 여성은 '타자'인 것이다. (*DS*, p.16.)

이 '타자'라는 말에 각주를 달아, 거기에 보봐르는 이렇게 쓴다.

> 이러한 사고방식은 에마뉘엘 레비나스의 『시간과 타자』 안에 가장 노골적인 방식으로 표명되어 있다. 레비나스는 이렇게 말한다. "타자성이 어떤 존재자에 의해 적극적인 방식으로, 본질로서 담당되는 상황이

라는 것은 있을 수 없는 것일까? 동일한 종족에 속하는 2종 사이의 단순한 대립관계에는 들어가지 않는 그런 타자성이란 무엇일까? 절대적으로 대립하는 대립자. 그 대립성이 그 항項과 그 상관자 사이에 성립되는 관계에는 관련을 갖지 않는 그러한 대립자. 그 대립성이 언제나 그 항에 절대적으로 타인 자임을 허용하는 그런 대립자. 그것이 여성이라고 나는 생각한다. (……) 성차란 그 어떤 종적 차이는 아니다. (……) 성차는 대립도 아니다. (……) 성차는 상보적인 2항의 이원성도 아니다. 왜냐하면 상보적인 2항이라고 한다면, 성차에 선행하는 하나의 전체성이 전제되기 때문이다. (……) 타자성은 여성에서 성취된다. 그것은 의식과 동일한 수준에 있는 항이면서, 반대방향을 향하고 있다."

    레비나스 씨는 여성도 또한 대자의식임을 잊지는 않는다. 그러나 그는 주체와 대상의 상호성을 무시하고, 남성의 시점을 결연히 채택한다. 그가 여성은 신비라고 말할 때, 그것은 여성이 남성에게 있어 신비적이라고 하는 사실의 환언에 지나지 않는다. 즉 객관적이고자 하는 이 진술은 그대로 남성적 특권의 표명이 되는 것이다.(*DS*, p.16, 인용의 생략은 보봐르에 의함.)

    마지막 몇 줄에 비판의 요점이 압축돼 있다고 해도 좋을 것이다. 레비나스는 '주체와 대상의 상호성을 무시하고 있다.' (바로 이 상호성을 부정한 점에 레비나스의 면목이 있음은 이미 말한 대로이다.) 레비나스는 '결연히 남성의 시점을 선택했다.' 왜 레비나스는 굳이 남성을 주체에, 여성을 타자에 배치하는 그런 술어를 선택한 것인가. 데리다의 지적보다 20년 앞서, 이미 보봐르는 이러한 물음을 제기했던 것이다. 우리는 바로 그 물음에 답하기 위해 이 사상사적 우회를 시도하는 것이다. 좀 더 이 논건에 매달려보자.

6

『시간과 타자』에서 보봐르가 인용한 부분에 이어, 레비나스는 이렇게 말하고 있다.

> 여성적인 것이라는 이 개념에서 나에게 중요한 것은, 그것이 단지 인식 불가능하다는 것만은 아니다. 그것이 빛을 벗어나는 것을 본의로 하는 존재의 한 양식이라는 것이다. 여성적인 것은 실존에서, 빛을 지향하는 공간적 초월 혹은 표현이라고 하는 사건과는 다른 사건이다. 그것은 빛 앞에서의 도망인 것이다. 여성적인 것의 실존방식은 몸을 감추는 것이다. 이 몸을 감춘다고 하는 사실이야말로 수줍음이다. 때문에 이 여성적인 것의 타자성은 사물의 외재성에 존재하는 것이 아니다. 의지와 의지의 대립에서 형성되는 것도 아니다. 타자란 우리가 만나고, 우리를 위협하고, 우리를 포획하려는 것도 아니다.(TA, p.79.)

'여성'이 '몸을 감춘다'는 것은 '빛 안에서 관조하는' 주체 쪽에서의 사황을 표현한 것이다. 무언가가 '신비'라고 하는 표현은 그것을 '신비'로서 경험하는 바로 그 '주체'에 의해서만 행해지는 일은 아니다. 그 점은 보봐르나 데리다가 올바로 지적하는 대로이다.

레비나스는 타자의 타자성을 훼손하지 않는 채로, 타자와 만나는 것의 탐구를 주체성과 윤리의 기초로 삼았다. 그러나 설혹 타자성을 훼손하지 않고 타자의 미지성·이타성·신비성이 충분히 존중되었다 하더라도, 여전히 그러한 만남의 경험을 기술하는 그 주체는

'나'이지 '타자'는 아니다. 그것은 우선 신과의 만남의 경험을 기술하는 언어가 항상 '인간'에 의해서만 말해지고, 신을 주어로 해서 말해지지는 않는 것과 구도적으로 유사하다. 그러나 여성은 신은 아니다. 보봐르나 이리가라이는 바로 이 경험에서 왜 여성은 항상 '기술되는 대상'이며, '기술의 주체'는 아닌가 하고 되묻는 것이다. 이는 음미해야 할 물음일 것이다.

보봐르나 이리가라이는 '여성인 주체' 쪽에서도, '타자와의 만남'에 대한 경험이 올바로 기술될 수 있다고 생각한다. 그러한 '여성인 주체'에 의한 타자경험의 기술이 가능함을 모르고, 혹은 무시하고, 레비나스가 '주체'를 그때그때 남성에 집중하는 거라면 그녀들의 비판은 근거가 있다.

그렇다면 우리는 여기서 물음의 형식을 이렇게 바꿔보아야 할 것이다. 즉 보봐르나 이리가라이는 어떠한 기술방식이라면 여성주체가 그 '고유의 얼굴'을 유지할 수 있다고 생각한 것일까. 여성주체에 의한, 진정으로 윤리적인 타자경험의 기술이란 어떠한 것일까 하는 식으로.

7

이리가라이도 보봐르와 마찬가지로, 여성은 주어=주체subjet로서 자기설정하는 것을 구조적으로 저지당한다는 사고방식에서 출발한다. 이라가라이에 의하면 여성도 또한 남성중심주의적 어법의 포로이기 때문이다.

'주체는 항상 남성형으로 적혀왔'으며, '모든 주체와 모든 언설의 수호자인 신의 (문법상의) 성은, 서구에서는 항상 남성적-부권적'

(『성적 차이의 에티카』, 5쪽)이다. 그리고 '언어의 규칙은 교환의 모드나 이미지나 표상의 체계와 마찬가지로 남성주체를 위해 만들어져 있다'고 이리가라이는 단언한다.(*French Philosophers in Conversation*, by Raoul Morthey, Routledge, 1991, p.64. 이하 *FPC*로 약기.)

따라서 신은 아버지인 것이다. 아버지는 아들을 낳기 위해 모성으로 감축된 여자를 사용한다. 이것이 몇 세기에 걸친 우리의 종교와 시민적 전통의 가장 변함없는 구조였다. 남자와 남자 사이의, 혹은 남자 속의 관계 (……) 여자는 그 중계에 지나지 않는다. 이러한 문화에서 여자는 집에 머물러, 남자들 사이에서 이용되고 교환되는 대상이다. 여자는 생식과 생활의 물질적 유지를 위해서만 이용되는 것이다.(*FPC*, p.64.)

이와 같은 남성-주체/여성-대상이라고 하는 성적 차이의 구조는 언어 그 자체에 의해 끊임없이 재생산되고 있다. 언어 자체가 남성중심주의적으로 위계화되어 있기 때문에 제도적으로 공인된 언어를 사용하는 자는 남성이든 여성이든, 가치중립적인 언명을 한다고 생각할 때조차도 그때그때 남성중심적인 가치관의 신앙고백을 되풀이하는 것이다. 이것은 '언어에 의해 범해진 문화정 부정不正'(*FPC*, p.65) 이외에는 아무것도 아니다. 그것을 논증하고자 이리가라이는 구체적 사례를 열거한다.

몇 세기에 걸쳐 가치 있다고 간주되는 것은 남성, 가치가 낮다고 간주되는 것은 여성으로 분류되어왔다. 예컨대 '태양le soleil'은 남성이며, '달la lune'은 여성이다. 태양은 우리의 문화에서는 생명의 근원으로 간주돼왔다. 반대로 달은 양의적으로, 실질적으로는 꺼림칙한 것으로 간주돼왔다. 태양을 남성으로 분류하는 것은 인류의 전 역사를 통해 나타난다. 태양과 신-남성의 링크도 마찬가지다.(FPC, p.65.)

우리는 문법적 성gender과 생물학적 성sex 사이에는 관련이 없다고 학교에서 배워왔다. 예컨대 '소파fauteuil'가 남성명사이며, '의자chaise'가 여성명사인 것에는 어떠한 성적 함의도 포함되어 있지 않은 것이다. 그러나 이리가라이는 그렇게 생각하지 않는다.

얼핏 보면 성차가 없는 듯이 보인다. 그러나 조금 생각하면 알 수 있는 일이다. 소파는 보통 의자보다 가치가 높은 것이다. 여성인 의자는 단지 더 유용한 데 불과하다. 남성인 소파는 더 호사스럽고, 더 장식적이고, 더 문화적으로 상징화되어 있다.(FPC, p.66.)

따라서 사전에 있는 모든 명사에는 '숨겨진 성차'가 각인되어 있다.

컴퓨터l' ordinateur는 물론 남성이다. 그러나 타이프라이터la machine à écrire는 여성이다. 문제가 되는 것은 가치인 것이다. 우월한 것은 남성이지 않으면 안 되는 것이다. 따라서 비행기l' avion는 남성이며, 여성인 자동차la voiture를 내려다보는 것이다.(FPC, p.66.)

이리가라이의 말이 진실이라면, 분명히 우리는 명사를 한마디 입에 올릴 때마다 남성중심주의적인 이데올로기의 신앙고백을 행하는 셈이다. 이리가라이는 나아가 어휘의 차원뿐만이 아니라 언어운용의 차원에서도 남성중심주의가 발동했음을 지적한다.

이리가라이는 커뮤니케이션의 구조에 보이는 성차로서, 남성은 '주체/주어'의 지위를 점유하고, 여성은 '대상/목적어'의 지위에 밀려났다는 사실을 증명하려고 한다.

> 남성은 여성/대상 및 여성적 도구에 둘러싸여 있다. 남성은 성적 주체로서, 여성과 똑같은 자격으로 세계를 창조하고 있지는 않다. 여성이 세계를 창조하기 위해서는 언어를 변용시킬 수밖에 없다.(*FPC*, p.69.)

이리가라이는 심리학자로서의 임상경험을 통해 언어운용 그 자체에 성차가 있음을 안다.

> 내가 발견한 성화性化 중에 가장 현저한 것은, 첫째로 여성은 자기를 언명의 주어로서 언급하는 일이 거의 없다는 사실이다. 여성은 주어를 '당신'(대부분의 경우 남성, 드물게 여성)에게 양보한다. (……) 여성은 그 언설 중에 사회질서와 언어적 규범을 반영해내고 있다. 여성이 남성끼리의 관계로서의 사회, 남성의 것인 사회조직, 사회이념, 혹은 사회통념을 표명하고 마는 것은, 자기들 고유의 사회질서나 언어질서를 소유하고 있지 않기 때문이다. 여성이 현재의 부권제적 질서에 전심전력을 다해 종속하는 것은 여성이 거기에서 몸을 분리하기 위한 언어적 코드

를 결여하고 있기 때문이다.(*FPC*, pp.71~72.)

여성도 또한 그런 줄도 모르고 부권제적 질서의 유지를 위해 몸을 바치는 것이다. 그러한 역설적 사태가 일어나는 것은 무엇보다도 그녀들이 자신들의 경험을 해석하고 그 내면을 말하기 위한 언어를 빼앗기기 때문인 것이다. 남성중심주의적 어법에 완전히 길들여진 자가 말하는 언어에서는 주어=주체='나'의 지위는 항상 남성이 점유하고, 여성은 항상 목적어=대상='당신'의 지위에 머무르게 된다.(레비나스의 어법은 그 전형으로서 비판 받는다.) 여성은 '여자로서 말하는 언어parler-femme'를 빼앗기고 있다. 따라서 그러한 남성중심주의적인 문화 속에 있는 한, '여성은 집에 머무르며, 남성들에 의해 이용되고, 남성끼리의 사이에서 교환의 대상이 될'(*FPC*, p.64) 수밖에 없다. 바로 그렇기 때문에 '여자로서 말하는 언어'의 탈환이 급선무인 것이다. 그럼 '여자로서 말하는 언어'란 어떤 언어인가. 이리가라이는 이렇게 말한다.

> 그녀들은 언설의 전통적인 주체(자칭 중성입니다만, 실은 역사적으로 보면 남성인 주체)에 대한 사정과는 달리, 불변의 지면을 필요로 하지 않고, 우주의 n차원을 빈틈없이 누비며 최대에서 최소로 나아갑니다. 만일 어떠한 사람(남/녀)도 하나의 장, 하나의 장소에 그녀들을 멈추어 두지 않는다면, 생성 속에서 가장 어린 애인 자에서 가장 어른인 자로, 가장 초보적인 자에서 가장 신성한 자로, 그녀들은 질료, 우주를 바꾸지 않고, 순환하고, 움직이는 것입니다.(『성적 차이의 에티카』, 154쪽.)

이리가라이는 '주체는 항상 남성형으로 쓰여왔'기 때문에, '인식론적 형식주의, 형식논리학에 뒷받침된, 또는 그것들을 동반한 언어나 언어들의 체계는, 그녀들이 언어 속에 거주할 입구를 그녀들로부터 빼앗아 그 입구를 닫고 있습니다'(같은 책, 154쪽)라고 주장한다.

이 '언어의 혁명'이 성공하기 위해서는, 우선 '여성적으로 성화된 어법', '그녀들의 신체로부터 이륙해서, 자신에게 하나의 영토, 환경을 부여하고, 그리고 경우에 따라서는 가능한 공유, 통과를 타자에게 촉구할 수 있는 그런 언어'(같은 책, 156쪽)가 하나의 언어체계로서 형태를 갖추고, 그것을 많은 여성들이 일상적으로 사용하는 일이 필요하다. 그것은 기존 언어의 운용상의 궁리 같은 것이 아니라, 문법이나 어휘의 개정을 포함하는 언어 전체의 개조를 동반할 것이다.

> 여자들의 세계가 일제히 하나의 윤리적 질서를, 여자들 행위의 조건을 실현하지 않으면 안 됩니다.(같은 책, 157쪽.)

그러나 이런 설명을 들어도, '여성이 나라고 말할 수 있는 그런 새로운 상징적 형태'(같은 책, 72쪽)라고 이리가라이가 부르는 '여자로서 말하는 언어'가 어떠한 것인지를 우리는 여전히 잘 상상할 수가 없다.

그 이유 중 하나는 그와 같은 언어가 '아직 존재하지 않'기 때문이다.

'여성적으로 성화된 어법이 없기 때문에, 그녀들은 말하자면 중성의 언어를 만들어내기 위해 이용되는'(같은 책, 156쪽) 것이 현상태이기 때문이다.

그러나 여러 가지 부정적 상황 때문에 '여자로서 말하는 언어'가 아직 존재하지 않는다는 사실을 받아들여도 여전히, 그러한 부자유한 상황하에서 이리가라이가 채용하는 언어전략의 목표를 우리는 잘 이해할 수가 없다.

왜냐하면 '인식론적 형식주의, 형식논리학에 뒷받침된, 또는 그 것들을 동반한 언어나 언어의 체계'가 남성적으로 성화된 언어라 하더라도, 그것은 딱히 여성이 그것을 이용하는 것을 제한하지는 않기 때문이다. 만일 이른바 '중성적 언어'라는 것이 남성에게는 접근 가능하지만 여성에게는 선택적으로 '입구를 닫고 있다'는 것이 정말이라면, 확실히 '여자로서 말하기' 위해서는 국어 그 자체의 해체와 재구축이 필요하다. 그러나 '여자로서 말하는 언어'가 있어야 한다고 주장하는 이리가라이 자신은, 논쟁적 성격의 텍스트에서 그 '중성적' 언어의 '학술적 중립성'을 교묘히 이용해 그 주장을 관철하고 있다.

그뿐이 아니다. 이리가라이는 필요하다면 '여성적 어법'도 종횡으로 구사한다.

예컨대 『기본적 정념』은 '여성—어머니가 사랑하는 당신에게 하염없이 말거는, 주문과 같은 모놀로그'(니시카와 나오코西川直子, 「역자 후기」, 1989, 일본에디터스쿨, 163쪽) 같은 문체로 말해지며, 영원히 반복될 것 같은 의문문으로 짜여 있다.

그러나 이미 살펴본 대로, 이리가라이에 의하면 '당신'을 주어로 한 의문문으로 작문하는 것은 남성중심주의 사회가 여성에게 강제하는 제도적 어법이다.

이것은 다소간 기묘한 사태라고 해야 한다. '여성적으로 성화된 어법' 없이는 사회제도의 변혁은 있을 수 없다고 주장하는 텍스트가

사랑의 현상학 225

여전히 '남성중심주의적인 사회가 여성에게 강제하는 어법', 즉 '여성이 자기를 표현할 수 없을' 두 종류의 어법을 자진해 사용해서 쓰여 있기 때문이다.

여성이 '나'라고 발어할 권리를 탈환하기 위한 메니페스토를 '당신'을 주어로 한 의문문으로 엮어나가는 것은, 언어체제의 현 상태를 '전심전력을 다해' 긍정하는 게 되지는 않을까.

혹은 또 이 어법을 가지고서도 엇비슷하게 '여자로서 말하는' 일이 가능하다면, 딱히 국어를 개정할 만큼의 큰일을 제언할 필요는 없었다고도 할 수 있지 않을까.

이 점에 대해 이리가라이의 언어론은 치명적인 혼란을 껴안는 것처럼 보인다.

남성중심주의적 언어라 불리는 것도 그것이 남성에게 특별히 자연스런 도구인 것은 아니다. 그것이 제도인 한, 남성도 그것을 학습하는 것 이외에 '남자로서 말하는' 방식을 알지 못한다.

역으로 말하자면, 그것이 문화적 구축물인 한, '성화된 언어'로의 접근 가능성은 성별을 불문하고 누구에게나 열려 있을 것이다.

헤이안平安 시대(794~1185/1192경)의 남성은 사적 감정을 토로할 어법을 갖지 못하고, 사적 감정을 말하는 것은 여성적으로 성화된 어법으로만 가능했다.(남성은 스스로의 정서를 기술하는 '주체'이지 못했던 것이다.) 그 때문에 키노 츠라유키紀貫之는 '남자도 쓴다 하는 일기라는 것을 여자(인 나)도 해보고자 해서 하는 것이니'라고 여성적 주어를 가장해서 『도사일기土佐日記』를 썼다. 이때 그는 '여자로서 말하는' 기술의 학습을 위해 방대한 시간과 노력을 들였을까. 그렇게는 생각되지 않는다.

언어가 성화되어 있다는 것은 사실이다. 성화된 어법은 일종의 경험의 기술에는 적합하지만, 다른 종류의 기술에는 적합하지 않을 수 있다. 그러나 그것이 한쪽 성으로부터 선택적으로 자기표현의 기회를 빼앗는다고 할 수는 없다. 사람은 누구든지 특단의 노력 없이도 이성의 어법을 사용해서 말할 수 있기 때문이다. '이성에게 성화된 어법'으로도 운용상의 궁리만 한다면, 우리는 꽤 적절히 자신의 지견을 말할 수 있다. 우리의 언어는 '어느 정도는' 성화되어 있지만, '전면적으로' 성화되어 있지는 않다. 성화된 언어는 우리의 경험이나 사고의 양식을 깊이 규정하지만, 그 성적 차이를 넘어서 커뮤니케이션하는 일을 치명적으로 훼손할 정도로 성화되어 있지는 않다. 우리는 그렇게 생각한다.

그러나 이리가라이는 또한 남성의 언어는 분류하고, 명명하고, 질서 잡고, 생명을 고사시키는 종류의 것이며, 여성에 대해 본질적으로 폭력적이라는 주장을 양보하지 않는다.

이리가라이에 의하면, 여성적 주체는 남성 주체에 의한 '포획을 피하고, 포위망을 피하고, 동결을 피하는'(『기본적 정념』, 18쪽) 그런 유동성을 본질로 한다. 그리고 그 유동하는 '나'를 남성적 주체는 끊임없이 부르고, 둘러싸고, 사유화하려 한다. 그것은 이미 언어의 수준을 떠나, 남성적 본질과 여성적 본질 사이의 노골적인 상극이라고 할 모양새를 드러낸다.

당신은 나에게 공간을 할당합니다. 나의 공간을, 나에게. 그렇지만 이 작업을 위해 당신은 항상 이미, 나의 펼쳐진 장으로부터 나를 떼내버리고 있습니다. 당신이 보는 나의 필요성에 편리한 장소를, 당신은 나에게 정해줍니다. 당신은 나를 위해 그 장소를 찾아내, 필요한 때에 내가 손닿는 곳에 있도록 나를 그곳에 고정시켰습니다.(같은 책, 63쪽.)

당신은 나를 도처에 가둬둡니다. 언제나 당신은 나에게 하나의 장소를 할당합니다.(같은 책, 25쪽.)

움직임은 나의 거주방식입니다. 가동성의 안에서만 나는 휴식할 수 있습니다. 지붕을 강요당하면 나는 말라버립니다.(같은 책, 27~28쪽.)

표면적인 언어사용만 보면, 레비나스의 '빛을 피하는' 여성과 이리가라이의 '포획을 피하는' 여성에게는 어딘가 공통점이 있는 것처럼 생각된다. 그러나 결정적 차이는 이리가라이의 경우, 두 개의 성은 함께 본질적인 것으로서 미리 명확히 성격지워져 있는 실체라는 점이다.

내가 말하고 있었는데도 당신은 듣지 않고 있었다. (……) 그것은 내가 당신을 거부했기 때문이 아니라, 내가 어디에 생기는지 당신이 몰랐기 때문입니다. 당신이 나를 여전히 당신 안에서 찾기 때문입니다.(같은 책, 3쪽.)

남성적 주체는 '포획하고, 가두고, 고사시키는' 압제적 주체이며, 여성적 주체는 '피하고, 움직이고, 물음 던지는' 대화적 주체이다. 그러므로 전자에 의한 후자의 일방적 수탈과 지배를 어떻게 해서 정지시키는가 하는 정치의 문제와, 여성의 주체성을 남성에게 어떻게 인지시키는가 하는 커뮤니케이션의 문제만이 (어느 쪽 주체가 커뮤니케이션 부조不調에 대해 '유책'인가 하는 책임문제도 포함해서), 논의의 출발점에서 이미 '해결완료'인 것이다.

이리가라이에 대한 이야기가 길어졌지만, 애당초 이 논점은 레비나스가 성적 차이를 기술할 때 '남성적 주체'의 입장에 계속 머무르는 일, 그것이 왜 비윤리적 행태인가 하는 물음에 대한 이리가라이의 설명을 듣는 것이었다.

나의 결론은 이리가라이가 뭘 말하고 싶은지 결국 알 수 없었다는 것이다.

'여성적으로 성화된 어법'으로밖에 여성적 주체는 기술할 수 없다고 이리가라이는 말한다. 그렇다면 그러한 어법으로 말하지 않았던 레비나스는 '아니올시다'로 치부되어도 당연할 것이다. 하지만 그것이 비판으로서 성립되기 위해서는 그 어법은 '이러한 것이다'라는 것을 누군가가 몸으로 보여주지 않으면 안 된다.

그러나 이리가라이 자신이 '여자로서 말하는 언어'는 아직 존재하지 않는다고 말한다. 아직 존재하지 않는 언어로 레비나스가 말하고 있지 않은 것을 고발할 권리가 그녀에게 있는 것일까.

아니면 이리가라이는 불완전한 방식이나마 엇비슷하게 '여자로서 말하는 어법'은 (이리가라이가 사용하는 그런 어법이 아마 그럴 것이다) 존재하며, 그것은 '윤리적인 남성'이라면 습득 가능하다고 주장하는 것일까.

그러나 일정한 지적 노력만 하면 남성도 습득 가능하다고 한다면, 그것은 '여성적으로 성화된 어법'이라는 정의와 애당초 배치되는 것은 아닐까. 그러한 것을 솜씨있게 잘 사용하는 남성이야말로, '여성적 타자'를 이리가라이가 꺼리고 싫어하는 '당신에게 있어 내가 필요한 때에 곧바로 쓰일 수 있도록', '필요한 때 내가 손닿는 곳에 있도록 나를 거기에 고정' 시키는 권력적 주체인 것은 아닐까.

이리가라이는 그 밖에 '점막粘膜' 수준에서 '쾌락의 교제'와 '엑스터시'에서 남녀의 '융합'이 이루어지고, 그것이야말로 진짜 커뮤니케이션이지만 레비나스는 그것을 모른다는 주장도 전개한다.

> 그는 쾌락을 통한 교제에 대해 아무것도 알지 못한다. 레비나스는 나의 안에서, 그 혹은 그녀와 함께 경험되는 절박한 엑스터시인 그런 타자의 초월을 경험한 일도 없는 듯하다. 레비나스가 사랑의 경험을 말할 때 타자와의 사이에는 항상 거리가 유지되고 있다.(QEL, pp.110~111.)

이리가라이는 '타자와의 만남'이라는 것을 '교제/일체화communion' 혹은 '황홀/망아extase'라고 생각한다. 자아와 타자의 사이를 나누는 '경계선이 소멸하고', '피부의 경계를 넘어 점막 안에 들어가는', '하나의 공간을 서로 나누고, 하나의 호흡을 함께하고, 신체의 외각을 벗어던지고, 두 사람의 인간이 이미 구별하기 어려워지는 그런 액체상태의 우주 안에 들어가는 것'을 그녀는 남녀의 만남의 정통적인 모드로 기술한다.

이러한 성애적 융합의 결과, '당신, 나 그리고 우리의 작품'이라는 3자가 출현한다. '작품œuvre'은 '우리 자신의 우리 자신 안으로의 엑스터시'이다. 그것은 누구의 것도 아니다.

> 나의 쾌락도 당신의 쾌락도 아니고, 우리를 초월하고 또한 우리에

게 내재하는 쾌락의 창조, 그것이 제3자, 우리의 매개자를 낳는다. 그 매개 덕분에 우리는 우리가 일찍이 있었던 것과는 다른 우리 자신으로 회귀하는 것이다.(*QEL*, p.111.)

용어의 일부에 공통되는 것은 있으나, 이러한 형태로 '타자'와의 만남이 이루어지는 것을 물론 레비나스는 생각하고 있지 않다. 레비나스가 이론화하려는 것은 '타자'와의 만남이 곧바로 주체의 기초가 되는 그런 등≠기원적 생성이다. 주체가 비록 '엑스터시'에 의한 것이라 해도, '극적 상황 안에 말려들어 거기에 무너져 내리는 일'은 레비나스가 바로 거기에서부터 벗어나고자 하는 바로 그 사황이다. 레비나스는 종교적 열광이나 정치적 광신주의에 대한 경우와 마찬가지로, 그러한 기적적 '쾌락'이 인간들 사이에 개입해서 단숨에 문제를 해결한다는 발상 그 자체를 엄하게 자제한다. 그러한 '기적의 힘'은 '인간적 자유를 훼손하는 것이며, 인간의 교육에 배치되는 것이다'라고 레비나스는 단언한다. 레비나스에게 '엑스터시'는 거의 '폭력'과 동의어이다. 지성이 제어할 수 없는 신비적 경험, 법열로부터 인간은 몸을 지켜야만 한다.

> 참된 자유는 통제 불능의 이러한 과잉에 의해 상처받는다. (……) 나를 끌어안고, 나를 잡아채는 성스러운 것, 그것은 폭력이다.(*DL*, p.29.)

레비나스는 타자와의 만남이라는 생경한 사태를 그 지력을 다해 기술하고자 하는 초월의 긴장 안에서 인간의 존엄과 자유를 찾아낸다. 레비나스적 주체의 주체성은, 자신이 알지 못하는 자에게는 (그것이 비록 신이더라도) 결코 '일체를 맡기지 않는다' 라는 점에 있다. 그것이 유책성이라는 사황이다. 신에게조차 '일체를 맡기지 않는' 레비나스가 '엑스터시' 에 몸을 맡길 리가 없다.

이리가라이에 의하면 레비나스는 '쾌락을 통한 교제에 대해 아무것도 알지 못한다.' 그러나 레비나스에게 모종의 에로스적 경험이 '있는' 가 '없는' 가 하는 그런 문제는 철학적 차원에서 논의해야 할 일은 아닐 것이다. 여하튼간에 그러한 경험을 통해 '타자' 와 나 사이의 커뮤니케이션이 단숨에 이루어지고, 모든 것이 두루 좋게 성취된다는 그런 이설을, 레비나스가 문제도 삼지 않고 물리쳤으리라는 것은 확실하다.

8

최초의 논점으로 돌아가자. 우리는 이렇게 물음을 던졌다.

왜 레비나스에게 여성은 '타자' 로서 기술의 대상이 될 뿐이며, 기술의 주체는 되지 않는가. 그 물음은 다음과 같은 형태로 부연되었다. 그럼 '여성이 주체로서 말하는 언어' 란 어떠한 것인가. 그러한 어법이 있다고 한다면, 레비나스는 그 존재를 알지 못했던 죄로 고발되고 있는 건가, 혹은 그 어법의 습득을 게을리했다는 죄로 고발되는 건가.

만일 여성적 주체 쪽에서 타자와의 만남에 대한 경험을 말할 수 있는 것이라면, 레비나스는 그 어법을 사용하고 있지 않은 점에서 분명히 '비윤리적' 이라 견책될 가능성이 있다. 그러나 그 경우, 레비나스 이외의 누군가가 보봐르나 이리가라이의 승인을 얻을 수 있는 방식으로 그 어법의 운용에 성공하고 있지 않다면, 이 비판은 현실적이라고 말할 수 없다.

이리가라이가 부르짖는 '여자로서 말하는 언어'의 파탄은 이미 살펴본 대로이다.

내가 흥미를 갖는 것은 오히려 보봐르의 경우이다. 보봐르가 레비나스를 비판할 수 있었던 것은 '주체와 대상의 상호성'을 충분히 인식하고, '여성의 시점을 결연히 채택할' 수 있고, '객관적이고자' 하면서 그것이 조금도 '남성적 특권의 표명'이 되지 않는 어법으로 성간의 커뮤니케이션에 대해 말할 수 있는 남성이 있음을 그녀가 경험적으로 확신했기 때문이다.

물론 그러한 범례적 남성은 그녀가 아는 한 장-폴 사르트르 이외에는 없다.

보봐르와 나눈 여성에 관한 대화에서, 사르트르는 일관되게 자신이 얼마나 '여성의 입장'을 이해할 수 있는 인간인지를 강조한다. 사르트르는 모계가정에서 자라났다.

> 따라서 여성들, 소녀들에게 둘러싸여 있는 것은 나에게 있어 자연스런 환경이었습니다. 내 안에는 여성적인 면이 있다(il y a en moi une sorte de femme)고 나는 언제나 생각해왔습니다.(Simone de Beauvoir interroge Jean-paul Sartre, in *Situations* X, p.116.)

자신 안에 있는 '여성적 경향'이 사르트르에게 여성과의 대화 회로를 보증해준다.

> 여성에게는 어떤 감정의 틀이 있으며 일종의 존재방식이 있습니다. 내 안에도 그것이 있습니다. 따라서 남성과 이야기하기보다 여성들과 이야기하는 편이 나에게는 편합니다.(Ibid., p.118.)

'여성의 기분을 잘 안다'는 특성 덕분에 사르트르는 다른 남성은 흉내낼 수 없는 그런 친밀한 커뮤니케이션을 여성과의 사이에서 확립할 수 있었다. 그리고 그것을 통해 사르트르는 여성이 억압되었음을 일찍부터 알아차리고, '제국주의'를 '남성의 개인적 결함과 같은 것'이라고 간주하며, 여성을 항상 자신과 '동등한 존재'로서 대우해 왔던 것이다.

> 남자는 편향되기 쉽고 금방 어리석은 짓을 한다. 남성사회는 우스꽝스런 사회다. (······) 여성은 억압되어온 자로서 남성보다, 어떤 방식으로는 자유이다. 여성은 자신의 행동을 규정하는 규칙을 남성만큼 갖고 있지 않으며, 훨씬 불손하다.(Ibid., p.132.)

사르트르는 남성을 준엄하게 비판하고 여성을 칭송하면서 보봐르와의 대화를 끝내고 있다.
이 다소 영합적인 대화에 보이는 사르트르의 발언에서 흥미로운 점이 두 가지 있다.
하나는 사르트르가 어느 정도 환경적 소인이 있으면 남성이 여성의 '입장이 되어보는' 일이 어렵지 않다고 말한다는 것이다. 상상력만 있으면 '여성'에게 감정이입하는 일이 가능하다고 사르트르는 생각한다. 감정이입에 의해 상호주관적 영역을 매개로 공감하고, 그 내면을 간접적으로 상기할 수 있는 것을 후설은 '타아'라고 불렀다.(그것은 레비나스의 '타자' 개념과는 다른 것이다.) '여성'이 '타아'라고 한다면, 여성적 주체가 '되어보는' 일이 불가능한 레비나스는 요컨대 감정이입 능력이 없다는 이야기다. 그렇다면 그 비판은 이치에 맞다. 전제가 다를 뿐이다.

흥미로운 또 한 가지 점은 '우리는 여성적 본질이 있다고 하는 사고방식을 인정하지 않는다'(Ibid., p.131)라고 단언하는 두 사람의 실존주의자가, 여성 특유의 '감정의 틀'이나 '존재의 방식'이나 '남성에 비해 여성이 특히 혜택받는, 더욱 내면적이고 더욱 엄밀한 자기인식'을 거듭 언급했다는 것이다.

그런데 사르트르가 '나의 안에는 여성적인 것이 있다'고 말할 때 '여성적인 것'이란 무엇일까.

사르트르는 자신이 말하는 '여성적인 것'이란 '2차적 가치'이며, '영원히 여성적인 리얼리티와는 관계가 없다'고 주장한다.

그것은 20세기 전반의 프랑스 부르주아 사회에서 '여성적인 것'으로 간주된 경향이나 자질―남성과 정치경제의 이야기를 하기보다 '여성들과 카페의 테라스에 앉아 날씨나 지나다니는 사람이나 거리의 풍경에 대해 수다를 떠는 일'(Ibid., p.118)이 좋다고 하는 경향―을 가리키는 데 불과하며, 어쩌다보니 남성인 사르트르가 그것을 분유分有했던 것이다.

분명히 수다의 화제로 정치경제를 말할지 날씨 이야기를 할지는 2차적인 것이며, '영원히 여성적인 것'과는 아무런 관련도 없을 것이다. 그러나 그러한 '2차적 가치'를 약간쯤 분유하는 것을 통해서도 사르트르는 '여성'에게 감정이입할 수 있었던 것이다. 사르트르에게 성차의 벽은 놀랄 만큼 낮다.

왜냐하면 여성과 남성은 역사적 규정방식이 다른 '동류'이기 때문이다. 따라서 여성의 역사적 규정성이 어떠한 것인지 데이터만 주어진다면, '여성의 몸이 되어' 기술하는 일은 조금도 어려운 일이 아닌 것이다. 실지로 사르트르는 보봐르에게 이렇게 단언한다.

> 나와 당신 사이의 관계에서 내가 배우고 이해한 것은 양성의 근본적인 등격성을 보여주는 남녀관계가 있을 수 있다는 것이다. (……) 우리는 동일한 수준에 있었다. 우리는 등격자였다.(Ibid., p.120.)

성차는 기껏해야 역사적으로 규정된 '2차적 형질'에 불과하다. 그렇다면 그러한 형질적 차이를 지적 노력으로 넘어서는 일에 어떠한 곤란도 있을 리 없다. 사르트르에게 여성은 타자가 아닌 것이다.

레비나스는 타자의 타자성에 대해 이렇게 말했다.

> 타자의 타자성은 타자와 나를 구별하는 그 어떤 형질에 기초하고 있지는 않다. 왜냐하면 이러한 형질구별이 가능하다는 것은 타자와 내가 그야말로 동일종속에 함께 속하고 있음을 함의하고 있으며, 이 공속성이 타자성을 무화시켜버리기 때문이다.(TI, p.168.)

9

이제 충분할 것이다. 우리는 이리가라이와 보봐르에 대해, 레비나스의 여성적 타자에 대한 권력적 접근을 '아니올시다'라고 치는 그녀들의 비판이 어떠한 '보다 적절한 여성적 타자에의 접근'을 규준으로 해서 이루어지고 있는지를 살펴보았다.

　타인의 이설을 '아니올시다'라고 하는 사람을 향해 '그럼 당신은 어떤 것이 옳다는 건가' 하고 반문하는 것은 논의의 진행방식으로서 그다지 온당한 것은 못된다. 이 사실은 나도 잘 인식하고 있다.

　'아직 존재하지 않는 것'의 이름으로 '지금 존재하는 것'을 비판하는 일은 가능하며, '어느 것이 좋은지는 말할 수 없으나, 아무튼 그것은 아니다'라는 형태의 비판도 합법적이다. 다만 그러한 비판에 어느 정도의 설득력이 있는지는 알 수 없다고 하는 것뿐이다. 그리고 나에게는 보봐르와 이리가라이의 레비나스 비판이 거의 설득력이 없는 것으로 비쳤다. 물론 나와는 다른 인상을 가진 독자도 계실지 모르겠다.

　내가 그녀들의 텍스트를 읽고 느낀 것은, 기술하는 '여성적 주체'의 탈환을 요구하는 논의가 '성차 사이의 심연'을 강조하면서도, 의외로 쉽게 '융합'이나 '상상'에 의한 성간 커뮤니케이션의 성립을 인정했다는 것이다. 이 차이는 무엇보다도 '성적 타자'가 보봐르 등에게 있어서는 '타아'이며, 레비나스에게 있어서는 '타자'라고 하는 차이로부터 생겨난다. '타아'와 '타자'의 차이에 대해, 2장에서 우리는 그것이 지향적 대상으로서 상당히 이질적인 것을 사례로 하고 있다는 설명을 시도했다. 후설의 경우 전형적인 지향적 대상은 '나무'와 '주사위'이며, 레비나스의 경우는 '책'과 '사랑받는 사람'이라고 우리는 지적했다. 그때의 고찰을 다시 한 번 되풀이하자.

　책은 하나의 대상이지만 그것이 잠재적으로 간직하는 의미를 충실하고 완전한, 조망적 관점 하에서 인식한다는 일은 거의 상상도 할 수 없다. 한 권의 책은 읽은 이가 바뀔 때마다 개시하는 의미를 시시

각각 바꾸어간다. 따라서 책이 간직할 수 있는 모든 독해 가능성을 우리는 '주사위의 보이지 않는 3면'과 똑같은 방식으로 '직관하고 있다'고 말할 수 없다. 어떤 텍스트에 대해, 나의 읽기 이외에 다양한 미지의 독해 가능성이 있음은 예기되어 있다 하더라도, 그것이 내가 자신의 것과 다른 읽기의 가능성을 온전한 방식으로 직관했다는 것을 의미하지는 않는다.

후설은 대상이 단순히 상기적으로 사념되어 있을 뿐인 '공허한 지향'과 대상이 생생하게 지각되는 '충실한 지향'을 구별했다. 대상의 인식은 '공허한 지향'이 직관적 지향에 의해 점차 '충실'해지고, 마침내는 대상이 '직접 주어지는' 것 같은 방식으로 충전명증하게 파악되는 상태에 이르는 일련의 프로세스로 이해되고 있다.

그러나 지금 살펴보았듯이, '공허한 지향'과 '충실한 지향' 같은 그런 차별화는 '사랑받는' 대상이나 '읽는' 대상에 대해서는 적용이 어려우며, 적용하여도 얻는 것이 없다.

'책'(레비나스가 염두에 두고 있는 것은 성서와 탈무드이다)은 영원불변한 진리의 장이라는 '본질'을 가지고 있지만, 그것은 책의 내용이 읽는 이에게 충전·명료하게 주어져 있다는 말은 아니다. 그런 게 아니라, 그 모든 내용이 결코 충전·명료하게 주어져 있지 않음에도 불구하고, 읽는 이에게 있어 그것이 영원불변한 진리의 장이라고 하는 확신에는 조금의 흔들림도 없다는 방식으로 책은 지향되는 것이다.

'사랑'의 경우도 사정은 마찬가지다. 우리는 사람을 '상기적으로' 사랑한다든지, '충실·명료'하게 사랑한다든지 하지는 않는다. 사랑에 '지향적 충실'이라는 것이 있다 하더라도, 그것은 사랑하는 대상이 시각적으로 정확히 표상되어 있는지와는 전혀 관계가 없다. '사랑'은 한쪽에 독립적으로 '사랑받는 대상'이 있고, '사랑받는 대상'이 충실·명료하게 주어져 있음으로써 성취되는 것이 아니기 때문이다. '사랑받는 대상'은 '사랑하는 감정'이 만들어내는 정동적 양태 안에 출현하는 것이며, 그 관점 이외의 어디에도 존재하지 않는다. '여성'과 에로스에 대한 레비나스의 논의는 이 '책에 대한 사랑', '이웃에 대한 사랑'과 비슷한 논리구성에 따라 읽혀야 할 것이다.

'사랑'은 '사랑하는 사람'이 '사랑받는 사람'을 지향하는 가운데 경험된다. 그것은 읽는 이가 '책'을 읽어들이는 경우와 마찬가지로, 주체에 의한 '만류=간청sollicitation'에 의해 비로소 '의미'로서 나타난다.

텍스트를 읽어들이는 자가, 그 사람 이외의 누구에 의해서도 행해지지 않았던 그런 독특한 읽기를 통해 책에 새로운 의미를 덧붙이듯이, '사랑하는 사람'은 그것 이전에는 행해진 일이 없고, 앞으로도 되풀이될 수 없는 오직 한번의 '사랑하는' 행위를 통해, 완전히 원천적이고 독특한 '사랑받는 사람'의 면모를 접하고, 일회적 '사랑'의 순간을 살게 된다. 그 지향적 관계를 유지시키는 것은 (이리가라이가 말하듯이) '사랑하는 사람'이 '사랑받는 사람'과 똑같은 어법으로 말하는 것도 아니며, (사르트르가 말하듯이) '사랑받는 사람'의 내면을 상기적으로 숙지하는 것도 아니다. 그런 게 아니라, 아무리 손을 뻗어도 닿지 않는 '사랑'을 그래도 여전히 '만류=간청' 하는 일인 것이다.

애무의 본질은 아무것도 파악하지 않는 데 있다. 끊임없이 지금의 형태로부터 어떤 미래를 향해—결코 도달하지 않을 미래를 향해—떠나가는 것, 아직 존재하고 있지 않은 듯이 달아나버리는 것을 만류하고자 하는solliciter 데 있다. 애무는 희구한다. 애무는 더듬는다. 그것은 폭력의 지향성이 아니라, 탐구, 즉 볼 수 없는 것을 지향하는 발걸음인 것이다.(TI, p.235.)

이 인용의 '애무'를 '독해'로 치환해보면, 이 문장은 그대로 레비나스의 텍스트론으로 읽힌다는 점을 눈치 챘을 것이다.('만류solliciter'가 텍스트의 경우는 '내 몸에 갖다대고 읽는다'를 의미하고 있었던 점을 환기해주기 바란다.)

깊은 경신敬神의 마음으로 채워진 레비나스의 탈무드 독해를 읽은 후, 그가 '텍스트의 주체성을 인정하고 있지 않다'든지, '책이 신비적이라는 것은 읽는 이에게 그렇게 보인다는 것에 불과하며, 그것은 읽는 이의 특권을 표명하는 것이다'든지 하는 식으로 감상을 말하는 사람은 없을 것이다. 레비나스가 '읽는 이'의 입장을 '결연히 선택하고', '읽는 이와 텍스트 사이의 교체 가능성'에 생각이 미치지 못하는 것을 비윤리적 행태라고 규탄할 사람은 없을 것이다.

레비나스는 지향적 작용을 거의 항상 '텍스트를 읽는다'는 행위의 유비로서 구상하고 있다. 지향적 대상이 '타자'이든 '이웃'이든 '여성'이든, 그것이 '전적인 노에마'로서 지향되고 있음에 변화는 없다. 지향하는 쪽의 접근 방식이 변하면, 그때그때 지향되는 것의 주어지는 방식도 변한다.

만일 '읽는 자' 쪽에 텍스트가 간직하는 '예지'를 향한 뜨거운 기대가 없다면, 텍스트는 한갓 종이조각에 불과할 것이다. 세월의 풍설을 거친 후, '사랑받는 자'가 '사랑하는 자'에게 있어 갖는 의미는 청년 때와 같은 것은 아닐 것이다. 그러나 아무리 상황이 바뀌더라도 거기서 보이는 노에마가 '동일한 노에마적 핵Kern'의 갖가지 존재성격을 보여준다고 하는 사실은 흔들림이 없다. 거기에는 일망적으로는 파악할 수 없지만, 모든 상相에서 대상적 동일성을 견지하는 '순수한 대상적 의미', '동일한 노에마적 핵'이 분명히 존재하는 것이다.

이 '순수한 대상적 의미'가 일거에 조감적으로 주어지는 일은 없다. 그렇다고 해서 그것이 현출방식의 불충분성이나 결여를 의미하는 것은 아니다. 그 모든 노에마적 다양성을 통해, 지향하는 전체는 '노에마적 핵'에 곧바로 닿는 것이다.

이상의 고찰에서 레비나스의 에로스론과 그것에 대한 비판 사이의 '엇갈림'이 어디에서 생겼는가가 어느 정도 해명되었을 것이다.

그러나 아직 다 답하지 못하고 남은 문제가 있다. 그것은 데리다가 던진 물음이다. 왜 레비나스에게 철학적 '주체'는 '남성'이어야 했는가.

1948년의 『존재와 타자』에서 1973년의 『그리고 신은 여자를 만드셨다』까지, 1949년의 보봐르, 1967년의 데리다로 대표되는 비판의 집중포화를 맞으면서 레비나스의 에로스론의 논리구성은 일관되어 흔들리는 일이 없었다.

개연성이 높은 해석은 둘밖에 없다. 레비나스는 비판을 당했지만, 지금 내가 논해왔듯이 '나도 말이 부족했으나, 그쪽도 그리 대단한 말은 못하지 않느냐' 하고 내심 생각하고 잠자코 같은 주장을 되풀이했다는 해석과, 레비나스는 그에 대한 비판이 전혀 상상도 하지 못하는 그런 철학적 고상을 여기서 말한다는 해석이다.

첫 번째 해석을 취하자면, 우리는 레비나스의 에로스론에 '매듭을 지을' 수가 있다. 우리는 이제 두 번 다시 레비나스에 대해 이 논건을 되풀이하는 일이 없을 것이다.

그러나 레비나스의 에로스론으로부터 조금이라도 풍부한 고상을 끄집어내고자 한다면, 우리는 두 번째 입장을 시도해야 할 것이다. 시도하더라도 최소한 우리가 잃을 것은 없다.

우리는 1973년의 탈무드 강화 『그리고 신은 여자를 만드셨다』를 소재로, 이 마지막 문제에 대해 생각해보기로 한다.

Ⅲ. 찢어진 인간

1

탈무드 강화는 1957년부터 최만년까지, 프랑스어권 유대지식인 회의에서 레비나스가 매년 행했던 행사였다. 레비나스는 거기서 탈무드의 일절을 거론해, 그 소박하면서도 우아한 성구를 전통적인 해석법에 따라 풀이하고, 거기서부터 현대의 긴요한 문제를 되살피고, 재고하고, 생각지도 못한 참신한 시좌視座를 도출해 보여주었다. 1973년의 『그리고 신은 여자를 만드셨다』는 「베라호트Berakhot」(탈무드 『종자편』 제1장)의 1설을 풀이한 것이다.

레비나스는 거기서 '인간' humain, '남성' le masculin, '여성' le fémme의 관계에 대해 원칙적 확인을 시도하고 있다.(단 여기서 랍비들과 레비나스가 행하는 추론형식—그것은 고법에 따른 정통적 해석법이지만—은 우리에게 익숙한 추론형식과 너무도 다른 것임을 미리 이해해주시기 바란다.)

인용된 탈무드의 쟁론은, '이렇게 해서 신이신 주主는 사람의 형태를 만드셨다'(『창세기』 2장 7절)의 '형태를 만들다'를 의미하는 동사 'vaytzer'를 구성하는 문자 안에, 보통은 하나만 있어도 될 요트(히브리어 알파벳의 제10문자, 라틴문자로 표기하자면 y)가 두 개 있다는 사실을 둘러싸고 시작된다. '사물을 만들' 때는 요트가 하나인데, 조물주가 '인간을 만들' 때에는 어째서 요트가 두 개 있는가. 이 물음을 둘러싸고 랍비들의 논쟁이 시작된다.

맨 먼저 라브 나흐만Rav Nachman bar Yaakov은 이 두 개의 '요트'가 인간에게 있는 두 개의 '예츠르yzr' (본능, 충동)를 의미한다고 생각한다.

> 인간의 창조는 완전히 특별한 것이다. 왜냐하면 주는 한 사람의 인간을 만들면서 하나의 피조물 안에 두 개의 피조물을 만드셨기 때문이다. 그것들은 두 개로서 하나인 것이다. (……) 그렇다면 인간이란 무엇인가? 그것은 일개의 존재자이기 위해서는 하나이면서 둘인 것이다. 실재의 한가운데에 있어 분단되고, 찢어져 있음. 더욱 단적으로 말하자면 의식을 갖는 것, 자유라는 것.(DAS, pp.127~128.)

이에 라브 시몬 벤 팟지Rav Simeon ben Pazzi가 이의를 제기한다. 이 랍비는 인간이 찢어져 있는 존재자임은 인정하면서도, 그 대립은 상하로의 찢어짐, 주가 인간에게 부여한 '율법'과 실존 사이의 분열이라고 주장한다.

이때 '실존은 우리에게 주어진 율법과, 강제되지 않는 한 결코 율법에 따를 수 없는 우리의 본성 사이의 긴장관계 안에 있다.' (DAS, p.129.) 즉 인간의 본질이란 라브 나흐만이 말하듯 '자유'가 아니라 '복종'이다. 이것이 두 번째 랍비에 의한 『창세기』 해석이다.

랍비들의 쟁론은 물론 이런 곳에서는 끝나지 않는다. 어떤 랍비는 '최초의 인간 안에 주는 두 개의 얼굴을 만드셨다'고 하는 새로운 해석을 제시한다.

'인간은 두 개의 얼굴을 갖는다'는 것은 후두부에도 얼굴이 있다는 것이다. 그것은 '모든 것은 외부에 노출되어 있으며, 우리 안에 있는 모든 것은 외부에 대면해, 외부로부터의 부름에 답하지 않으면 안 되는'(DAS, p.132) 인간의 모양새를 보여주고 있다.

만일 얼굴이 하나라면 인간은 무언가에 등을 향할 수 있다. 무언가로부터 눈을 돌릴 수 있다. 자신의 '내면'에 웅크리고, 고독한 몽상에 빠질 수 있다. 얼굴이 두 개 있다고 하는 것은, '어디에 있어도 신의 시선에 노출되고, 신의 손에 닿아 있다'(DAS, p.132)고 하는 것을 의미한다. '여호와'의 얼굴을 피해 달아나는 것이 요나에게 불가능했던 것처럼, '인간의 인간성이란 내재성의 끝, 주체의 종언을 말한다.' (DAS, p.132.) 레비나스는 이 해석을 이렇게 부연한다.

> 신의 잠드는 일 없는 눈길 하에 존재하는 것, 그것은 바로 내가 하나의 단일성 안에 있으면서, 동시에 또 하나의 '다른' 주체의 담당자—담당자이자 지탱자—임을, 이 타자에 대해 유책이라는 것을 의미한다. (……) 하나이면서 대체 가능한 주체의 단일성은, 이 타자—어떠한 근접성보다도 가깝고, 그럼에도 불구하고 미지인 것—에 대한 유책성의 인수를 기피할 수 없다는 방식으로 주어진다.(DAS, p.132.)

나의 후두부에 있는 또 하나의 얼굴. 나는 주님의 눈길 하에서 그 '타자'를 짊어지고 있다. 그것은 '어떠한 근접성보다도 가까운' 장소에 있지만, 나는 그 타자를 볼 수가 없다. 나는 그 타자와 마주할 수가 없다. '나와 그 타자는 서로의 눈 속에 자신의 모습을 서로 인정하는 것을 통해, 일종의 항項 사이의, 그때그때 이미 상호적인 연대를 구축하는 일이 없다.' (*DAS*, p.132.)

이 '비상호적인 기묘한 이원성'(*DAS*, p.132), 그것이 성차라고 레비나스는 생각한다. '이렇게 해서 인간의 범위에 여성이 출현한다. 사회성이 에로스적인 것을 요청하는 것이다.' (*DAS*, p.132.)

랍비들의 쟁론에도 여기서 비로소 여성이 등장한다. '주는 사람에게서 취한 늑골을 여자로 만들어냈다.'(『창세기』 2장 22절.) '늑골이란 무엇인가?' 랍비는 말했다. '그것은 얼굴을 말한다.' 슈무엘은 말했다. '그것을 꼬리를 말한다.'

레비나스는 이 쟁론을 '남성과 여성은 동시에 창조되었다' 고 하는 설과, '여성은 남성 다음에 창조되었다' 고 하는 설의 대립이라고 해석한다.

> 늑골이 얼굴이라고 생각하는 사람은 여성성과 남성성이 완전한 등격임을 생각하고 있다. 이 두 가지를 서로 결부시키는 모든 관계는 동등의 존엄을 갖추고 있지 않으면 안 된다고. 인간의 창조란, 오직 하나의 것 안에 두 개의 존재자를 창조하는 것이었다. 성차와 성관계는 '인간성' 의 본질적 내용에 속한다.(*DAS*, p.134.)

이 완전평등론자에게 슈무엘은 정면으로 이의를 제기한다. 창조의 영위는 두 번 있었다는 것이다. 남자가 먼저 만들어지고, 여자는 나중에 만들어졌다. 그것은 '여성과의 관계는 2차적 관계이다' (*DAS*, p.135)라는 것을 의미한다. 다만 '그것은 여성이 2차적이라는 의미는 아니다.'

여성으로서의 여성과의 관계는 인간성의 제1차적 범위에는 없다는 것이다. 인간성의 제1차적 범위에 있는 것은 인간으로서의 남성, 인간으로서의 여성이 성취해야 할 일들이다.(*DAS*, p.134.)

슈무엘에 의하면 성차나 성관계는 인간에게 있어 1차적인 중요성을 갖지 않는다.

남녀에게는 사랑의 말을 주고받는 것 이외에도 해야 할 일들이 있다. 하물며 성차에 기초해서 구축된 관계들에 자기한정하는 것 이외에, 그보다 훨씬 많이 해야 할 일들이 있다.(*DAS*, p.134.)

인간 안에는 '인간으로서의 인간'의 차원과 '성화된 인간'의 차원이 있다. '성화된 인간'은 인간에게 2차적 양태이다. 그것은 우선은 '공적'인 영역과 '사적'인 영역의 차이로 나타난다.

슈무엘에 의하면 성차에 기초하는 관계들이나 에로스적인 영위는 본질적으로 '사적'인 것이며, 그것을 '공적 생활'이나 '보편성에 이바지하는' 장면에 끌어들여서는 안 된다.

예컨대 '나는 남자니까'라든가 '여자니까'라든가 '이러이러한 에로스적 욕망을 갖고 있으니까'라든가 '이러이러한 젠더적 역할 행동을 기대받고 있으니까'라든가 하는 이유로, 무릇 성화된 인간으로서, 공동체 전체에 관련된 정치적 결정을 내리는 일은 엄히 삼가지 않으면 안 될 것이다. '인간'으로서 판단하고 선택하는 국면에는 '성화된 남성/여성'이 등장해서는 안 된다. 그러나 그렇다고 해서 성화된 인간으로서의 영역을 안고 있지 않은 인간은 존재하지 않는다.

사랑의 현상학 247

그러나 '성화된 남성/여성'임과 동시에 '인간'이라는 것은 어떤 일일까. '인간'이라고 하는 비非성적, 무無성적인 제3의 존재를 어딘가에 설정하는 것이 필요하다는 것일까.

그러나 '나는 남성으로서 발언하는 것은 아니다. 인간으로서 발언하는 것이다'라는 식의 말은 오히려 통속적인 것이다. 랍비들이 논하는 것은 그러한 세계지知인 것일까. 레비나스는 아까 뭐라고 말했던가. '남성' 혹은 '여성'이면서 동시에 '인간'인 차원에 머무르기 위해서는, '하나이면서 둘인' 것이 필요하다, '실재의 한가운데서 분단되고 찢어져 있는 것, 보다 단적으로 말해 의식을 갖는 것, 자유인 것'이 필요하다고 말하지 않았던가. 즉 '인간이다'라는 것은 남성에도 여성에도 특화되지 않는 중성적인 방식으로 사는 것이 아니라, '동시에' 남성이며 또한 여성이라고 하는 '찢어진' 삶의 방식을 선택하는 것이라고 말하는 것은 아닐까.

그러나 탈무드는 여기서 성에 대한 쟁론을 일단 중지하고, 『시편』 139절('당신은 앞으로부터 뒤로부터 나를 둘러싸고, 그 손을 내 위에 얹으셨다')의 해석에 대한 쟁론으로 옮겨간다. 라브 아미Rav Ammi는 『시편』을 이렇게 해석한다.

> '뒤로부터'라는 것은 '맨 나중에 만들어진 자'를 의미하고, '앞으로부터'는 '맨 먼저 벌 받아야 할 자'를 의미한다. (*DAS*, p.136.)

라브 아미의 말을 받아서 레비나스는 이렇게 이어나간다.

인간은 최후의 피조물이며 세계에 마지막으로 오게 된 피조물의 후위後衛이다. (……) 인간은 이 세계의 창조에 입회하지 않았다. 이 세계는 인간의 창조적 자유의 소산이 아니다. (……) 그리고 인간이 맨 먼저 벌을 받지 않으면 안 된다. 자신이 하지 않은 일에 대해 유책인 자, 그것이 인간이다. (……) 그러므로 라브 아미의 해석은 인간을 '모든 타자에 대한' 유책성 안에 둔다.(*DAS*, p.136.)

이와 같은 타자와 유책성에 대한 논의는 우리에게 이제 익숙한 것이다. 그런데 여기서 레비나스는 경탄할 만한 사실을 지적한다. 그것은 라브 아미의 해석이 앞서의 '여자는 남자보다 나중에 생겨났다'고 하는 슈무엘의 해석과 부합한다는 것이다.

슈무엘은 주가 만드신 세계에 가장 나중에 도래한 것이 '여성'이라고 논했다. 라브 아미는 최후에 온 자가 최초로 벌을 받는다고 논했다. 이 두 가지를 결부시키면, 맨 나중에 온 것이 '여성'인 이상 맨 처음 '벌을 받'게 되는 것은 '여성'이라는 말이 된다. 그녀는 모든 타자를 '위해서' 대신이 되는 유책성 안에 놓이는 것이다. 그것이 그녀에게 있어서 인간성의 양태인 것이다.

『욥기』의 욥은 일신에 덮쳐오는 불운을 받아들일 수가 없었다. 왜 이만큼이나 올바른 몸가짐으로 살아온 나에게 주님은 이러한 고통을 주시는 건가. 그렇게 하늘에 물은 욥에게 주는 이렇게 반문했다. 세계의 창조 때에 너는 어디에 있었느냐.

세계의 창조에 늦게 온 자는, 그가 태어나기 전의 일에 대해 유책이다. 마지막에 창조된 자는 자신이 행하지 않은 행위에 대해서도 유책이다. 욥이 그 사실을 알아차렸을 때, 신은 욥이 인간으로서 성숙했음을 알고 만족을 느끼신 것이다.

자신이 태어나기 전의 죄에 대해서조차 유책성을 받아들이는 자가 등장할 때, 그것을 기피할 수 없는 소환으로서 받아들이는 자가 그 이름을 밝힐 때, 인간성이 기초지워진다.

유책성은 여기서 '빛으로부터 달아나는 일', '양지바른 장소'에 대한 청구권을 가장 빨리 포기하는 것, '삼감'이라는 형태를 취하게 된다. 그것이 '존재론적 카테고리로서의 여성'이며, 아마도 인간성을 기원짓는, 말하자면 인간의 전前-기원적 양태인 것이다. '영적 생활의 절정'에 있는 것은 '영원히 여성적인 것'은 아니다. 누구보다도 앞서 타자를 위해 자신을 봉헌하는 '여성'인 것이다.

라브 아미의 설을 논리적으로 부연하면, '여성'이야말로 그 말의 진정한 의미에서 '주체'의 이름에 합당하게 된다. 놀라운 사변이다.

그러나 이것으로 우리가 결론에 도달해버린 것은 아니다. 당연하지만 이 논리를 밀고 나가면 그 앞에는 '그러면 여성인 당신이야말로 남성인 우리보다 앞서 유책성을 받아들이고, 우리보다 더 많이 고생하고, 우리들 이상의 인간적 높이를 지향하는 것은 당연한 일이다'라고 하는 남성에게 '유리한' 결론이 예기되기 때문이다.

그러나 '당신은 나보다 더 윤리적이어야 한다'는 말만큼 비윤리적인 말은 이 세상에 존재하지 않는다. 윤리성과 주체성은 '나는 당신보다 먼저, 당신 이상으로 유책이다'라는 선언에 의해 비로소 기초지워진다.

그러므로 '남성과 여성 중 어느 쪽이 더 유책인가' 하는 논의는 그런 방식으로 물어진 그 순간에, 그 자체가 치명적인 비윤리성을 각인받게 된다. 유책성은 논의의 끝에 결정되는 것이 아니다. 애당초 더욱 높은 윤리성이 양성 중 어느 쪽에 있어야 하는지를 '내'가 자처하기에 앞서 결정할 수 있는 법리적인 재판정 따위는 존재하지 않으며 있어서도 안 된다.

유책성은 비교하는 식의 모든 논의에 앞서, 자신이 유책임을 자명하다고 인정하는 주체에 의해서만 받아들여진다. 따라서 이 후에 랍비들이 쟁론의 최심부에서 전개하게 되는 것은, 일단 '여성'이 가져가버린 인간성의 영적 정점인 유책성의 '우선적 인수권'을 어떻게 '남성'에게 탈환할지, 그것을 둘러싼 전략적 사변인 것이다.

이상한, 그러나 상상을 초월한 심도의 사변이 전개된다. 어떻게 해서 '우리는 평등하다'고 하는 명제와 '나는 유책성의 인수에서 당신보다 우선권을 가진다'고 하는 명제를 정합시킬 수 있는가. 어떻게 해서 '우리는 평등하다'고 하는 명제와 '우리는 불평등하다'고 하는 명제를 정합시킬 수 있는가. 이것이야말로 레비나스가 이 여성론을 통해 우리에게 접하도록 하려는 사고의 곡예acrobatie인 것이다.

2

'늑골이란 얼굴을 말한다'라고 주장하는 랍비는 '최초의 인간'은 남녀를 두 개의 등격자로서 동등하게 포함했다는 평등기원설을 세웠다. 남자와 여자는 완전히 평등하고 완전히 동시적으로 창조되었다. 아름다운 사고방식이다.

그러나 라브 아바후Rav Abahu가 이것에 반론한다. 『창세기』에는 '신은 남자와 여자로 그들을 창조하셨다'(5장 2절)와 '신은 사람을 신의 형태로 만드셨다'(9장 6절)라는 두 개의 성구가 있다. 최초의 성구에서는 창조된 것이 두 사람, 나중의 성구에서는 한 사람, 수가 맞지 않는다. 이것을 정합시키기 위해서는 '신은 인간을 남자와 여자 두 사람으로 만들려고 생각하셨으나, 자신의 닮은꼴로서 하나의 존재자를 만드셨다'고 생각해야 하지 않겠는가라고 라브 아바후는 말한다. 레비나스는 이 논을 이렇게 해석한다.

> 신은 두 개의 존재자를 원하셨다. 왜냐하면 피조물 안에 평등을 있게 하고 싶다고 원하셨기 때문이다. 남자로부터 파생되는 여자, 남자의 뒤에 출현하는 여자를 원하지 않으셨다. 분리되어 있으며 또한 평등한 그런 두 개의 존재자를 일거에 원하셨다.(*DAS*, pp.141~142.)

그러나 최종적으로 신은 그렇게 하지 않았다. 신은 처음의 예정보다도 적게 인간을 창조한 것이다. 왜인가.

> 이와 같이 등격적 존재자가 시원에서 독립해 있다면, 거기에는 전쟁이 일어났을 것이다. 일이란 엄밀한 법리적 공정함에서부터 시작되어서는 안 된다. 왜냐하면 엄밀한 법리적 공정함은, 결과적으로 각각 독립된 두 개의 존재자를 요구하기 때문이다. 세계를 창조하기 위해 신은 일방을 타방에게 종속시키는 일이 필요했다. 인간적인 공정함을 훼손하지 않을 그런 차이가 필요했다.(*DAS*, p.142.)

'전쟁'이라는 술어는 레비나스에게 종종 특수한 의미를 갖는다. 그것은 하나의 전체성에 속하는 일이 없음에도 불구하고 관계 맺기를 바라는 양자 사이의 긴장관계를 가리키는 말이다.

전쟁에 의한 전체성의 거절은 관계의 거절이 아니다. 왜냐하면 전쟁을 통해 적대자는 서로를 원하기 때문이다. (……) 전쟁의 폭력은 파악 가능하면서, 모든 지배로부터 벗어나는 존재자만을 노리기 때문이다.(TI, p.198.)

원초에 등격적 존재자가 독립해 있으면, 거기에는 '전쟁'이 일어난다. 그것은 하나의 전체성 속에서 관계지워진 것들 사이의 '대립'과는 다르다. 그 경우라면, '대립'의 근거나 원인을 양자에게 이해 가능한 언어로 설명할 수 있다. 그러나 '전쟁'은 그렇지 않다.

전쟁에서, 존재자들은 하나의 전체성에 귀속되기를 거부하고, 공동성을 거부하고, 법을 거부한다. 어떠한 경계선도 서로를 저지할 수 없고, 서로의 위치를 결정할 수 없다. 그들은 각각 서로를 전체성을 초월하는 자로서 상호 인정한다. 왜냐하면 양쪽 다 전체성 안의 지위가 아니라, 그 자기에 의해 자기를 결정하기 때문이다.(TI, pp.197~198.)

시원의 평등은 양성을 각각 서로 '전체성을 초월한 것'으로 상호 인정하는 쪽으로 인도한다. 그것은 물론 존재자의 독립성이라는 점에서는 바람직할지 모른다. 그러나 거기에서 결과되는 것은 '전쟁'이다. 세계를 인간적인 것이도록 하기 위해서는, 윤리를 기초지우기 위해서는, 독립하여 완전히 등격인 두 사람의 존재자가 있어서는 안 된다.

윤리가 타에 앞서 유책성을 인수하는 주체의 '우선권priorité'을 기초로 해서 비로소 존립하는 것인 이상, 거기에는 '한 걸음 앞서' 유책성을 인수하는 자와, '한 걸음 늦은' 자의 '시차'가 없어서는 안 된다. 완전한 동시성, 완전한 평등성으로는 이 '유책성에 관한 우선권'을 논리적으로 이끌어낼 수가 없다. 그래서 레비나스는 여기서 '공정한'에는 두 종류의 것이 있다며 의표를 찌르는 고상을 끄집어내 오는 것이다.

하나는 '법리적 공정함 justice'이며, 하나는 '인간이 정한 공정함 équité'이다. 'équité'의 어의는 '반드시 실정적인 법체계에 준거하는 일 없이, 인간에게 자연히 갖춰져 있는 시비의 직관에 기초하여 공정을 가리는 일'이다. 그것은 때로는 법리적 공정함과 대립하고 모순된다.

'법리적 공정', 그것은 '신이 정한 공평함'이기도 하다. 그것에 기초하여 남녀는 시원에서 완전한 평등을 누리고 있었다. 그러나 레비나스는 '세계를 창조하기 위해' 필요한 것은 '차이'라고 생각한다. 때로는 '법리적 공정', '신이 정한 공정함'이 '인간적 공정함'을 훼손하는 일도 있을 수 있다. 인간은 그때, '신이 정한 공정함'보다도 '인간적인 공정함'을 우선할 수 있다. 왜냐하면 바로 여기서 문제가 되는 것은 '인간이 인간에 대해 범하는 부정'이기 때문이다. '인간이 인간에 대해 범하는 부정'의 처단이나 구제에 신은 관여해서는 안 된다. 그것은 인간의 일이다.

처음에 법리를 정한 것은 신이었더라도, 그것을 인간의 세계에 이어받아 인간에게 의미 있는 것으로 운용하는 것은 인간의 일이다.

탈무드의 「바바 메찌아 Baba Metzia」(59a, b)는 이런 일화를 수록하고 있다.

교리에 대해 강론할 때, 하늘에서 신의 음성이 들려 옳은 것은 랍비 엘리제르이니까 이제 그만 쟁론을 마치라고 명했다. 그런데 랍비들은 이 명령에 따르지 않았다. 랍비 예호슈나가 일어나서 말했다.

> 교리에 대한 쟁론을 결정해야 하는 것은 하늘의 소리가 아니라 현자들의 과반수 동의이다. 이성도 이미 하늘에 감추어진 것은 아니다. 그것은 율법으로서 우리에게 주어졌다. 율법을 이해하고 해석하는 권한은 인간이성에 속하는 것이다.(Marc-Alain Ouaknin, *Méditations érotiques*, Balland, 1992, p.106.)

인간 세계의 공정이 어떠한 것인지를 정하는 것은 인간의 일이다. 따라서 신이 정한 평등의 법리와 인간이 정한 불평등의 법리에서는 인간의 법리가 우선하는 것이다.

'인간적 공정'은 '법리적 공정'에 우선한다. 왜냐하면 윤리는 상칭성이나 평등성의 이념 위에는 구축될 수 없기 때문이다. 윤리란 요컨대 유책성의 인수에서 '내'가 다른 사람들에 앞선다는 것이다. '내가 유책사입니다'라고 사저하는 것을 다른 사람에게 강요하는 일은 누구에게도 허락되지 않는다. 신에게조차 허락되지 않는다. 그것은 어떠한 법열이나 열광과도 무관한 완전히 각성한 의식, 완전히 자유로운 정신에 기초하여 '나'를 자처하는 자에게만 허락되는 것이다.

'내가 앞서서 죄를 짊어진다'고 하는 '나'의 자처만이 세계를 인간이 살 수 있는 장소로 만들어낼 수 있다. 그리고 세계를 인간이 살 수 있는 장소로 만들어내는 것은 신의 일이 아니라 인간의 일인 것이다.

윤리가 근원적인 방식으로 물어지는 것은, 실지로 여기에서 생활하는 구체적 인간과 인간 사이에서다. 윤리는 추상적 차원에서 애매함이 없는 일의적 어법으로 다 말해질 수 있는 그런 것이 아니다. 왜냐하면 우리는 그때그때 이미 어떤 역사적 상황 속에 던져져 있으며, 이미 무언가를 '양식糧'으로서 향유하기 때문이다. 나는 그때그때 이미 '원조를 간구하는 호소에 귀를 막을 수도 있으며, 자신의 에고이즘이 끌어안은 모든 자산을 던져 무한의 얼굴을 환대할 수도 있는'(TI, p.191) 그런 간단 없는 결단의 장에 내몰려 있다. 내가 있는 장소는 그때그때 이미 원리적으로 비대칭적인 것이다. 거절할지 환대할지를 나는 강요받고 있으며, 어느 쪽을 취하든 '저울'은 한쪽으로 기울어버려, 상칭성이나 평등성은 한순간도 유지될 수 없다. 인간이 '가정적 실존'이라는 말의 의미는 이런 것이다.

지상에 윤리를 있게 하는 것은 '법리적 공정'이 아니라 '인간적 공정'이다. 내가 '타자'에 앞서, '타자'를 밀쳐내고서, '내가 여기에 있습니다Me voici'라고 선언하고, 죄를 받기 위해 일보 앞으로 나가는 것이다. 비록 신이 '평등'을 명한 경우조차도 유책성을 인수하는 우선권만은 양보하지 않는다는 '불평등'에의 고집, 그것이 '인간적 공정'을 기초지우는 것이다. '도덕성은 평등성 안에 생겨나는 것이 아니다.'(TI, p.223.)

사회는 순수하게 신적인 원리에 기초해서 구축된 것이 아니다. 그래서는 세계가 유지되지 못했을 것이다. 실제의 인간성은 추상적인 평등성을 허락하지 않기 때문이다. 일방이 타방에게 일보 늦게 따라가는 것이지 않으면 안 된다. (……) 여성은 남성으로부터 취해졌지만, 남성보다 후에 도래한 것이다. 여성의 여성성은 이 시원적인 '후에' 안에 있다.(*DAS*, p.142.)

'신적 원리'는 남녀가 동시에 '나'를 자처하도록 요구할 것이다. 그러나 '인간적 공정'의 원리는 먼저 '나'를 자처한 자가 유책성의 청구권에서 일보 앞선다고 하는 '시차'를 지니도록 요구한다. 그리고 남성은 이 자처에서 결코 여성보다 늦는 것이 허락되지 않는 것이다. 일보 앞서는 것은 반드시 남성이어야 한다. 레비나스의 설명에 따르면, 여성은 '그때 이미' 빛으로부터 벗어나 있으며, 뒤로 물러나 있기 때문이다. 남성은 '나는 여기에 있습니다'라고 자처할 '여기' 그 자체를 여성에게 양보 받아서 비로소 세계에 등장한다는 방식으로 이미 '늦어져 있는' 것이다. 욥의 역설에 의해 '늦어진 자'야말로 유책자이다. 여성은 창조에서 '시원적인 늦어짐' 때문에 남성보다 앞서 세계의 죄를 짊어질 권리를 획득한다. 레비나스의 설명은, 남성은 그 '시원적인 늦어짐'보다 더욱 뒤늦게 창조되었다고 가르친다. 그렇다면 남성이 해야 할 일은 딱 하나밖에 없다. 그것은 '나는 여기에 있습니다'라고 하는 사처를, 바로 그 '여기'를 여성에게 양보 받음으로써, 이 자리에서 여성보다 '앞서' 주는 것이다.

남녀의 사이에 있는 것은 근원적인 불균형, 결코 '저울'이 멈추지 않는 끝없는 비대칭인 것이다. 남성과 여성의 불평등은 이러한 사변의 험로를 거쳐, '인간적 공정'이란 이름으로 정당화되는 것이다.

3

'유책성의 인수에서 우선권의 청구'라는 고상은, 레비나스에게 있어서는, 윤리를 기초지우는 근본적 고상이며, 이것은 다른 문맥에서는 '선택élection'이라고도 불린다. '선택'이란 그 어떤 특권이나 이득을 우선적으로 획득하는 일을 가리키는 것이 아니다. 그 반대로 남보다 앞서 괴로워하고, 남보다 앞서 죄를 받는 일을 말하는 것이다.

> '선택'은 특권으로부터가 아니라 유책성으로부터 구성된다.(*DL*, p.39.)

따라서 '나'란 정의상 그때그때 이미 '선택된 자'를 말한다.

> 나를 자처하는 자는 다른 사람들과는 분리되어 있으며, 다른 사람들에 대해 책무를 지고 있다. 도덕성의 근본적 직관은 아마도 나는 타자와 등격이 아니라고 하는 지각 안에 있다. (……) 나는 다른 사람들에게 청구하기보다 무한히 많은 것을 자기 자신에 대해 청구한다.(*DL*, p.39.)

윤리를 기초지우는 것은 이 '선택'의 직관이다. '나는 특별한 지위에 있다고 하는 의식, 선택의 의식을 빼고서는 도덕적 의식은 있을 수 없다.' (*DL*, p.39.)

평등에 기초해서 평등을 실현하는 일은 불가능하다. '법리적 공정'에 기초해서 '인간적 공정'을 실현하는 일도 불가능하다. 왜냐하면 '평등한 것들' 사이에서는 타인에 앞서 유책성을 인수하는 일이 애당초 원리적으로 허락되지 않기 때문이다. '법리적 공정'은 권익이나 이득의 분배에서 불평등을 바로잡고, 평등을 회복하는 것을 목적으로 한다. 따라서 거기서는, '훔친 자는 누구인가? 찬탈한 자는 누구인가? 책망받아야 할 자는 누구인가?' 하는 '검찰 같은' 물음이 지배적인 어법이 된다. 그것은 정의를 실현하는 것이기는 하지만, 윤리를 기초지우는 것은 아니다.

'다른 사람들'의 어느 쪽이 세계의 부정에 대해 유책인지, 혹은 세계의 부정으로부터 어떻게 수익을 얻는지 하는 '법리적 공정'을 규준으로 하는 논의를 아무리 거듭하여도, 거기에서 '인간적 공정'을 이끌어낼 수는 없다. '인간적 공정'을 실현하기 위해서는 '선택'의 의식을 갖는 인간이 등장하지 않으면 안 되기 때문이다. 자신은 다른 사람들보다도 많은 책무를 지고 있다고 하는 것을, 비교의 절차 없이 '느닷없이 de' emblée' 선언하는 인간이 등장해야 한다. 이렇게 해서 선취된 윤리적인 '나'의 복수형, 스스로를 '만방의 백성들과는 다른 범위에 있는 à part de tous les nations' 백성으로서 집단적으로 선언하는 '우리'를 레비나스는 다른 문맥에서 '이스라엘'이라 부른다.

'이스라엘'이란 역사적 사실이라기보다 오히려 도덕적 카테고리이다.(*DL*, p.39.)

그것은 '역사상의 이스라엘 백성', 현실의 이스라엘이 그 말의 정통적 의미에서 '이스라엘'적이었다고 하는 것을 의미하지 않는다. 중요한 것은 '도덕적 카테고리로서의 이스라엘'이 존재하지 않으면 안 된다는 사실이다.(*DL*, p.39.) 그러한 '도덕적 카테고리로서의 이스라엘'이 있기 때문에, 바로 그래서 '역사상의 이스라엘'에 대해 '이스라엘은 충분히 이스라엘적인 것일까'라는 물음이 근원적인 비판으로서 유효성을 가질 수 있는 것이다.

세계에 윤리가 있기를 바란다면, 이 세계를 인간이 살 만한 장소

사랑의 현상학 259

로 개조하기를 바란다면, '제_諸국민'을 앞에다 두고 '여러분들에 앞서, 우리야말로 세계에서 가장 유책인 백성입니다'라고 선언하는 도덕적 카테고리가 존재하지 않으면 안 된다. 그러한 '선택된 백성'이 존재하지 않으면 안 된다. 탈무드는 그렇게 가르친다.

탈무드의 1절에는 '계율 없는 유대인은 세계의 재앙이다'라는 말이 있다. 레비나스는 그것을 이렇게 해석한다.

> 토라Torah〔율법서〕는 세계 내에서 가장 비정한 백성에게 주어졌다. 만일 유대의 백성이 토라를 부여받지 않았다면, 만일 토라를 잃어버렸다면, 세계의 어느 백성도 유대의 백성에게 맞서는 일이 불가능했을 것이다. (……) 유대의 백성은 마치 바위에 매달려 있는 나무와 같다. 대단한 생명력! 대단한 번식력! 그 때문에 유대 백성에게 토라가 주어진 것이다. 불꽃의 토라, 그것만이 이 세계를 침략하는 생명력을 위축시킬 수 있었던 것이다.(*QTL*, p.178.)

자신을 '세계의 재앙'이라고 깨닫는 것이 세계에 정의를 가져오는 기점이 된다. 자신을 다른 국민들과 같은 정도로 유해하고, 같은 정도로 범용한 '보통 국가'의 국민이다(혹은, 이고 싶다)고 생각하는 사람들은—가령 그 유책성의 사정_{査定}이 객관적 기준에 비추어 타당했다고 하더라도—결코 세계에 정의를 가져오는 기점이 될 수 없다.

> 인간의 세계가 성립하기 위해서는—정의가, 심판의 장이 성립되기 위해서는—다른 사람들에 대한 유책성을 자기 홀로 인수하는 것이 가능한 누군가가 있지 않으면 안 된다.(*QLT*, p.182.)

자신이 범하지 않은 죄과에 대해서조차 유책성을 느끼는 일이 '가능하다'고 하는 이 역설적인 기능 안에 주체성이 서식하고 있다. 이것이 주체성이며 '선성善性, bonté'이다.

> 자신이 행한 것 이상의 책임을 진다고 하는 이 유책성의 과잉de la respomsabilité이 생기하는 장소가 우주의 어딘가에 있을 수 있다는 것, 그것이 아마도 필경 '나'의 정의인 것이다.(77, p.222.)

인간의 세계가 성립되기 위해 그 유책성을 인수하는 '누군가.' 그 '누군가'는 임의의 누군가가 아니며, 전원의 유책성의 정도를 심사한 후 '네가 그렇다'고 지명되는 것이 아니며, 언젠가 이 세계에 도래하게 될 구세주도 아니다. 그 '누군가'는 '나'(혹은 '우리')라고 일인칭을 자처하면서만 등장하는 것이다.

이렇게 해서 '나' 이외의 모든 사람들은 구조적으로 '주어'로부터, 즉 '선택'으로부터 배제된다. 물론 이렇게 해서 선택에서 빠진다는 것은, 사실적 수준에서는 조금도 '불리'를 의미하지 않는다.

탈무드에 의하면, 유대교도는 '다가올 세계'에 마땅한 지위를 점하기 위해서 365조의 계율을 준수하도록 요구받는다. 그러나 이교도는 고작 '무지개의 계약'의 조항을 지키는 것만으로 '다가올 세계'에서는 독실한 유대교도와 똑같은 지위에 오를 수 있다. '선택'에서 빠지는 것은 어떤 특별한 권리를 잃는 것이 아니라, 보다 많은 책임, 보다 많은 구속을 지는 기회를 잃는 것이기 때문이다.

그러나 그럼에도 불구하고, 역사가 가르치는 바로는, 제국민은 유대의 백성을 그 '선민사상' 때문에 격심하게 미워했다. '선택'에서 빠진 자는 상처 없이는 있을 수 없다. 유책성의 청구권에서 '나중에 뒤따라가는 것' 밖에 허락되지 않는다고 한다면, 그것이 윤리적 '선택'을 의미한다고 한다면, 그러한 취급은 그 사람의 인간적 존엄에 상처주지 않을 수 없을 것이다.

세계가 살 만한 장소이기 위해서는 누군가가 '일보 앞서는' 일이 필요하다. 그리고 '일보 앞서는' 사람이 있으면 반드시, '일보 뒤지는' 사람들이 있다. 그들은 비록 현실적 차원에서 이득을 얻더라도 도덕적 차원에서는 뒤처진 사람들이다. 그것은 반드시 '상처'로서 남는다. 누군가가 입어야만 할 '상처'라고 하더라도, 누군가가 상처입게 되는 것이다.

> 등격자들과 비등격자들을 하나로 결부시키기 위해서는 일종의 상처가 필요하였으며, 지금도 필요한 것이다.(*DAS*, p.142.)

'전후로 남녀 두 개의 얼굴을 갖는' 시원적 인간의 완전한 평등성이 '인간적 공정'의 이름에서 무너졌을 때, '남성'과 '여성' 사이에는 상처의 흔적이, '깊은 상처의 흔적'이 남는다. 그것이 가령 인간의 세계에 윤리를 가져오기 위해 필요한 상처였다 하더라도, 그것이 상처임에는 변화가 없다. 그리고 이 상처의 아픔을 완화하고, 상처를 치유하는 일이 그다음 인간의 책무로서 윤리의 일정에 올라오는 것이다.

'인간적 공정'을 기초지우지 위해, 성간에 생겨난 '시차'의 상처를 치유하기 위해 열린 새로운 차원, 그것이 에로스의 차원이다.

랍비 시몬 벤 메나시아(Simeon ben Menasia)는 이렇게 가르쳤다. '주님은 늑골에서 여자를 만드셨다'고 하는 텍스트는 이렇게 해석되어야 한다. 성스러운 분―그분은 축복 받으시라―은 이브의 머리카락을 땋아서 아담에게로 데리고 갔다.(DAS, p.143.)

신은 이브의 '머리카락을 땋았다.' 세계 최초의 메이크업 아티스트, 최초의 헤어 디자이너는 신이었다. 신은 여자의 있는 그대로의 얼굴에 손을 대서 '겉모습apparence'을 바꾸었다. 왜 그러한 '꾸밈'을 신은 스스로의 손으로 공작하였는가.

에로스적 존재자는 '빛으로부터 달아난다'는 근본적 방향성을 띤다. '빛으로부터 달아난다'란, '빛 안에서 구석구석까지 간파한다'는 관조적 지향작용과는 '다른 방식으로' 타자에게 접근하는 일이다. 이브의 머리를 땋고 화장을 시키는 것으로, 신은 말하자면 이브의 '얼굴을 숨겼다.' 왜냐하면 여기서 최초 남녀의 만남에서 이루어져야 할 것은 '관조되는 대상'의 테오리아theoria적 지향이 아니기 때문이다. 거기에 생성되는 것은 '욕망'이나. 모든 욕망은 '욕망된 것에 대한 욕망'이며, 이때 '지향되는 것은 관조된 대상이 아니다.'

아담이 이브의 얼굴을 볼 때에 해야 할 일은, 이브를 밀쳐내고서 신을 향해 '저는 여기 있습니다'라고 유책성의 우선권을 청구하는 것이 아니다. 남녀가 서로 마주할 때에 생성되는 것은 그와 같이 '직결'인 나와 타자의 '얼굴'의 대면적 사항이 아니라, '얼굴'을 마주 본다고 하는 윤리적 사항 그 자체를 기동시키는, 그것보다 더욱 시원적인, 더욱 근원적인 만남이다. 이 만남 안에 '이 세계를 우리가 살 수 있는 세계로 만들어내고 싶다'고 하는 근원적인 '열의'와 '온유함'이 생성된다. 따라서 남녀의 대면 그 자체는 '얼굴과 얼굴을 마주보는' 윤리적 사황이 아니라, 오히려 전-윤리적인, 윤리의 기원에 마땅히 있어야 할 사황인 것이다.

> 여성의 얼굴에는, 성간의 얼굴에는, 모습을 꾸미는 일에 대한 요청이, 얼굴과 얼굴을 마주하는 거친 직결성을 진정시키려는 요청이 존재한다. 왜냐하면 얼굴과 얼굴을 마주하는 직결성이란, 한쪽의 딴쪽에 대한 유책성을 통해 서로 만나는 인간존재간의 관계이기 때문이다.(*DAS*, p.143.)

내가 타자의 '얼굴'을 만난다고 하는 근원적 형식을 더욱 기초지우는 듯한 이 에로스적인 만남. 그것을 레비나스는 '얼굴의 저쪽au-del du visage'이라고 부른다.

4

왜 에로스의 본질은 '애매함'인가. 그것은 레비나스의 굴절된 어법을 빌려 말하자면 '사랑이란, 존재자가 그것을 탐구하려 마음먹기보다도 앞서 이미 그것에 결부되어 있는 것을 탐구하는 운동이다.' (*TI*, p.232.)

사랑의 대상은 우리의 외부에 있어 나의 지배나 파악을 벗어나 있다. 애당초 내가 지배하고, 파악하고, 통제 가능한 것은 사랑의 대상이 될 수 없다. 나를 똑바로 쳐다보고, 결코 나에게 몸을 맡기지 않는 것. 그러한 것만이 나의 욕망에 불을 붙인다.

그러나 나의 사랑은 그런 식으로 '타자성'을 구성하는 요건이 갖추어진 후에 생겨난 것이 아니다. 우리는 사랑할 요건이 갖추어졌다고 해서 사람을 사랑하게 되는 것이 아니다. 오히려 사랑은 우리의 이성적 판단과는 상관없이, 느닷없이 우리를 휘어잡는다.

사랑에서는, 우리가 갈구하고 그것에 접촉하기를 간절히 바라는 바로 그 대상에, 우리는 이미 결부되어 있다. 무언가에 '손이 닿지 않는다'고 느낄 수 있는 것은 '손이 닿지 않는 것'을 갖는 방식으로, 이미 그것에 닿아 있기 때문이다. 가장 격렬한 사랑은 그 사람을 사랑하는 것이 만남 이전에 이미 숙명으로 정해져 있었다는 확신을 동반한다. 사랑은 '선택된 것이 아닌 선택'이다. 그러한 의미에서 사랑은 '내가 나이기 이전의 사건', '내재의 이전'인 것이다.

'타자에로의 초월'인 동시에 '내재의 이전'이라는 것, 그것이 사랑의 근원적인 애매함을 조건짓는다. 사랑이란 '초월자를 향유하는 것', '어떠한 향유에 의해서도 완전히 진정되지 않는 욕망의 대상을 요구하는 것', 나에 대해 '전면적이고 초월적인 외부성을 갖는 것'과 전면적인 충전적 연계를 갖고자 바라는 일이다. 이 사랑의 근원적 애매함을 통해 '얼굴의 저편'은 개시된다.

> 이 욕구와 욕망의 동시성, 육욕과 초월의 동시성, 밝힐 수 있는 것과 밝힐 수 없는 것의 접촉, 그것이 에로스성의 독자성을 구성한다. 그런 의미에서 에로스성이란 특별히 애매한 것이다.(TI, p.233.)

사랑은 기원적으로 불평등성을 품고 있다. 그것은 '나와 타인 자의 결부가 상호 초월적인 양자의 불평등으로부터 시작되기'(TI, p.229.) 때문이다. '타자'는 항상 나와는 다른 높이에 위치하고, 결코 나와 동일한 수준에 있지 않다. 이 근원적인 불평등성, 비상칭성이 나의 유일성, 대체 불가능성, 즉 나의 주체성을 기초지우는 것임은 살펴본 그대로이다. 여기서 '높이가 다르다'는 것은 이미 만들어진 어떤 위계에 준거해서 그렇게 말하는 것이 아니다. 이 고도차는 절대적인 고도차이다.

> '타자'로서의 '타자'는 올려다보아야 할 높이거나, 혹은 실추거나—단 그것은 영광으로 가득 찬 실추다—그 어느 쪽인가의 수준에 위치하고 있다. '타자는 빈자, 이방인, 과부, 고아의 모습을 갖는 동시에 스승의 모습을 가지며, 그것이 나에게 자유를 수여하고, 나의 자유를 기초지우는 것이다.(TI, p.229.)

사랑은 '타자'를 특히 '그 약함에 있어서 지향한다.'(TI, p.233.) 그러나 여기서 말하는 '약함'은 어떤 강약의 일반적 규준이 있어서, 그것에 비추어 사정査定된 강도를 말하는 것은 아니다.

> 약함은 타자성 그 자체를 형용하고 있다. 사랑하는 일, 그것은 타자를 위해 마음 아파하는 일이며, 타자의 약함에 도움의 손을 내미는 일이다.(TI, p.233.)

이미 살펴보았듯이 여성은 '인간적 공정'이란 점에서 '한 걸음 늦어져' 있다. 여성이 '약하다'는 것은 생물학적 속성도, 역사적으로 형성된 2차적 형질도 아니다. 단적으로 말해, 여성이 나에게 '타자라는 것'을 의미한다. 따라서 내가 주어인 한, '사랑받는 자 Amié'는 구조적으로 '사랑받는 여자' Amiée'인 셈이 된다. '사랑받는 여자'는 정의상 '약하고faible', '온유하고tender', '깨지기 쉽고fragile', '상처받기 쉽다vulnérable.' 다시 말해, 레비나스가 채용하는 존재론적 카테고리에서, '내'가 그 '약함'에 있어서 지향하는 타자는 생물학적 성별과 상관없이 항상 '사랑받는 여자'라 불리게 되는 것이다. 그것은 '내'가 여성이고, 남성을 사랑하는 경우에도 변하지 않는다. 여기서 논해지는 것은 경험적인 에로스가 아니라 존재론적인 에로스인 것이다.

'약함'은 나와 '타자'의 불평등성 그 자체에서 파생되는 구조적 속성이다. 그것은 '평등성'에 기초하는 나와 '타자'의 관계가—각각의 인간적 자질이 얼마만큼 온유하고 평화주의적이든—구조적으로 '전쟁'인 것과 대비적이다.

에로스적 대상으로의 지향은 '애무caresse'라는 형태를 취한다. '애무'는 '굶주림'을 채우기 위해 대상으로 향해가는 셈인데, 아무리 격한 '애무'에 의해서도, 사랑의 대상은 조금도 그 타자성을 줄이지 않는다. 오히려 '애무'를 동기지운 '굶주림'은 더욱 첨예화된다. '마치 애무는 자기 자신의 굶주림을 양식으로 삼고 있는 듯이.' (TI, p.135.)

> 애무의 본질은 아무것도 파악하지 않는 데 있다. 스스로의 형태로부터 끊임없이 달아나는 것을 간원하는 데 있다. (……) 채워지자마자 애무를 생기시킨 욕망은 다시금 되살아난다. 이 욕망은 말하자면 '아직 없는 것'에 의해 활성화되는 것이다.(TI, p.235.)

그러한 의미에서 애무를 환기하는 '사랑받는 여자'는 '살인'의 욕망을 환기하는 '타자'와의 존재방식에 비교 추정할 수가 있다. '살인'은 스스로의 권능으로부터 달아나는 자에게 권능을 휘두르는 일이다. 우리는 자신이 지배하는 자에게 살의를 품지 않는다. 우리가 전면적인 말살을 원하는 것은 나에게 복종하지 않는 자, 즉 타자뿐이다.

> 내가 죽이고 싶은 것은 절대적으로 자립하고 있는 존재자, 나의 권력을 무한히 초월하고 있는 자, 그리고 그 때문에 나의 권력에 대항하는 일 없이 권력 그 자체를 마비시켜버리는 자이다. '타자'야말로 죽이고 싶은 유일한 존재자이다.(TI, p.173.)

살인은 '인류사상 가장 통속적인 사건'(TI, p.173)이다. 이 세계라는 틀 안에서 사람을 죽이는 일은 용이하다. 그럼에도 불구하고, '타자는 나에게 싸움을 걸 수 있다.' 다만 물리적 저항력에 의해서는 아니다. 그러한 저항력은 나와 '타자'를 함께 포함하는 전체성 안에서만 작용한다. '타자'가 나에게 향하는 저항력은 '타자의 존재가 이러한 전체를 초월해 있다는 사실 그 자체', '초월의 무한'(TI, p.173)인 것이다.

'살인'과 '에로스'는 주체성의 위기적＝생성적 국면이라는 점에서 구조적으로 강한 상동성을 지니고 있다. 따라서 앞의 인용 중에 '죽인다'를 '사랑한다'로 바꿔놓으면, 그것은 그대로 레비나스의 에로스론으로 읽을 수 있다.

> 내가 사랑하고 싶은 것은 절대적으로 자립해 있는 존재자, 나의 권

력을 무한히 초월해 있는 자, 그리고 그 때문에 나의 권력에 대항하는 일 없이 권력 그 자체를 마비시켜버리는 자이다. '타자'야말로 내가 사랑하고 싶은 유일한 존재자이다.

'살인'이 '인류사상 가장 통속적'인 것과 마찬가지로, 혹은 그것 이상으로 에로스적 경험은 '통속적'인 사건이다. '사랑받는 여자'는 나의 권능을 벗어남으로써 나의 욕망을 활성화한다. '타자'가 그 전적인 나형성裸型性으로 나에게 저항하는 것처럼, '사랑받는 여자'도 또한 그 '에로스적 노출성'을 내민다. 살인이 최종적으로는 불가능한 것처럼, '사랑받는 여자도 파악 가능한 동시에 그 나형성 때문에 손을 댈 수가 없다. 그녀는 사물과 얼굴의 저편에, 즉 존재자의 저편에 있으며, 처녀성 안에 머무르는 것이다.' (TI, p.236.)

그러나 이러한 구조적 동일성에도 불구하고, 나에게 살의를 느끼게 하는 타자와 나의 에로스적 욕망을 부추기는 타자는 그 존재방식을 결정적으로 달리한다. 그것은 살인적 사황에서 생생하게 전면에 나타나는 것이 '얼굴'인 데 비해, 에로스에서 여성이 내미는 것은 '얼굴의 저편을 향하는 얼굴un visage qui va au-delà du visage' (TI, p.238)이기 때문이다.

5

레비나스는 '얼굴의 저편'이라는 말로 무엇을 의미하려는 것일까. 이 난문에 접근하기 위해 우리는 여기서 '제3자le tiers'라는 개념의 검토를 회피해 보기로 한다. 그 개념이 나와 얼굴이 대면하는 방식에 복수의 양태가 있을 수 있음을 가르쳐주기 때문이다.

나와 '타자'는 등격자가 아니다. '타자로서의 타자는 올려다볼 높이거나, 혹은 실추거나, 그 어느 쪽인가의 범위에 위치하고 있는' 것이며, 나와 '타자'의 절대적인 부등격성, 비상칭성이 윤리를 기초지우고 있다.

그러나 인용 중에 보이는 '타자로서의 타자'라는 표현은 말장난이 아니다. 왜냐하면 '타자'가 그 말의 엄밀한 의미에서 타자가 아닌 차원— '타자'가 나의 등격자로서 출현하는 차원—도 존재할뿐더러, 그런 차원 없이는 '사회'가 굴러가지 않기 때문이다.

'타자'가 나와 똑같은 수준에 병립하고, 양자를 함께 부분으로서 포함하는 어떤 전체성 안에 질서지워진다고 하는 사태, 이것이 '제3자'가 출현하는 국면이다.

나와 '타자'가 두 사람만으로 얼굴과 얼굴을 마주하고 있을 때, '타자'와 나는 다른 인류 전체와 상관없는 곳에서, 단둘이서 상관하고 있다. 우리는 둘도 없는 존재로서 서로 응시하고 있다.

그러나 이 평화는 '타자'가 복수로 존재하는 국면에서는 타파된다. '둘도 없는 존재'가 복수로 동시에 병존한다는 것은 논리적으로 있을 수 없기 때문이다. 이때 우리는 어쩔 수 없이 '윤리적 질서, 성스러움의 질서, 사랑의 질서'로부터 벗어나지 않으면 안 된다.

'또 한 명의 타자'가 출현한 순간, 나의 면전에 있는 '타자'는 이제 더 이상 '둘도 없는 존재(unique)'가 아니게 된다. '타자'들은 나를 향해 각각 다른 모순되는 요청을 해올지도 모른다. 경우에 따라서는 '타자'들끼리 서로 반목하고, 서로 싸우고, 일방이 타방을 지배하고, 수탈하고, 박해하는 일도 있다. 그때에는 선택과 우선순위라는 문제가 생겨난다. 이 '타자들 중 누가 특별히 타자적인가' 하는 문제가 생겨난다.

우리는 '타자의 타자성을 사정査定한다'고 하는 배리적 상황에 직면하게 된다.

이때가 되어 비로소, 우리가 앞서 세계에 윤리를 가져오기 위해서 물리쳤던 '법리적 공정', '심판'이 요청되게 된다.

> 평가의 문제가 생긴다. 심판이 필요해진다. 그때 그야말로 '둘도 없는 사람들' 사이에서 비교를 행한다고 하는 요청이, 그들을 하나의 범주에 공속시켜야 할 필요성이 생겨난다. 이것이 최초의 폭력이다. (……) 아마도 이때에 객관성과 사회질서라는 이상이 생겨난다. 제도와 '국가'가 생겨난다. 정의의 제도를 위해 필요한 '국가'의 권위가 생겨난다. 그와 동시에 자애가 제한된다. 원래는 자애가 정의의 출현을 요청했던 셈인데.(*EL*, p.111.)

'윤리적 질서, 사랑의 질서' 혹은 '종교적 차원'으로부터, '정의의 질서', '성치석 차원'으로의 이동shift을 요청하는 것은, '타자의 다수성'이라는 현실이다.

왜 사람은 처벌한다든지 탄압한다든지 할 수가 있는 것인가. 왜 정의의 심판이 존재하는 것인가. 답은 인간의 다수성이라는 사실, 즉 타자의 곁에는 제3자가 있다는 사실 안에 있다. 그것이 법률을 만들어내고 정의의 심판을 제도화하는 것이다. 내가 타자와 단둘만 있는 것이라면, 나는 타자에 대해 모든 유책성을 인수한다. 그러나 제3자가 있다. 이 제3자와 타자의 관계는 어떻게 되어 있는가. 제3자는 타자와 우호적인 것인가. 아니면 그 희생자인 것인가. 어느 쪽이 나의 이웃인가. 이렇게 해서 비교 불가능한 것을 비교함으로써, 계측하고, 헤아리고, 판정을 내리는 일이 필요해진다.(*EI*, p.84.)

이때 '타자'는 이미 엄밀한 의미에서 '타자'가 아니다. '타자'는 '비교 가능', '헤아릴 수 있는 자'로서 취급되기 때문이다.
그러나 그렇다고 해서 '법리적 공정'이 '희생자'나 '피박해자'의 아픔에 대한 공감과 자비가 요청한 것이라는 것, '법리적 공정(=정치)'을 요청한 것은 '인간적 공정(=윤리)'이라는 것, 이 순서를 잊어서는 안 된다.
정의를 요구한 것은 사랑의 과잉이다.
그 윤리적 기원 때문에 제3자의 재판정에는 '역사의 재판정'과 같은 비인간적인 '철의 법칙성'이 관철되어서는 안 되는 것이다.
분명히 객관적 법리의 이름으로 심판은 내려진다. 그러나 그때 재판관은 피고의 얼굴에서 눈을 돌리고 있다. 왜냐하면 피고의 얼굴을 보아버리면—재판관과 피고가 단둘이서만 서로 응시해버리면—준열하고 엄정한 심판을 내리는 것이 불가능해지고 말기 때문이다.

> 성구는 '심판을 내리는 자는 개인의 얼굴을 보아서는 안 된다'고 가르친다. 즉 심판인은 자신의 앞에 있는 인간을 보아서는 안 되며, 그 개인적 사정을 참작해서는 안 되는 것이다. 심판인 쪽에서 보면 피고는 단지 고발에 책임을 져야 할 자일 뿐이다.(*EL*, p.143.)

심판인은 피고를 보지 않는다. 그 얼굴에서 눈을 돌린 채 판결의 말은 떨어진다. 그러나 심판을 내린 것만으로는 사건이 끝나지 않는다. 다시 한 번 심판인의 눈길이 피고의 얼굴로 되돌아오지 않으면 안 된다. 그 논거가 되는 성구를 랍비들은 성서 안에서 찾아낸다.

> 판결이 내려지기 전에는, 주는 얼굴을 보지 않으신다. 그러나 한번 심판이 내려지면, 주는 얼굴을 보신다.(*EL*, p.143.)

타자가 '비교를 초월한 타자'로서 취급되는 경우에도, '비교 가능한 타자'로서 취급되는 경우에도, 타자는 심판의 장場에 임석해 있다. 그 자리에서 심판인을 응시하고 있다. 따라서 정의의 심판을 내린 자는 피고에게서 눈을 돌릴 때도, 자신의 옆얼굴에 꽂히는 듯한 피고의 시선을 느끼지 않을 수 없다. 그 눈을 맞받아보고 싶다는 생각을 지워버릴 수 없다. 그러므로 심판이 내려진 후에 심판인은 일단 돌렸던 눈을 다시금 피고의 얼굴에 되돌려, 그 사람이 짊어진 중하重荷를 경감하도록, 자애와 용서의 행위에 나서게 되는 것이다.

> '국가'는 자애와 자비의 과잉에서 태어났다. 이것이 첫째로 중요한 일이다. 둘째로 중요한 것은, '국가'에서 법률은 그 일반성에 기초해 기능하고 있으며, 심판은 보편성을 배려해 내려지는 것인데, 한번 심판이 내려진 후에는 둘도 없이 소중한 유책인 개인에 대해, 준엄한 정의의 가열함을 수정할 가능성과 호소가 존재한다는 사실이다. 이 준엄한 정의를 완화하고 이 개인적 호소를 들어주는 것, 이것이 한 사람 한 사람의 역할이다.(*EL*, p.143.)

사랑의 현상학 273

사랑의 과잉이 정의를 불러오고 정의의 과잉이 사랑을 불러온다. 정의가 너무 준엄하지 않도록, 용서가 사악함을 방치하지 않도록, 우리는 타자의 얼굴을, '사랑의 질서'에서는 비교를 초월한 것으로서 '똑바로-응시하고en-visager', '정의의 질서'에서는 비교가 가능한 것으로서 '눈을 돌리면서-응시한다dé-visager.'

'사랑의 질서'가 우선 기원에 있고, 그 요청에 응해 '정의의 질서'가 등장한다. '정의의 질서'가 지배한 그다음의 장면은 또다시 '사랑의 질서'가 다스리게 된다. 인간의 세계는 이 끝없는 순환 속에 전개된다.

6

우리는 다시금 '얼굴의 저편'이라는 말로 되돌아왔다. 타자의 근원적 출현의 양태는 '얼굴'이다. 그러나 그 근원의 더욱 '저편'이 있다. 근원의 근원. 그것은 무엇인가.

이미 살펴보았듯이, 얼굴이 의미하는 것은 내가 혹은 누군가가 얼굴에 부가한 의미 그 자체가 아니라, 의미의 생성이라는 사건 그 자체였다.

> 의미라고 하는 시원의 사건은 얼굴을 통해 생기한다. 얼굴은 무언가와의 관계를 매개로 어떤 의미를 수취하는 것이 아니다. 얼굴은 그 자체로 의미한다. (……) 얼굴을 설명할 필요는 없다. 왜냐하면 얼굴을 기점으로 해서 모든 설명이 시작되기 때문이다.(*TI*, pp.238~239.)

이 시원의 사건은 타자가 모든 불순물을 걷어낸 적나라한 상태로—나의 살인적 폭력에 노출되어—나의 눈앞에 서 있을 때, 가장 두드러진 방식으로 생기한다.

> 존재자의 근원적인 의미생성은 (……) 구체적으로는 전全부정에 대한 유혹으로서, 또한 타인 자로서의 타자의 살해에 대한 무한한 저항으로서, 무방비한 눈—즉 가장 온유하고 가장 발가벗겨진 것—의 단호한 저항을 통해 생기하는 것이다.(TI, p.204.)

의미생성이란 원뜻부터 어떤 존재자가 압도적인 현실감을 가지고 나에게 육박하는 것, 나에게 현전하는 것, 나를 향해 '돌출하는 것saillir'이다. 그러나 그 의미생성을 가능케 하는 하나 더 앞선 조건이 있다. 그것은 타자가 '무방비', '온유', '노출'이라는 것이다. 타자의 근원적인 '약함', 그것이 나에게 나와 타자의 불평등성을, 타자에 대한 나의 전-기원적인 가해자성을 깨닫게 하기 때문에, 윤리적 사건으로서의 얼굴이 생기하는 것이다. 가장 근원적인 사황인 얼굴의 출현을 가능케 하는 '근원의 더욱 근원에 있는 것', 그것이 '온유'이다.

이 타자의 온유, 무방비, 노출은 '무방비이지만 손이 닿지 않는다', '온유하지만 깨뜨릴 수 없다', '노출되어 있지만 은닉되어 있다'는 방식으로, 의미생성의 이전에 '물러서고 있다.' 의미생성을 가능케 하는 이 전-기원적인 '물러서는 일'을 레비나스는 단적으로 '의미하지 않음non-signifiance'이라고 부른다. 마치 '침묵'이 그러했듯이, 기원의 기원이란 만남의 장으로부터 물러서는 일, 혹은 물러섬으로써 만남의 장을 '비우는' 일, 즉 '의미하지 않음'인 것이다.

> 사랑은 아무것도 파악하지 않는다. 사랑은 개념에 도달하지 않는다. 사랑은 아무것에도 도달하지 않는다. 사랑은 주체-대상, 나-당신이라는 구조를 갖지 않는다. 대상을 고정하는 주체로도, 가능한 것을 향한 기-투로도, 에로스는 성취되지 않는다. 에로스의 운동이란, 가능한 것의 저편으로 향하는 일인 것이다.(*TI*, p.238.)

이 근원적인 '의미하지 않음'이 의미생성을 가능케 한다. 의미생성의 이전 혹은 그 저편에는 '다른 의미'가 있는 것이 아니라 '의미하지 않음'이 있다. 그것을 '자기표현하기를 그만둔 표현, 표현이나 말을 단념한 것의 표현'(*TI*, p.241)으로서 의미의 그물망 안에 포착하고자 하는 욕망이 의미생성을 기동시키는 것이다.

그것은 '타자를 위해/대신이 되기'를 받아들인 자가 '나'라고 나설 수 있다는 나의 존재 모습과 유사하다. '나의 폐위'에 동의를 부여하는 권능, 그것이 '나'에게 권한을 주는 것이다. 레비나스는 이 영위를 '장소를 비운다'와 '증언한다'를 동시에 의미하는 '폐위/증언dé-position'이라는 양의적 단어로 말했다. 그것은 똑같은 하나의 동작이다. 나는 '물러선다.' 그리고 그렇게 해서 '물러선다'는 몸짓 그 자체가 '물러설 수 있는 자로서의 나'의 권능과 주체성을 '증언한다.'

그와 마찬가지로, 의미생성이라는 기원적 사건의 더 이전에서는 의미생성 그 자체를 가능케 하는 전-기원적인 '의미하지 않음'이 기능한다. 얼굴이란 의미생성의 사황 그 자체를 말한다. 바로 그렇기 때문에 '의미하지 않음'은 '얼굴의 저편'이라 불리는 것이다.

7

'의미하지 않음'은 '빛에 등을 돌린다'고 하는 것을 근본적 추세로 삼고 있다. 그것은 '제3자를 배제하고 단둘의 공간에 틀어박힘'이라는 몸짓에 통하고 있다. 그것이 '관능volupté'의 본질이다. 서로 사랑하는 사람들의 결부는 본질적으로 비사회적이다.

> 관능을 통해 연인들 사이에 성립되는 관계는 근본적으로 보편화와 맞지 않는 것이며, 사회관계의 대극에 있다. 그것은 제3자를 배제하는 친밀성, 둘만의 세계, 닫혀진 세계, 특별히 비공공적인 것이다.(TI, p.242.)

제3자의 개재에 의해 '타자'는 그 타자성을 감쇄減殺하고, 명명되고, 사정查定되고, 소유된다는 것을 우리는 앞에서 살펴보았다. 제3자를 배제한다는 것은 그러한 타동사적 작용이 끼어들 여지를 남기지 않는다는 것을 의미한다.

분명히 관능은 '타자'를 지향한다. 하지만 그것은 '타자'의 소유를 지향하는 것도 아니고, 테오리아적으로 파악하려는 것도 아니며, 더 말하자면 '타자를 위해/대신이 되는' 것을 직결적으로 지향하는 것도 아니다. 관능에서의 '타자'와의 관계는 인식도 권능도 얼굴과의 대면도 아니고, 말하자면 '타자의 부재와의 관계', '타자의 부재'에 의해 활성화되는 '타자의 관능'과의 관계이기 때문이다.

> 관능이 지향하는 것은 타자가 아니라 타자의 관능이다. 관능이란 관능에 대한 관능, 타자의 사랑에 대한 사랑인 것이다.(TI, p.244.)

우리는 에로스적 관계에서 우로보로스의 뱀(자기의 꼬리를 문 뱀)을 닮은 불가사의한 순환구조 안에 휘감겨 있다. 왜냐하면 서로 사랑하는 사람들이 관능적으로 지향하는 것은 각각의 상대의 관능이며, 그 상대의 관능을 활성화하는 것은 자기 자신의 관능이기 때문이다.

관능에서 주체의 근거는 사랑하는 자 안에도, 사랑받는 자 안에도 없다. 에로스적 주체는 '나는 …… 할 수 있다'는 권능의 용어로 관능을 말할 수 없다. 왜냐하면 사랑에서 나의 주체성을 근거지우는 것은 내가 '사랑받고 있다'는 수동적 사황이기 때문이다.

> 주체는 자기동일성을 자신의 권능을 스스로 행사함으로써가 아니라, 사랑받고 있다는 수동성에서 이끌어낸다.(*TI*, p.248.)

이때 주체의 주체성을 구성하는 것은 능동성이 아니라 수동성이며, 자신의 확실함이 아니라 불확실함이다. 그리고 이 관능에서 결정적 주체의 변용을 레비나스는 '여성화'라 부르는 것이다.

> 주체의 이 불확실함은 주체의 자기통제력에 의해서는 인수되지 않는다. 그것은 주체의 온유화attendrissement, 주체의 여성화efféminination이다.(*TI*, p.248.)

레비나스가 '여성'이라 불러온 것은 경험적인 여성이 아니라 존재론적 카테고리라는 것을 우리는 지금까지 거듭 말해왔다. 그것이 어떠한 것인지, 겨우 그 윤곽이 조금 분명해졌다. '여성'이란 수동성을 양식으로 하는 주체성―모든 주체성에 선행하는 주체성―의 별칭인 것이다.

> 장소 점하기position로부터 시작된 주체의 극적 변용이 에로스적 관계 안에서 생기한다. 스스로에게 장소를 부여하는 일을 통해서 '있다'의 익명성을 정지시키고, 빛을 향해 열린 실존의 한 양태를 확정한 남성적·영웅적 주체성이 여기서 변용을 성취한다.(TI, p.248.)

'남성적·영웅적 주체'는 모든 경험을 통해 나로서의 동일성을 유지해나간다. 그러나 그것은 다시 말해, 나는 나일 뿐, 나 자신에게 꼼짝 못하게 못박혀 있는 것이기도 하다. 말하자면 남성적인 나는 속속들이 나로 충만해 있다. 나 자신으로 전신이 채워져 있음으로써 나의 이 자기질식상태encombrement de soi로부터의 해방이 에로스에 의해서 도래한다.

> 에로스는 질식상태에서 해방하여 나의 자기회귀를 정지시킨다.(TI, p.248.)

분명히 욕구로서의 에로스는 나의 다른 쾌락추구의 경우와 마찬가지로 자기동일적인 나와 확고히 결부되어 있으며, 때로는 나의 주권성을 강화하는 일도 있다. 그러나 '관능'의 관계에서 에로스적 주체를 근본에서 유지하는 것은 나의 주도권이 아니라, '사랑받고 있다'는 수동적 사황이다. 이때 에로스적 주체에서 희열은 '타자의 희열을 희열한다'는 방식으로 향유된다. 그리고 여기서 내가 희열하는 타자의 희열은 '나의 희열을 희열한다'는 방식으로 향유되는 것이다. 이 순환구조는 내가 나의 쾌락을 기초지울 수 없다고 하는, '나의 이니셔티브'의 좌절을 선고한다.

에로스의 근본에는 향유나 권능의 어법으로는 다 말해낼 수 없는 것이 있다. 그것은 근본적인 수동성이다. '나는 지금 수동적 상태에 있다'고 기술하는 것은 능동적 주체이다. 그러나 그 주체 자신이 수동적 경험에 의해 기초지워져 그곳을 기점으로 탄생한 것이라면, 그 수동적 상태에 의해 비로소 '나'라고 발어할 수 있는 발판을 확보한 것이라면, 그 수동적 수동성은 '모든 수동성보다도 더욱 수동적인 수동성'이라 부를 수밖에 없을 것이다.

자기 자신에 의해서는 자기를 기초지울 수 없다고 고백하는 것, 자신의 기원이 자신 안에는 없음을 받아들이는 것. 이때 나는 몸을 내던지는 것인데, 그것은 몸을 내던진다는 모험적 경험을 통해 나 자신을 부유화시킨다든지, 더욱 확고한 존재로 단련하기 위해 그렇게 하는 것은 아니다. 그것은 '돌아갈 길이 없는 sans retour' 자기포기인 것이다.

그럼에도 불구하고 이 자기포기는 자기부유화와는 다른 종류의 번식성을 기대하고 이루어진다. '자기동일자의 미래와는 다른 나의 미래'(*TI*, p.245)가 거기서는 내다보인다. '나 아닌 나'의 출현이 확신되고 있다. 레비나스는 그것을 '아들 fils'이라고 부른다. 그것은 (대부분의 독자가 오독하듯이) 경험적인 가족관계에서 남자아이를 말하는 것이 아니다. 그것은 남성적 · 영웅적 주체가 에로스적 경험을 통해, 자신의 근원적인 수동성, 피조성의 각지에 이르렀을 때 비로소 결실하는 '나의 미래'를 말하는 것이다.

8

> 전면적 초월에 의해, (……) 나는 자식을 통해 하나의 타자가 된다. (……) 부성에서 성취되는 관계의 의미는 아버지가 자식을 소유한다는 사실로 전부 다가 아니다. 왜냐하면 아버지는 자기 아들의 몸짓 안에서뿐만 아니라, 그 실질, 그 유일성 안에서도 자기 자신을 발견하기 때문이다. 내 자식은 타자이다.(『이사야서』 49절.) 내 자식은 나의 소유물이 아니다. 왜냐하면 내 자식은 나이기 때문이다.(TI, p.245.)

'내 자식은 나이다Il est moi'라는 레비나스의 문장을 '부모는 내 자식을 분신처럼 느낀다'라고 하는 통속적 비유로 읽어서는 안 된다. 문자 그대로, 이 문헌에서 '내 자식'이라 불리는 것은 '나'의 완전히 참신한 어떤 존재 모습을 말하는 것이다.

> 내 자식이란 자기와 무관한 나이다moi étranger à soi. 나의 작품이 아니며, 나의 조형물이 아니다.(TI, p.245.)

'나의 권능', '나는 …… 할 수 있다'는 어법으로 말해지는 한, 거기에 생기하는 것은 '나의 변용'이기는 해도 '내 자식'이라고 불리지는 않는다. '내 자식'을 낳기 위해서는 단순한 전신(轉身)이나 변용이 아닌 방식으로 내가 변화하는 것이 필요하다. 나는 에로스를 통해서 근본적인 변용을 하게 된다.

> 가능적인 것의 저편, 기투의 저편에 자식의 미래가 도래하기 위해서는 여성적인 것인 '타자'와의 만남이 필수이다.(TI, p.245.)

여성적인 것과의 만남을 통해 나는 '관능'을 경험한다. '관능'의 경험에서 '여성적인 것'의 의미에 접촉한다. '관능'은 단순한 법열이나 자기해체를 말하는 것이 아니다. 관능에서 우리는, 주체성을 근원적으로 기초지우는 것이 '사랑받는' 수동성임을 안다. 그러나 '사랑받는'고 하는 수동성의 경험은 '장소 점하기position'를 본질적인 몸짓으로 하는 능동적 주체성에 의해서는 인수될 수 없다. 수동성의 경험은 '장소 비우기=증언하기dé-position'를 주무로 하는 온유하고도 여성적인 주체성에 의해서만 인수된다.

말하자면 '관능'이란 '남성적-능동적-지배적-자기속박적-나'가 '온유화-여성화'하는 일 없이는 제대로 할 수 없는 경험을 실행하는 일이다.

> 관능은 주체 그 자체를 변용시킨다. 그때 주체는 자신의 자기동일성을 스스로가 자주적으로 무언가를 시작하는 힘으로부터가 아니라, 받는 사랑이라고 하는 수동성으로부터 이끌어내게 된다.(TI, p.248.)

이러한 코페르니쿠스적 전회를 거쳐서 '나'는 '내 자식'으로의 전생을 이룬다. '내 자식'은 능동적인 '내'가 모험적인 방식으로 획득한 자산도 아니며, 가능성의 한계를 시도하여 만들어낸 조형물도 아니다.

> 내가 내 자식을 소유하는 것이 아니다. 내가 내 자식인 것이다.(TI, p.254.)

'나는 …… 할 수 있다'고 하는 양태에 머무는 한, 아무리 새로운 모습 안에 전신轉身을 이루더라도 주체는 곧바로 자기를 회복하고, 그 새로운 것을 제어한다. '나는 …… 할 수 있다'는 권능의 어법으로 자신의 변용을 기술하는 한, 그 변용은 나의 단순한 변장에 불과하다.

'내 자식'이란 권능의 어법으로는 결코 말할 수 없는 것임에도 불구하고 틀림없이 나인, 그런 나의 존재방식을 말한다. '내 자식'은 '나 자신'으로서의 자기동일성을 지니고 있음에도 불구하고, '나의 권능'으로 환원할 수는 없다. 타자이면서 나이기도 한 그런 방식으로 주체성이 견지되는 관계, 그것을 레비나스는 나와 '내 자식'의 관계, 즉 '번식성fécondité'이라고 술어화한다.

> 가능적인 것의 권능에는 환원 불능인 이러한 미래와의 관계를 우리는 번식성이라고 부른다. (……) 무한적 존재자―끊임없이 재개되고, 그럼에도 불구하고 주체성 없이는 해나갈 수 없는 존재자(왜냐하면 주체성 없이는 재개하는 일이 불가능하기 때문이나)―는 번식성이라는 형태로 생기한다. (TI, p.245.)

번식성은 에로스적 만남과 탄생의 '비유'를 사용해서, 나라는 주체성이 '보다 선량한 것meilleur'이라는 존재방식으로 전생하는 그 과정을 말한다.

> 번식성을 통해 나는 빛의 세계를 초월한다. (……) 그리고 빛보다도 더 멀리, 이곳과는 다른 장소로 향하는 것이다. 빛 안에 있는 일, 보는

일, 그것은 아직 '무한하게 존재함'이 아니라 자기에게 귀환하는 일, 자기에 의해 충만하는 일이다. 무한하게 존재함이란, 항상 기원에 있으면서 자기의 실질을 쇄신하는 어떠한 장해도 갖지 않는 나라는 형태로 생기하는 일이다.(TI, p.246.)

나는 번식성을 통해 거듭 자기 자신을 쇄신하고 다양한 전개를 이루는데, 이 자기쇄신·자기전개는 나의 단순한 증식이 아니다. 자기와 무관한 나, 타자인 나, 나의 실존 그 자체 안에 다양성과 자기초월이 감추어져 있는 실존의 방식, 그것이 번식성인 것이다.

자아의 번식성, 그것은 자아의 초월 그 자체이다.(TI, p.254.)

9

우리가 이해할 수 있는 논리의 언어로 바꿔 말하기가 극히 곤란한, 소화하기 힘든 고상을 지금까지 풀이해왔다. 이 풀이에 의해, 에로스와 번식성이 '자아의 초월'에서 결정적으로 중요한 개념이라는 것, 그리고 레비나스가 이 논건들을 다룬 장의 제목을 '얼굴의 저편으로'라고 한 의도는, 어느 정도 이해되었으리라고 생각한다.

레비나스의 에로스론은 '자아의 초월'이라는 일반적 주제를 에로스라는, 독자에게 있어 절박감이 있는, 구체적 영역에 맞춰 설명한 것이다. 그 의도는 '얼굴'에 관한 논의를 '살인'이라는 '인류사상 가장 통속적인' 사건의 분석을 통해 펼쳐 보여준 솜씨와 비슷하다. 집이나 가족과 같이 역시 '통속적인' 우리의 일상적 일들도, 그 심층부에서는 인간의 주체성과 윤리의 근간에 닿는 드라마가 전개되고 있음을 레비나스는 가르쳐준다.

그 수법은 레비나스가 '부르주아'를 언급할 때나 '국가'를 언급할 때나 '재판'을 언급할 때와 다르지 않다. 레비나스는 '지금, 여기에 있는, 통속적인 일들'을 소재로 해서, 인간성에 대한 근원적 고찰을 시도하는 것이다. 국가이든 부르주아 시민사회이든 재판제도이든, (혹은 『도피에 대하여』에서 시도하듯이) 졸음이나 구토이든, 레비나스가 문제삼은 소재는 그러한 통속적인 인간적 일들의 심층에서도, 항상 주체성과 윤리를 둘러싼 놀라운 드라마가 전개된다는 철학적 고찰로 우리를 이끌기 위한 입구다. 따라서 에로스론에서 레비나스의 목적도 현행의 성애性愛제도 그 자체의 분석에 있는 것은 아니다.

경험적으로 알려져 있는 대로, 현실에서는 에로스나 관능의 경험이 레비나스가 논하는 만큼 극적인 희열을 가져다주는 것은 아니며, 현실의 '내 집'은 레비나스가 말하는 만큼 친밀한 내면성을 갖추고 있지 않으며, 현실의 '아내'는 레비나스가 말하듯이 구조적으로 온유하지도 온화하지도 않으며, 현실의 '내 자식'에게 우리는 그다지 일체감을 느끼고 있지도 않다. 우리가 알 수 있는 것은 레비나스가 그리는 그 (현실과는 좀 다른) '에로스와 가족'이 현실적 제도의 기원에 대해 근본적인 것을 가르치려 하고 있다는 사실뿐이다.

우리들 대부분은 사람을 죽이려고 하였지만 그 눈으로부터 '그대, 죽이지 말라'는 메시지를 듣고서 망설였다고 하는 그런 극한적인 경험을 갖고 있지 않다. 그럼에도 불구하고, 레비나스가 '우리가 정말로 죽이고 싶은 것은 타자이다'라고 말할 때, 그 대면의 긴장은 고유의 리얼리티를 가지고 우리의 사고를 지배한다. 에로스론도 그와 마찬가지다. 실제의 우리들 모두가 레비나스가 말하는 것 같은 극적인 에로스적 경험을 가지고 있는 것은 아니다. 그럼에도 불구하고 예컨대 '관능의 관능'이라는 경험은, 우리가 경험한 적이 없는 극적 사황의 근원적인 '의미'에 대한 고찰로 집요하게 우리를 불러낸다.

극단적으로 말하자면, 레비나스의 에로스론은 하나의 허구적 '신화'이다. 그것은 주체성과 자유에 대해, 윤리와 유책성에 대해 사유하고, 답하기가 곤란한 그 물음들을 끝없이 물어나가도록, 자기 자신에게 받아들이도록, 우리에게 권유하기 위한 '장치'이다.

만일 『전체성과 무한』을 읽고 '1부1처제는 좋은 것이다'라든가 '섹스의 목적은 남자아이를 낳는 것이다'라고 하는 '실천적 교훈'을 이끌어낸 독자가 있다면, 그것은 너무나 표층적인 이해라고 말할 수밖에 없으며, 그러한 교훈이야말로 레비나스가 '정말로 말하고 싶은 것'이라고 주장하는 사람이 있다면, (실지로 있지만) 너무나 쓸쓸한 이해라고 생각한다.

레비나스는 페미니스트의 그런 식의 비판에 거의 한마디도 반론하고 있지 않지만, 딱 한번 『윤리와 무한』의 대담 중에 에로스-가족론에 대한 오해가 많음을 우회적으로 한탄하고 있다. 대담의 상대 필립 네모가 『시간과 타자』의 다음 문장을 인용한 후의 코멘트이다.

> 여성적인 것의 초월은 여기서부터 다른 장소로 물러섬에 존재한다. 이것은 의식의 운동과는 반대방향의 운동이다. (……) 에로스는 싸움도, 융합도, 인식도 아니다. 에로스에는 그것 이외의 관계들에 비해 예외적인 지위를 인정하지 않으면 안 된다. 그것은 타자성과의, 신비와의, 즉 미래와의 관계이며, 모든 것이 거기에 있는 세계에서 아직 오지 않은 것과의 관계이다.(*TA*, p.81.)

보시는 대로, 지금 인용된 마지막 문장은 시간과 타자를 동시적으로 사유하는 염려를 보여주고 있습니다. 남성적인 것과 여성적인 것 사이의 차이에 대한 이 언급은 어쩌면 꽤나 구폐舊弊한 것으로 들릴지도 모르겠습니다. 그러나 만일 이런 식의 말이 인류를 두 종류(혹은 두 개의 젠더)로 분할하는 것을 의미하는 게 아니라, 남성적 요소와 여성적 요소가 분유되었다는 것이 인간존재라는 것의 특성이라는 것을 의미한다면, 그것이야말로 '신은 남자와 여자로 그들을 창조하셨다'(『창세기』 1장 27절)라고 하는 수수께끼 같은 성구의 의미이다. 그렇게 말한다면 어떨는지요?(*EI*, p.61.)

'여성적인 것'을 경험적인 젠더와 동일시하는 한, 너무 '구폐'로 보일 레비나스의 에로스론은 인간에게는 동등하게 남성적인 것과 여성적인 것이 분유participation되어 있다는 전제에 기초해서 읽으면 완전히 다른 식의 읽기가 가능하며, 그것이야말로 성서의 가르침에 통하는 읽기가 아닐까 하고 레비나스는 여기서 되묻고 있다.

이 절의 서두에서 우리는 레비나스의 한 마디를 인용했는데, 레비나스가 에로스론에서 말하고자 했던 것은 어쩌면 이 한 마디에 이미 다 나와 있다.

인간이란 무엇인가. 그것은 일개의 존재자이기 위해 하나이면서 둘이라는 것이다. 실재의 한가운데에 있어 분단되고, 찢어져 있음. 좀 더 단적으로 말하자면 의식을 갖는 것, 자유라는 것이다.

정의와 자애, '말하는 것'과 '말해지는 것', 전체성과 무한, 초월과 내재, 남성과 여성…… 인간성의 조건이란 그야말로 '하나이면서 둘이라는 것', 찢어져 있음으로써 지성과 자유를 확보하는 곤란한 선택 안에 존재한다는 것이다.

문고판을 위한 후기

여러분 안녕하세요. 우치다 타츠루입니다. 문고판 『레비나스와 사랑의 현상학』을 사주셔서 감사합니다.

설마하니 이런 딱딱한 책이 문고화되는 날이 오리라고는 생각지 못했습니다. 분슌문고文春文庫에서 제안이 왔을 때는 깜짝 놀랐습니다. 돌아가신 레비나스 선생께 '선생님에 대해 제가 쓴 연구서가 리브르 드 포쉬livre de poche가 되었습니다'라고 보고를 드린다면, 꽤나 놀라셨으리라고 생각합니다. 본인의 책이라면 또 몰라도, 그 하찮은 연구서가 극동의 조그만 섬나라에서 보급판이 된 것이니까. 이 문고판을 전해 드릴 기회가 있다면(없지만), 아마 틀림없이 손에 들고서 살짝 웃으신 후, 제 쪽으로 몸을 돌리며 묻지 않으셨을까 합니다.

'도대체 어째서 나의 철학에 흥미를 가진 사람이 자네 나라에는 그렇게 많이 있는 건가. 물론 다른 나라에서도, 독일에서도 미국에서도 동구에서도 남미에서도, 나에 대한 연구서는 많이 나와 있기는 하네. 하지만 그 이유를 알 수는 있지. 다 일신교 문화권이고, 어느 나라의 대학이건 철학을 좋아하는 유대계도 많으니까 말이야. 모르겠는 건, 비유대-비기독교 문화권이고, 유대인이 거의 없고, 미안하지만,

그다지 철학적 사고를 잘 한다고도 생각되지 않는 일본에서, 어째서 나의 책이 읽히고 연구서까지 이런 식으로 읽히는가 말이야. 어째서인 거지?'

그 점이 저에게도 잘 이해가 되지 않습니다, 선생님. 하지만 뭔가 깊은 이유가 있다는 생각은 듭니다.

어쨌거나 선생님의 주저의 번역이 가장 먼저 진행된 것은, 프랑스를 제외하면 일본이니까. 『전체성과 무한』이나 『존재와 다르게: 본질 저편』부터 『탈무드 강화』까지, 선생님의 번역이 다 갖춰진 것은 영어판보다도 일본어판 쪽이 더 빨랐답니다. 믿을 수 없으실지도 모르겠지만요.

말씀하신 대로, 영어권에는 유대교도이고, 히브리어가 되고, 후설 현상학도 하이데거 존재론도 숙지하는 연구자의 두터운 층이 존재하고 있습니다. 그러니 아무리 생각해봐도 번역을 위한 조건은 일본보다 압도적으로 유리할 것입니다. 하지만 출발은 늦었지만, 선생님이 쓰신 책의 완역판이 나온 것은 일본이 세계에서 가장 빨랐습니다. 대단하죠? 이 레비나스 선생의 철학에 대한 절실한 바람이 어디서 유래하는가, 그 점이 저는 참 흥미롭습니다.

선생님의 번역서를 몇 개인가 낸 후에, 책을 읽었다고 하는 독자들을 여러 명 알게 되었습니다. 그 사람들은 딱히 학자나 평론가가 아닙니다. 시정市井의, 보통의, 평범한 근로자들입니다. 말하는 것은 모두 똑같습니다.

'뭘 말하고 있는 건지 잘 모르겠지만, 이건 내가 읽지 않으면 안 될 거라는 건 절실히 알 수 있었다.'

참 이상하죠. 뭘 말하고 있는지 잘 모르는 책에 대해, 그것을 읽지 않으면 안 된다는 것만은 확신할 수 있었다는 거니까요.

하지만 그런 일이 있을 수 있다고 저는 생각합니다. 저 자신이 그랬으니까요.

선생님의 책을 처음 읽었을 때, 지금부터 30년도 더 전의 일입니다만, 뭐가 쓰여 있는지 저는 전혀 이해할 수가 없었습니다. 그렇지만 '여기에는 내가 시급히 이해해야 할 인간적 예지가 적혀 있다. 사람으로서 이해하지 않으면 안 될 것이 적혀 있다. 이것을 이해할 수 없는 동안은, 나는 제대로 된 인간이 될 수 없다.'

그렇게 직감적으로 느낀 겁니다.

'제대로 된 인간'이라는 게 뭔지는 지금도 잘 모르겠습니다만. 하지만 그때까지 읽은 서양의 사상가에 대해서는 그런 것을 느끼지 못했죠. 마르크스도, 프로이트도, 니체도, 후설도, 바타유도, 사르트르도, '이런 걸 읽어두지 않으면 주변에서 하는 이야기를 따라갈 수 없다'고는 생각했습니다. 하지만 '이것을 읽고 이해할 수 없는 동안은 제대로 된 인간이 될 수 없다'고는 생각지 않았습니다. 선생님의 책에 대해서만 그렇게 생각했습니다. 그리고 읽기 시작하고 30년 지나 알게 된 것은, 저 자신이 그 사이에 다소나마 인간적 성숙을 이루었다고 한다면, 그것을 이끌어준 것은 역시 레비나스 선생님이었다는 겁니다.

어째서 언어도 종교도 생활습관도 식문화도 예의도 문화적 배경도, 어느 점을 취하더라도 뭐 하나 공통점이 없는, 홀로코스트 생존자인 리투아니아 출신, 프랑스 국적의 유대인 철학자의 사상에 이토록 많은 일본인이 끌리게 되었는가.

그것은 '성숙'과 관련이 있다고 생각합니다.

'성숙'이라는 것은 지성적인 것이든, 감성적인 것이든, 자신이 지금 수중에 지닌 '잣대'로는 잴 수 없는 것이 이 세상에는 존재한다는 자신의 '미숙함'의 자각과 함께 기동합니다. 그것은 일종의 운동성입니다. 저는 그렇게 이해하고 있습니다. 아니 틀릴지도 모르겠습니다. 하지만 일단은 그런 걸로 해두겠습니다. 어쨌든 '미숙자'이니까요. 잘못된 정의에서 시작해도 좋습니다. 아니, 좋다기보다 그런 게 당연한 겁니다. 선생님의 철학을 배우는 경로는 그것을 배우는 자가 '나는 정말로 지성적으로도 정서적으로도 영적으로도 미숙한 인간이구나······' 하는 것을 절절히 느끼는 데서부터 시작됩니다. 거기서부터 시작할 수밖에 없습니다. 그것이 다른 철학의 경우와 다른 것 같은 느낌이 듭니다.

다른 '어려운 책'의 경우는, '이 정도의 어려운 술어라든가 개념이라든가 학설사라든가, 어느 정도 공부하고 나서 와야지' 하는 식으로 사실상 '입회조건'을 설정했다는 느낌이 듭니다. 충분한 지적 자원이 확보되어 있지 않으면, 애당초 '독해게임'에 참가시켜주지 않는 겁니다. 그러니 책을 읽기 전에 '공부'를 하지 않으면 안 됩니다.

하지만 선생님의 경우는 다릅니다. 왜냐면 아무리 지금껏 철학서를 많이 읽었어도, 학설사에 정통해 있어도, 히브리어나 그리스어나 라틴어를 읽을 줄 알아도 역시 알 수가 없으니까요. '공부하면 알 수 있게 되는' 그런 것이 아니니까요. '레비나스 입문'이라든지 '레비나스 쉽게 알기'라든지 '레비나스를 제로부터 공부하는 사람을 위하여' 같은 책은 많이 나와 있습니다만, (어떤 의미에서는 이 책도 그렇습니다만) 그런 것은 전혀 도움이 안 됩니다. 그런 책은 '지식'을 알려주기는 하지만 그것 이상의 것은 지향하고 있지 않으니까요.

하지만 선생님이 쓰신 것을 이해할 수 있게 되기 위해서는 지식만으로는 부족하다고 저는 생각합니다. 단적으로 말해 '제대로 된 인간으로서 산다'는 것이 조건이 되어 있습니다. 저는 그렇게 생각합니다.

보통으로 효도하고, 가족과 고만고만 사이좋게 지내고, 친구를 소중히 하고, 그날그날 일들을 성실히 하고, 필요가 있으면 동료를 위해 싸우고, 미래를 짊어진 젊은이를 기르고, 세금은 꼬박꼬박 내는 시민으로서 '보통의 일'을 성실히 해오지 않으면 '알 수 없도록' 선생님의 사상은 만들어져 있습니다. 제 생각으로는 그렇습니다.

그러한 '생활' 속에서, 별의별 레벨의, 별의별 종류의 타자들(가족이든지, 연인이든지, 스승이든지, 제자이든지, 한편이든지, 적이든지 하는 별의별 타자들)과 일회적이고 유일무이한 만남과 '못만남'을 거듭하면서, 좀 지쳐올 만큼의 햇수가 되자 겨우겨우 선생님이 쓰시고 있는 것이 촉촉이 몸에 스며옵니다. 그런 역동적인 구성이 되어 있습니다.

즉 선생님의 책은 '성숙에 관한 책'이 아니라, '독자를 성숙시키고마는 책'이라고 생각합니다. '어른이 되지 않으면 알 수 없는' 그런 책이 쓰여 있는 겁니다. 그러니 내용을 알 수 없으면, 어른이 될 수밖에 없습니다.

전에 프랑스에서 리세의 필수과목에서 철학을 뺀다는 커리큘럼 개혁이 있었죠? 그때 온 프랑스의 철학자들은 대부분 '철학을 고교 필수로 해야 한다'고 공동성명을 냈습니다. 선생님은 그것에 반대하셨지요? '아기에게는 우유를 주는 법이다. 비프스테이크를 줄 일은 아니다'라고 선생님은 말씀하셨습니다. 철학은 어른을 위한 것이지,

고교생이 할 것은 아니라고.

저는 그것을 읽었을 때, '선생님, 대단하시네' 하고 감동했습니다. 잘 생각해보니, 이 언명 그 자체가 리세의 고교생들에게 주는 지극히 강한 교화적 메시지가 되어 있었기 때문입니다. 그렇잖습니까. 제가 만일 그때 프랑스의 고교생이었더라면, '철학은 프랑스문화의 정수니까 리세의 커리큘럼에 필수이다'라고 주장하는 철학자들의 이야기는 '아, 그런가요' 하고 흘려들었겠지만, 레비나스 선생님의 '애들은 철학 같은 것 하지 않아도 된다'고 하는 말에는 '띵' 해졌을 게 분명하니까요. '뭐, 뭐야. 애들은 철학 같은 거 안 해도 된다고…. 뭔소리야 이 꼰대.(선생님, 죄송! 이건 프랑스 고교생인 척하는 말이니까, 제가 그렇게 말하는 건 아닙니다.) 좋아, 그쪽이 그렇게 나온다면 나는 읽을 거야. 읽고 말거야. 오기로라도 읽어주죠. 사람 우습게 보고 말이야……' 저라면 그렇게 됐을 겁니다. 틀림없이. 보세요. '결과 굿'이에요. 교육의 목표는 아이들을 성숙으로 이끄는 것이며, 그것을 위해 쓸 수 있는 건 뭐든지 쓴다. 철학이 필수과목이라면, 당연한 듯이 그것을 이용한다. 필수에서 빠진다면 그 사태도 철학을 위해 이용한다. 뭐든지 이용할 수 있는 건 이용한다. 하여간 문제는 명제로서 옳은가 틀린가가 아니라, '공동체의 젊은 멤버들을 시민적으로 성숙시키는 일'이라는 구체적인 목적을 어떻게든 실현하는 일이니까 말입니다.

지적-정情적-영적으로 성숙한 시민만이 숙청이나 강제수용소나 '최종적 해결'에 대해 분명히 '노'를 말할 수 있습니다. 이 세계의 온갖 부정, 수탈이나 차별이나 박해에 대해, '그것은 온당하지 않다'고 잘라 말할 수 있습니다. 그것을 위해 한 걸음 내디딜 수가 있습니다. 정치체제나 신앙이나 언어나 문화적 차이에도 불구하고, 언제나 어디서나 그런 식으로 '제대로 판단하고 제대로 행동하는', 그럴 수 있는 성숙한 시민의 수를 한 사람이라도 많이 확보하는 것, 그것이 레비나스 선생님의 철학의 목적이라고 저는 생각하는 겁니다.(선생님은 아마 '아냐'라고 말씀하시겠지만.)

하지만 아니라도 좋습니다. 저는 멋대로 그렇게 배운 거니까요. '선생님한테서 그렇게 배웠다'고 생각하는 거니까요.

전에 사르트르에 대해 질문 받았을 때, 선생님은 "그는 좋은 사람이다"라고 말씀하셨죠. 그 이유로 선생님은 이렇게 말씀하셨어요. "사르트르는 주변의 가난한 사람들이 구걸을 하면 선뜻 돈을 줬으니까." 사르트르의 위대함에 대해 선생님이 맨 먼저 든 이유는 그의 철학의 체계성도, 문학의 전위성도, 정치활동의 과격성도 아닌 '가난한 이웃을 방치해 둘 수 없다'고 하는 그 측은지심이었죠. 저는 이런 점에 선생님의 본령이 발휘되었다고 생각합니다.

그것을 일본의 독자들도 직감적으로 알고 있는 게 아닌가 하고 저는 생각합니다. 즉 다른 철학자들─데리다나 알튀세나 프루동이나 라캉이나 바타유나─은 우연히 같은 아파트에 살고 있었더라도, 계단에서 마주칠 때 살짝 미소 지으며 '안녕하세요' 정도는 말하겠지만, '자치회에서 이번에 시궁창 쳐내기를 하게 되었습니다' 같은 회람판이 (파리 16구의 아파트에 그런 게 있는지 어떤지 모르겠습니다만) 돌게 됐을 때, 고무장화 신고 맥고모자 쓰고 나오는 그런 일은 '없다'고 생각합니다. 하지만 레비나스 선생님의 경우는 벌써 그런 모습이 역력히 상상되어버리는 겁니다.

'아, 이 사람이 이웃이라면 기분이 참 좋겠네. 어려울 때는 꼭 나서줄 거야'라는 것을 일본인이라도 알 수 있는 겁니다. 선생님의 어렵고도 어려운, 한 줄도 제대로 이해할 수 없는 저 난삽한 문장의 저편에, 그런 '따뜻한 얼굴'이 제게는 느껴집니다. 아마 다른 일본인 독자도 그것을 느낄 거라고 생각됩니다. 그러니 이 정도의 문화적 차이를 넘어서 먼 극동의 열도 사람들이 레비나스 선생에 대해 남모를 경의와 신뢰를 보내고 있다. 저는 그렇게 생각하고 있습니다.

그러니까 무덤 속에서 레비나스 선생님은 저의 이 책의 문고판 출간을 아마도 싱긋 웃으며 기뻐해주실 거라 생각합니다. 그것은 선생님의 사상을 이해하고자 간절히 바라는 독자가 지구의 반대쪽에 그만큼 많이 있다는 것을 의미하는 거니까요.

『레비나스와 사랑의 현상학』과 『타자와 사자死者 : 라캉에 의한 레비나스』 다음에 또 한 권 『시간론』을 쓸 예정입니다. 그것으로 저의 레비나스 3부작은 완성입니다. 그것을 어떻게든 써내고, 선생님의 무덤 앞에 바치게 되기를 바라고 있습니다.

아. 정신이 들고 보니 돌아가신 레비나스 선생님 상대로 공상적인 대화를 펼치고 있었군요. 뭔가, 복식 무겐노夢幻能(영적인 존재가 주인공이 되는 일본 전통극 노能의 한 종류. 살아 있는 인간만 등장하는 겐자이노現在能와 대비됨—역자) 같네요.

그래도 '레비나스 선생님을 독자로 상정하고 쓴다'는 것이 이 『레비나스와 사랑의 현상학』에서 제가 채용한 문체이며, 그로부터 이후, 저는 제3인칭을 사용해서 위에서 보는 시선으로 '레비나스는……' 같은 뭐나 되는 듯한 식으로는 도저히 쓸 수 없게 되어버렸습니다.

'제자가 오로지 스승의 위대함을 찬한다' 고 하는 이 글쓰기 스타일은 다른 레비나스 연구서에는 별로 채용되어 있지 않습니다.(예컨대 『사랑의 예지』의 알랭 핑키엘크로트Alain Finkielkraut, 『에로스적 명상』의 마르크-알랭 우아크냉Marc-Alain Ouaknin 정도.) 그래도 레비나스 선생님의 철학이라는 것은 읽는 사람을 성숙으로 이끌고, '겁쟁이를 서게 만든다'고 하는 역동적·실존적인 그 효과에서 세계성을 획득한 면이 있는 거니까, 연구자 분들이 객관적·위에서 보는 시선적 '레비나스론'을 쓰는 한, '레비나스는 어차피······에 불과하다'고 하는 그런 것은 쓸 수 있겠지요. 하지만 독자를 확확 휘감아가는, 선생님의 사고와 언어의 압도적인 힘을 접하는 것은 절망적으로 곤란할 거라고 생각됩니다. 쓸데없는 참견이겠지만.

아무튼 구질구질 쓰자면 끝이 없으니까 이 정도로 해두겠습니다.

이번엔 문고판 해설을 뛰어난 종교학자이며, 또 법력 풍부한 승려인 샤쿠 텟슈釋徹宗 선생께 부탁했습니다. 어떤 해석을 보내주실지 참으로 궁금합니다.(샤쿠 선생님, 무리한 부탁을 드렸는데 흔쾌히 승낙해주셔서 감사합니다.)

레비나스 3부작의 2부에 해당하는 『타자와 사자: 라캉에 의한 레비나스』도 동시에 문고화될 예정입니다. 다음은 『타자와 사자』의 '후기'에서 만납시다.

문고화에 협력해주신 모든 분들께 감사드립니다. 언제나 고맙습니다.

2011년 6월
우치다 타츠루

해설

『탈무드 4강화』의 서언에서 레비나스는 다음과 같이 말한다.

> 탈무드의 기술은 부정합적이지만, 그것은 일부러 그렇게 하고 있는 것이어서 독자가 이 부정합성을 어떻게든 수미일관시키고자 자유롭게, 과감하게, 발명의 솜씨를 발휘할 것을 탈무드는 바라고 있다.(『탈무드 강화』, 우치다 타츠루 옮김, 國文社. 강조는 필자.)

이야말로 마땅히 그래야 할 '카논canon, 聖典'에 대한 태도라고 해야 할 것이다. 레비나스가 얼마나 '카논'이라는 것의 본질을 잘 이해했는지, 레비나스가 얼마나 성실한 '카논'의 독자였는지를 알 수가 있다.

'카논'은 성전, 정전, 기준, 규범 등으로 번역되고 있다. 많은 종교체계가 '성전Scriptures'을 갖지만, 아브라함 종교(유대교, 기독교, 이슬람)에서의 '성전'은 독특한 성격을 갖는다. 그 요체는 바로 '성스런 텍스트는 완전기호이다'(이 책 35쪽)에 있다. 거기에는 모든 것이 있다. 바로 이 위치야말로 종교적 언설을 '카논'으로 성립시킨다.

물론 애당초 종교의 성전이라는 것은 그런 것이다. 그러나 아브라함 종교에서는 성전에 대한 태도가 그대로 신앙으로 직결되고 있으며, 성전과 어떻게 마주하는가가 이만큼 문제가 되는 종교사상은 드물다. 즉 이 책에서도 상술되듯이, 신앙이 없는 자, 스승을 갖지 않는 자는 탈무드의 세계에 발을 들이는 것이 허용되지 않는다. 신앙에 의해서만, 스승의 전수를 통해서만, '카논'은 살아 있는 신의 언어가 되고 의미의 복수성을 개시한다.

'카논'을 갖는 인생과 갖지 않는 인생은 다르다. 어느 쪽이 옳다는 이야기는 아니지만, 서로 다르다는 것은 틀림없다. 랍비 타르폰 Tarphon은 '이 작품을 완성시키는 것은 네가 아니다. 그러나 그 작업에 참가하지 않아도 되는 것은 아니다'(「Pirkei Avot」 2:16)라고 말한다. '결코 완성되는 일이 없는 하나의 작품의 창작'에 참여하는 것, 그것이 '카논을 갖는 인생'을 사는 자세이다.

이 책의 타이틀 『레비나스와 사랑의 현상학』은 후설의 '사과나무와 주사위'에 대해 레비나스가 '사랑받는 사람과 책'이라는 대비를 사용하는 데서 유래한다. 이 대비는 항상 '텍스트를 읽는다'고 하는 행위를 아날로지로 사용하는 레비나스다운 시도이며, '카논'을 갖는 인생을 걸어온 인물이기에 가질 수 있는 시점視點인 것이다.

레비나스 연구자의 수수께끼

레비나스 연구자에게는 이상한 공통점이 있는 것을 알고 계신지.

'레비나스는 ……라는 것을 말하고 있죠'라고 하면, 어쩐 일인지 많은 레비나스 연구자는 '일반적으로는 그렇게들 말하지만, 실은 좀 다르죠'와 같은 반응을 보이는 것이다.

그럴 때마다 마음속으로 "뭐야 이 친구. 요컨대 '너는 모르겠지만, 나는 이렇게 난해한 레비나스를 알고 있단 말야' 하고 말하고 싶은 게로군" 하고 생각하고 있었다. "도대체 '일반적으로는' 이라는 게 뭐라는 말이야. 일반 사람은 레비나스의 이야기 같은 거 하지도 않아" 하고 생각했던 것이다. 여기에는 학생시절 레비나스를 읽고 도무지 알 수 없었던 꼬인 감정도 상당히 들어가 있지만.

그러나 이 책을 통해 그러한 나의 생각이 얼마나 빗나간 것이었는지 분명해졌다.(또한 얼마나 속좁은 인간인지도 분명해졌다.) 이미 독자들은 다 알게 되신 일이리라. 왜 레비나스 연구자는 '일반적으로는 그렇게들 말하지만, 실은 다르다' 같은 태도를 보이는 경향이 있는 건지. 그 수수께끼는 '레비나스에 대해서는 결정적 해석이 존재하지 않는다', '다양한 해석으로의 개방성', '둘도 없는 이해가 도달하지 않음'과 같은 우치다 씨의 언설로 해명되었다.

또한 우치다 씨는 이 책에서 '레비나스는 너무나 난해하기 때문에 만인에게 열려 있는 것이다' 라는 말까지 한다. 놀라운 조리가 아닌가. 우치다 언설, 작렬이다.

어쨌든 간에 이 책과 진지하게 마주한 독자는 사상가 우치다 타츠루의 원풍경을 엿볼 수 있었으리라. 우치다 씨가 만들어내는 묘기 같은 언설의 토대를 형성한 것은 '레비나스의 번역' 이라는 착실한 과정이었다고 이해했을 것이다.

우치다 타츠루의 수용능력

이 책은 본문에서도 말하고 있듯이 '레비나스 연구서' 는 아니다. 어디까지나 제자의 포지션에서 스승의 사상을 말하는 책이다.

"나는 그날 '스승'을 찾아낸 것이다."

이 무슨 열렬한 고백인가. 우치다 씨는 레비나스로부터 개인적 소환을 받았다고까지 말하고 있다. 이 책에 따르면, 제자로서 스스로를 설정하는 것은 레비나스의 텍스트에서 무한을 읽어낸다고 하는 '목숨을 건 도약'을 이루기 위한 예법이다. 타자란 어디까지나 단절되어 있지만, 제자라는 포지션에 섰을 때 어떤 회로가 열린다. 이것은 본문에서 말하는 그대로이다.

그 한편으로 우치다 씨의 '수용능력'이라는 측면이 있는 것은 아닌가 하고 생각한다. 높은 수용력이라고나 할까. 나는 우치다 씨의 친형에게서 '타츠루는 젊었을 때부터 제자가 되는 일을 잘 해냈죠'라는 이야기를 들은 적이 있다. 제자 되기를 잘 해낸다(!). 이것은 꽤나 놀라운 말이었다. 세상에 그런 사람이 있는 걸까. 예컨대 '제자 잘 하기'라는 체질이 있는 걸까. 어느 쪽인가 하면, 세간에서는 우치다 씨를 '잘 가르치는 사람', '선생 체질'이라고 평가하고 있지 않은가. 게다가 제자 되기를 잘 해낸다고 하는 그 우치다 씨는 특별히 겸허한 사람도 아니다. 오히려 스스럼없이 사람의 화를 돋구기도 하는 타입이다. 그런 사람인데 제자가 되는 능력이 높다. 겸허하지도 않은데 제자 잘 하기. 그것이 우치다 타츠루인 것일까…….

참고로 우치다 씨가 레비나스와 면회한 이날, 레비나스는 우치다 씨가 지참한 자저에 사인을 하려다가, '아차, 오늘은 안식일이었지'라며 그만뒀다고 한다. 경건한 유대교도는 안식일에 문자를 쓰는 일을 하지 않는다.

3방 다 좋다는 언설자

우치다 언설은 몰아가는 생동감이 강한 것으로 알려져 있으며, 그 매력은 이 책에서도 유감없이 발휘되고 있다. 그러나 우치다 언설의 숨은 특성은 '비판상대도 빛난다'는 점에 있다.

아마 많은 독자가 이 책을 읽으면서 '후설을 읽어보고 싶어졌다', '현상학을 다시 한 번 배우고 싶다', '보봐르도 이리가라이도 신경 쓰인다' 같은 생각이 들지 않았을까. 이런 점에서 우치다 씨를 '3방 다 좋은 언설자'라 부르고 싶다.

일찍이 오미近江 상인들은 장사를 할 때에 '3방 좋기'가 아니면 안 된다고 생각했다. '파는 이 좋고', '사는 이 좋고', '세상 좋고' 하는 '3방 좋기'다. 즉 파는 이도 좋아하고, 사는 이도 좋아하고, 그리고 세상도 좋아하는 그런 장사를 지향했던 것이다.

비판하는 쪽도, 비판받는 쪽도, 그것을 읽은 쪽도 모두가 빛난다면, '3방 좋기의 언설자'라 불러도 좋을 것이다. 그리고 나는 이 사실을 우치다 씨의 문장과 만나기 전부터 알고 있었다. 내가 처음 우치다 타츠루 씨의 이름을 안 것은 평론가인 미야자키 테츠야宮崎哲弥씨의 문장을 통해서였다. 어떤 잡지에 미야자키 씨가 '나를 비판하는 우치다 타츠루라는 인물이 있다. 프랑스사상의 연구자고 대학의 선생이라 한다. 그 비판의 문장을 읽어보고, 정말 납득했다. 이런 선생이 있다면, 일본의 대학도 제법 쓸 만하겠다'는 그런 내용의 문장을 쓰고 있었던 것이다. 그것을 읽은 나는 자기를 비판하는 인물을 칭찬하는 미야자키 씨의 도량에 감심하면서도, '어쩌면 이 우치다 타츠루라는 사람의 비판이 너무나 베는 맛이 있어서 베인 사람도 기분이 좋은 것은 아닐까' 하고 생각한 것이다.

그런 경위로 손에 든 것이 『망설임의 윤리학』(角川文庫)이었다. 그것을 읽고 이상한 일이 일어났다. 『망설임의 윤리학』에 촉발되어 『전체성과 무한』(고다 마사토合田正人 역, 國文社)을 손에 들고 보니, 왠지 그 난해한 레비나스의 문장이 이번엔 읽히는 것이다.

왠지 레비나스가 읽힌다

부끄러움을 되풀이하는 것 같지만, 나는 학생시절, 레비나스를 도무지 알 수 없었다. 훗날 생명학자인 모리오카 마사히로森岡正博 씨에게 '자네는 꼭 레비나스를 해야 한다'고 권유받은 적도 있다. 그러나 그때도 조금 읽었을 뿐 좌절하고 말았다.*

그런데 우치다 씨의 문장을 읽은 후에 레비나스를 읽으니 왠지 술술 읽힌다. 갑자기 똑똑해진 것 같은, 어딘가의 기어가 상단에 들어간 것 같은……. 아니, 역시 이것은 우치다 언설 중에 '추追사고의 흔적'이나 '전수되는 방식'이나 '예법의 실천'이 아로새겨져 있기 때문임에 틀림없다. 마치 '레비나스 효과'와 같은 이 현상에 의해, 우리는 조금쯤 전망이 좋은 장소로 나설 수가 있는 것이다.

샤쿠 텟슈釋徹宗(소아이相愛대학 인문학부 교수)

* 이 책에서 말하는 "'선택'은 특권으로부터가 아니라, 유책성으로부터 구성되어 있다"(258쪽) 같은 말을 읽으면, 왜 모리오카 씨가 '레비나스를 읽으라'고 충고했는지를 알 수 있다. 진종眞宗승려인 나에게 레비나스의 사상은 보물더미다. 지금은 알 수 있다.

인용문헌 약호

이 책 안의 인용저서에 대해서는 다음과 같은 약호를 사용한다. 인용 페이지 수는 원저의 것. 또한 원저로부터의 인용의 번역은 모두 저자 자신에 의한 것이다.

AQE *Autrement qu'être ou au-delà de l'essence*, The Hague, Martinus Nijhoff, 1974: (『存在するとは別の仕方で あるいは存在することの彼方へ』, 合田正人譯, 朝日出版社, 1990/『存在の彼方へ』, 合田正人譯 講談社學術文庫, 1999).

AV *L'au-delà du verset: Lectures et discours talmudiques*, Paris, Minuit, 1982: (『聖句の彼方』, 合田正人譯, 法政大學出版局, 1996).

DAS *Du sacré au saint: Cinq nouvelles lectures talmudiques*, Paris, Minuit, 1977: (『タルムード新五講話―神聖から聖潔へ』, 內田樹譯, 國文社, 1990).

DDQV *De Dieu qui vient à l'idée*, Paris, Vrin, 1982: (『觀念に到來する神について』, 內田樹譯, 國文社, 1997).

DL *Difficile Liberté: Essais sur le judaïsme*, Paris, Albin Michel,

1963/1976: (『困難な自由』, 內田樹譯, 國文社, 1985).

EDE *En découvrant l'existence avec Husserl et Heidegger*, Paris, Vrin, 1974: (『フッサールとハイデガー』(抄譯), 丸山靜譯, せりか書房, 1977／『實存の發見』, 佐藤眞理人, 小川昌宏, 三谷嗣, 河合孝昭譯, 法政大學出版局, 1996).

EE *De l'existence à l'existant*, Paris, Vrin, 1947／1971: (『實存から實存者へ』, 西谷修譯, 朝日出版社, 1987／講談社學術文庫, 1996).

EI *Éthique et infini, dialogues avec Pilippe Nemo*, Paris, Librairie Arthème Fayard et Radio-France, 1982: (『論理と無限』, 原田佳彥譯, 朝日出版社, 1985).

EL *Emmanuel Lévinas, Emmanuel Lévinas et François Poirié*, Paris, Babel, 1996: (エマニュエル・レヴィナス&フランソワ・ポワリエ, 『暴力と聖性』, 內田樹譯, 國文社, 1991).

HS *Hors sujet*, Montpellier, Fata Morgana, 1987: (『外の主體』, 合田正人譯, みすず書房, 1997).

IH *Les Imprévus de l'histoire*, Montpellier, Fata Morgana, 1994: (『歷史の不測』, 合田正人, 谷口博史譯, 法政大學出版局, 1997).

PH *Théorie de l'intuition dans la phénoménologie de Husserl*, Paris, Vrin, 1930/1970: (『フッサール現象學の直觀理論』, 佐藤眞理人, 桑野耕三譯, 法政大學出版局, 1991).

QLT *Quatre lectures talmudiques*, Paris, Minuit, 1968: (『タルムード四講話』, 內田樹譯, 國文社, 1987).

TA *Le Temps et l'autre*, Montpellier, Fata Morgana, 1948 / 1979: (『時間と他者』, 原田佳彦譯, 法政大學出版局, 1986).

TI *Totalité et Infini: Essai sur l'extériorité*, The Hague, Martinus Nijhoff, 1961/1971: (全體性と無限, 合田正人譯, 國文社, 1989).

레비나스 이외 저자의 저작의 약호

DS Simone de Beauvoir, *Le Deuxième Sexe* I, Gallimard, 1949 : (『第二の性』, 生島遼一譯, 新潮文庫, 1987/92).

FPC Luce Irigaray, *French Philosophers in Conversation*, ed. by Raoul Mortley, London / New york, Routledge, 1991.

QEL Luce Irigaray, Questions to Emmanuel Levinas, in *Re-reading Levinas*, ed. by Robert Bernasconi & Simon Critchley, Indiana University Press, 1991.

레비나스 연보

■ 1906년 1월 12일 리투아니아의 유대인 집안에서 장남으로 출생하였다. (율리우스력으로는 1905년 12월 30일.)

■ 1915년 1차 세계대전이 발발한 후 독일군의 침공 때문에 가족들이 우크라이나로 피난을 떠난다.

■ 1916년 유대인의 입학을 제한하는 수조항數條項의 장벽을 넘어 러시아 학교에 다니게 된다.

■ 1920년 러시아혁명 이후 공산주의의 지배를 받는 우크라이나를 떠나 리투아니아로 돌아온다. 레비나스는 여기서 유대인 고등학교에 입학한다.

■ 1923년 프랑스의 스트라스부르에 유학하였다.

■ 1926년 모리스 블랑쇼가 스트라스부르 대학을 다니기 시작한다. 레비나스에게 블랑쇼와 우정과 사상적 교류는 생애에서 가장 중요한 사건 중 하나였다.

■ 1928~1929년 독일 프라이부르크에 유학하여 후설과 하이데거의 강의

와 세미나에 참석해 현상학을 공부했다.

- 1930년 스트라스부르 대학에서 「후설 현상학에서 직관이론La théorie de l'intuition dans la phénoménologie de Husserl」으로 박사학위를 받는다. 이 해에 책으로 출판되었는데 프랑스어권에 현상학을 소개하는 데 결정적 역할을 했다.

- 1931년 동료 페이페르G. Peiffer와 함께 후설의 『데카르트적 성찰』을 번역 출간하였다.

- 1932년 리투아니아에서부터 잘 알고 지냈던 라이사 레비Raïsa Lévi와 결혼했다.

- 1934년 《에스프리Esprit》에 「히틀러주의 철학에 관한 몇 가지 반성Quelques reflexion sur la philosophie de l'hitlérisme」을 기고하였다. 이 글은 레비나스의 철학적 동기를 이해하는 데 중요한 단서가 된다.

- 1935년 레비나스의 독창적인 철학사상을 비교적 정교하게 수립한 최초의 글 「도피에 대하여De l'évasion」를 발표하였다.

- 1939년 프랑스 군인으로 2차 세계대전 참전, 포로가 되어 전쟁이 끝날 때까지 수용소에서 지냈다. 그가 수용소에서 지내는 동안 리투아니아에 있던 그의 가족은 나치에 의해 희생되었다. 수용소 생활의 과정에서 그는 후설이나 하이데거의 영향에서 벗어나 플라톤 이후의 서구 철학의 존재론적 전통을 비판적으로 성찰하는 독창적인 사상을 형성하였고, 여기에서 『존재에서 존재자로De l'existence à l'existant』의 원고를 작성하기 시작하였다.

- 1945년 지중해 연안 유대인 학교의 교사를 양성하기 위해 설립된 '동방

이스라엘 사범학교ENIO, Ecole Normale Israélite Orientale'의 교장으로 활동하기 시작했다.

■ 1947년 『존재에서 존재자로』 『시간과 타자Le temps et l'autre』를 출간하였다. 이때 탈무드 학자 슈사니를 만나 성서를 다른 식으로 읽고, 해석하고, 적용하는 법을 배웠다. 레비나스는 슈사니로부터 구약 성서와 탈무드에 관한 철학적 사유의 형성에 큰 영향을 받는다.

■ 1949년 후설과 하이데거 철학을 프랑스에 최초로 소개한 논문들을 모은 『후설과 하이데거와 함께 존재를 찾아서En découvrant l'existence avec Husserl et Heidegger』를 출간하였다.

■ 1957년 파리에서 유대 지식인들에게 탈무드를 강의하기 시작했다.

■ 1961년 국가 박사학위 논문인 『전체성과 무한Tatalité et Infini』을 발표하였다. 이때부터 '타자성의 철학'을 개진한 철학자로 서서히 명성을 얻게 된다.

■ 1963년 푸아티에 대학에서 철학을 가르치고, 레비나스 사상의 유대교적 근원을 드러내주는 논문집 『곤란한 자유Dificile liberté』를 출간하였다.

■ 1967년 낭테르 대학의 교수가 되어 철학사를 가르쳤다.

■ 1973년 소르본 대학의 교수가 된다.

■ 1974년 레비나스의 원숙한 철학을 대표하는 저작 『존재와 다르게: 본질 저편Autrement qu'être ou au-delà de l'essence』을 출간하였다.

- 1982년 『윤리와 무한Ethique et infini』을 출간하였다.

- 1993년 『신, 죽음, 그리고 시간Dieu, la Mort et le Temps』을 출간하였다.

- 1995년 12월 25일 파리에서 사망하였다.

레비나스와 사랑의 현상학

1판 1쇄 인쇄 2013년 12월 16일
1판 4쇄 발행 2020년 9월 15일

지은이 우치다 타츠루 | 옮긴이 이수정
기획 임병삼 | 편집 김지환 백진희 | 표지 디자인 가필드

펴낸이 김경수 | 펴낸곳 갈라파고스
등록 2002년 10월 29일 제13-2003-147호
주소 121-838 서울시 마포구 합정동 376-27 국제빌딩 5층
전화 02-3142-3797 | 전송 02-3142-2408
전자우편 galapagos@chol.com

ISBN 978-89-90809-60-5 03100

이 도서의 국립중앙도서관 출판시도서목록(CIP)은 서지정보유통지원시스템 홈페이지
(http://seoji.nl.go.kr)와 국가자료공동목록시스템(http://www.nl.go.kr/kolisnet)에서
이용하실 수 있습니다. (CIP 제어번호: CIP 2013027078)

갈라파고스 자연과 인간, 인간과 인간의 공존을 희망하며, 함께 읽으면 좋은 책들을 만듭니다.